LE CHOIX DE LA SOUVERAINETÉ MONÉTAIRE DU SÉNÉGAL

Quelles implications ?

Serigne Momar SECK

LE CHOIX DE LA SOUVERAINETÉ MONÉTAIRE DU SÉNÉGAL

Quelles implications ?

Préface de

Birahim Bouna NIANG et Gervasio SEMEDO

L'Harmattan
Sénégal

10 VDN, Sicap Amitié 3, Lotissement Cité Police, DAKAR

senharmattan@gmail.com
senlibrairie@gmail.com

ISBN : 978-2-336-53829-7
EAN : 9782336538297

PRÉFACE

Introduction.

La démocratie sénégalaise est d'une vitalité indéniable. Les acteurs ont su contourner la violence latente contenue dans la volonté d'une reconduite de troisième mandat de la part du Président Macky Sall. Ainsi, l'exception sénégalaise des joutes politiques sur le continent avec la cap-verdienne, aussi ancienne, a prévalu par son exemplarité. Sagesse lointaine depuis la Constituante ! Sagesse ancrée impliquant même les institutions religieuses, émettant leurs avis sur le cumul des mandats[1] et qui font de cette démocratie une vitrine en Afrique !

De fait, les espoirs sont nourris maintenant partout sur ce continent africain, de se départir de la gérontocratie politique, des pouvoirs patrimoniaux et autocratiques, de la confiscation militaire du pouvoir[2] et des liens tenus avec les pouvoirs coloniaux d'antan, surtout en Afrique francophone. Cette partie de l'Afrique subsaharienne reste marquée par des freins spécifiques par rapport à la liberté d'entreprendre au sens de l'*Economic Freedom* de l'institut Fraser et par ses liens de connexion peu favorables, à l'économie mondiale structurée par des firmes multinationales (FMNs). Cette zone de l'Afrique demeure encore un lieu d'économies extractives et extraverties avec peu de valeur ajoutée locale.

---

1 L'Archevêque de Dakar le 10 février 2024 a montré un courage certain, lorsqu'il a eu à dire : "*Nous avons écouté le président de la République, exposer les raisons du report du scrutin présidentiel. Cependant, ces raisons ne sont pas encore claires pour tout le monde, y compris moi-même. Jusqu'à présent, tout semblait être en place pour l'élection d'un nouveau président de la République le 25 février prochain*", a-t-il ajouté.
Le guide religieux a également pointé du doigt les *"contestations d'un parti politique"* qui ont remis en question l'intégrité du processus électoral. Il a exprimé son inquiétude quant à cette situation, qualifiant l'impasse politique de *"grave"*. Pour lui, la paix ne peut émerger que de la justice et de la vérité. *"Il est temps de discuter des projets de société…* ", a-t-il conclu.

2 Ce qui n'a été jusque-là, constaté au Sénégal ! Les militaires sénégalais ont des officiers formés dans de grandes écoles militaires et/ou civiles et dans des disciplines scientifiques voire de hautes Humanités !

Entreprendre de manière endogène pour consolider des économies fragiles[3] et vulnérables, tout en consolidant des retombées positives sur le bien-être des populations locales au sens de la croissance inclusive, tel est le challenge économique et politique louable des autorités nouvelles sénégalaises ! Le cadre de cette croissance inclusive reste la transformation structurelle de l'économie sénégalaise, sa stabilité financière et sa stabilité politique, nécessaires à l'accomplissement des objectifs de politiques économiques.

Le régime précédent avec son thème de politique économique résumé par le terme de PSE était arrivé à bout de souffle pour des raisons multiples y compris pour des raisons politiques et surtout par rapport au chômage. Cela ne lui est pas spécifique, au regard des politiques poursuivies dans ce pays depuis les indépendances, politiques contraintes par la croissance démographique, l'emploi des jeunes et des femmes.

Quelle est la chronique des politiques publiques au Sénégal jusqu'au mois de février 2024 ?

La première période postindépendance avec l'héritage colonial d'une « économie de traite », sous l'égide d'un gouvernement socialiste et de la présidence de M. Léopold Sédar Senghor, se donne comme objectif au moyen d'un plan la coordination d'impulser une hausse de la productivité globale des facteurs, de gérer l'abondance de la main-d'œuvre et d'apporter des réponses aux mouvements migratoires internes dans le sens monde rural vers Taïba (zone de Thiès, centre de la production de phosphates) et Dakar grand métropole urbain, où se concentrent l'essentiel des industries manufacturières légères (textile, huileries, briqueteries, savonneries, etc.) tournées vers le marché domestique, et les services surtout portuaires et logistiques adaptés à l'exportation de produits bruts demandés par des entreprises européennes (principalement françaises).

---

[3] Une situation de fragilité se définit comme une situation où : « les institutions échouent durablement à répondre aux attentes légitimes de la population dans le domaine de la sécurité, des services sociaux et économiques de base, et de l'État de droit. Certains sont pris dans un cercle vicieux de pauvreté et de conflit, ou souffrent de la malédiction des ressources naturelles ; d'autres ont à gérer le lourd héritage de décennies de mauvaise gouvernance et l'existence de rentes pour une minorité de la population ainsi que des inégalités très fortes ; beaucoup ont une capacité limitée à fournir des services de base à la population ».

L'état du Sénégal des années 70, en dépit des chocs pétroliers, profite de l'aubaine de la hausse des matières premières et du recyclage des pétrodollars sur les marchés internationaux, pour lancer des programmes ambitieux susceptibles de créer de l'emploi. L'interprétation par les responsables du Plan est d'investir dans l'industrie minière, la recherche pétrolière et de créer des infrastructures (barrages de Manantali…), tout en emblavant plus de terres agricoles dévolues à l'arachide. Les conséquences de cette ouverture aux marchés financiers ont provoqué une insolvabilité de l'État, lorsque les taux de croissance ont décliné comparativement aux taux d'intérêt réels servis par les créanciers internationaux. En 1979, avec le constat d'un endettement excessif et un cumul d'avoirs extérieurs négatifs, un plan de redressement économique et financier est négocié par le Sénégal avec les bailleurs de fonds multilatéraux. L'emploi au début des années 80, sous le gouvernement dirigé par M. Abdou Diouf, qui n'arrive pas à freiner l'exode rural, devient une préoccupation majeure. La transition politique est amorcée à la suite de la démission du Président Senghor et la continuité d'une économie administrée n'est plus assurée. Les politiques de l'emploi sont marquées par la libéralisation des marchés du travail. Les politiques publiques en général commencent par un impératif de réduction de la demande (*demand-side policies*) et les Sénégalais vivent la réduction d'emplois et de recrutements dans le secteur public, unc réduction des emplois dans le secteur privé formel qui vit des effets d'entraînement du secteur public induits par des dépenses publiques-dépenses publiques en baisse à partir de 1985. La récession est générale et l'écho politique et syndical est celui de la contestation des politiques publiques de l'emploi, ayant marqué cette première tranche de présidence assumée par le Président Abdou Diouf et son gouvernement paradoxalement socialiste ; politiques publiques centrées sur la libéralisation du marché du travail et un esprit de « self-made man d'auto-emploi ». Plus tard, le Président Diouf, avec son second quinquennat, se fait l'écho de la jeunesse et de l'emploi. En effet, les politiques de réduction des dépenses sont revues et l'aide multilatérale est sollicitée pour asseoir des politiques *supply-side* ou d'impulsion de l'offre de biens et services grâce à la privatisation de services et d'actifs publics, de prix relatifs favorables aux agriculteurs et d'incitations diverses accordées aux producteurs de biens manufacturés… Les PAS caractérisent cette période jusqu'au milieu des années 90. Néanmoins, les PAS ont engendré des « coûts sociaux de l'ajustement », ayant généralement affecté le niveau de vie des populations. C'est pourquoi un consensus qualifie cette période, qui n'est pas spécifique au Sénégal, mais commune à tous les pays de l'Afrique Subsaharienne, « de deux décennies perdues de développement en Afrique » (Golub et Mbaye, 2015). En effet, les bailleurs proposent « une valse de politiques économiques dans un temps calendaire réduit comparativement aux objectifs de développement sans direction précise », due à une « méconnaissance de l'Afrique » de la part de leurs conseillers[4] et/ou à un manque de données sur le continent. Les modèles empiriques de croissance ne semblent pas en mesure d'expliquer les dynamiques africaines, car la décennie qui suit, le continent dans son ensemble renoue avec une croissance supérieure à celle du reste du Monde et le défi sera celui de la pauvreté. Dans les modèles empiriques de la croissance économique et du développement, les auteurs s'accordent de la nécessité d'intégrer des variables non économiques pour expliquer correctement l'évolution de l'ASS. L'intégration progressive de ces divers facteurs a amené H. Chitonge (2015) à dire que les modèles économétriques sont toujours à la recherche de la « variable dummy » manquante à caractériser le « facteur spécifique des économies africaines ».

De fait, le deuxième mandat du Président Diouf est l'amorce de la mise en place des politiques néo-libérales plus accentuées par le gouvernement du Président Abdoulaye Wade, encouragées par les bailleurs de fonds multilatéraux et les principaux partenaires bilatéraux, à partir du Consensus de Washington et l'initiative PPTE. Des moyens financiers importants sont mobilisés pour répondre à la création d'emplois individuels et/ou de créations d'entreprises locales (PME, micro-entreprises…) et/ou d'entreprises fondées sur le principe du partenariat privé/public. Cette période du post-ajustement caractérisée par la poursuite de réformes de libéralisation du marché du travail et d'ouverture sur l'extérieur coïncide avec une croissance soutenue, voire accélérée, et l'appui absolu des bailleurs, en dépit du fait que de grands projets surgissent au Sénégal sans évaluation précise des coûts récurrents et de l'endettement global de cette économie. Par conséquent, pour ce faire, ces derniers estiment que l'économie sénégalaise devait être protégée dorénavant des « chocs exogènes », c'est-à-dire des fluctuations de grande ampleur de prix, notamment ceux des hydrocarbures et des céréales. En même temps, les bailleurs

[4] Formés dans des Universités prestigieuses, mais déconnectés des réalités africaines (culture, histoire, prédominance de l'informel…).

de fonds associent leur aide à la surveillance de l'évolution d'autres indicateurs non économiques de liberté d'entreprendre, de démocratie, de gouvernance telles que : Economie Freedom, POLITY 2, International Country Global Risk... La coordination internationale aboutit au second consensus de Washington et à la mise en place des OMD.

L'ère Macky Sall a consacré le « retour de l'État » et donc la régulation du marché du travail. Ce Président arrive au pouvoir avec une coalition de partis et pour que le Président Wade n'impose pas un « dauphinat » au pays, donc son fils comme Président. En théorie économique, les gouvernements ont du mal à implémenter une politique claire et cohérente pour implémenter les réformes accompagnatrices de la croissance et de la réalisation des équilibres macroéconomiques, car s'installe une situation de « guerre d'usure entre les partis coalisés. Le premier gouvernement de Macky en est une illustration[5]. Le second mandat est plus précis et depuis les élections législatives de juillet 2022, le Président tente d'écarter les résistances internes à son camp par rapport à sa politique et est revenu à une clarification du dispositif institutionnel de la mise en œuvre de sa politique avec la nomination d'un Premier ministre, bénéficiant de l'appui des bailleurs avec les ODD et le satisfecit accordé à la démocratie et à la stabilité politique du pays, l'exploitation de gaz et de pétrole, le développement de l'entrepreneuriat et les divers soutiens à l'entrepreneuriat, à la recherche, à l'emploi des jeunes et à l'éducation[6].

Après 60 ans d'indépendance, le chômage d'équilibre-oxymore prisé des économistes – est tel que le chômage structurel révèle que la création d'emplois dans le secteur formel est faible et surtout de l'apanage du secteur public. Ainsi, les gouvernements du Sénégal ont failli dans leur mission à épauler le secteur privé pour réaliser la

---

[5] Il s'agit avec le premier document de politique économique dans le cadre d'une coalition de pourvoir des emplois à travers des investissements publics à haute intensité de main-d'œuvre. Parallèlement, le secteur privé est exhorté à créer de l'emploi. Enfin, le document insiste sur un meilleur suivi de la gestion de l'emploi, grâce à un appareil statistique plus performant (ANSD, *ibid.*, p. 25-26). Toutefois, les secteurs économiques privilégiés par les autorités publiques ne sont pas explicites tout comme, les mécanismes à mettre en œuvre pour promouvoir l'emploi, notamment celui des jeunes.

[6] La croissance n'est toutefois pas à l'abri de chocs exogènes de grande ampleur (voir les conséquences de Covid-19, la guerre russo-ukrainienne et l'inflation importée via le prix des céréales et de l'énergie...).

transformation structurelle de l'économie dominée par l'informel. L'agriculture n'a pas été priorisée tout au départ et l'exode rural ne s'est pas traduit par une absorption conséquente de la main-d'œuvre en situation de sous-emploi. L'économie informelle a encore un poids non négligeable et l'ouverture au commerce international montre les faiblesses de l'économie sénégalaise tertiarisée en matière de compétitivité et de remontée dans la filière industrielle.

Le nouveau gouvernement issu des élections de 2024 a annoncé être un gouvernement de rupture et a arrêté un certain nombre d'orientations qui peuvent être analysées avec les prismes de la théorie économique pour en saisir la pertinence, les risques et les chances de réussite, sans pour autant occulter le cadre social.

Dans son discours à la nation du 4 avril 2024, le nouveau Président du Sénégal a voulu marquer une rupture avec le passé. Les principaux points de son intervention se résument ainsi : réduction du coût de la vie, autosuffisance alimentaire et accès à l'eau potable et à l'Énergie ; accès facile aux soins de santé, amélioration de l'éducation et employabilité accrue des jeunes dans la frange des moins de 35 ans tentés par la migration internationale représentant 75 % de la population totale ; révision des contrats dans les domaines fossile, minier, gazier et de l'or bleu ; encouragement de l'entrepreneuriat domestique ; transformation structurelle et inversion de l'informalité de l'économie et enfin renforcement versus souveraineté monétaire des acquis de l'intégration régionale et correction des faiblesses pour une CEDEAO adoptant l'Eco, gage de la souveraineté monétaire.

Chaque point est sensible et cohérent avec l'ensemble, mais pour autant, il ne s'agit pas d'en occulter les contraintes inhérentes à toute décision humaine. Par exemple, il est oublié dans cette version de la NEP la question du niveau d'endettement de l'économie sénégalaise, les déficits publics, le niveau de l'épargne et des questions macroéconomiques sous-jacentes à l'implantation de cette NEP. Il n'est pas également possible de projeter des ruptures en oubliant que le Sénégal a signé des accords avec d'autres pays limitrophes et en tire comme eux des avantages qui peuvent l'emporter sur les inconvénients, par exemple lorsqu'il s'agit d'intégration monétaire. Le fonctionnement efficace des institutions, malgré la volonté affichée et indiscutable de l'Exécutif, reste également un piège par rapport aux ambitions.

Le travail de Dr Seck Serigne Momar a choisi de traiter la question monétaire. La Monnaie plus que tout est un puissant symbole de souveraineté, d'indépendance, de mesure de la capacité de décision dite discrétionnaire d'un Prince ou d'un État, un instrument de politique économique pour changer ou ancrer des comportements capables d'agir sur la structure productive, depuis la nuit des temps… En effet, dans un cours d'initiation à la théorie monétaire, les économistes rappellent toujours d'une part avec l'économiste Léon Walras (1902) qu'avec la roue, a été l'une des plus grandes inventions humaines et d'autre part invitent les futurs spécialistes des précautions dont il faut s'entourer, en ce qui concerne le fait de « battre de la Monnaie », car son émission garde un caractère secret, une prérogative relevant des rois. L'allusion à Junon est alors le passage choisi. Dans la mythologie romaine, Junon, déesse mère de Rome, reine des dieux et protectrice du mariage et de la fécondité, a paradoxalement un caractère guerrier marqué et, en tant que porteuse de richesses, préside à la monnaie. Le temple dédié à Junon n'a pas été par hasard Junon Moneta pour bien marquer avec le mot Moneta sa prééminence dans la richesse et l'ordre social. La monnaie est frappée dans un lieu sacré.

La Monnaie est également une construction sociale bâtie par la confiance et/ou par un acte de force (euro) ou un passage en force (Lodzt, Rochetau, 2002), comme nous le disent les thèses évolutionnistes. La nouvelle monnaie sénégalaise, si elle se confirme, n'y échappera pas ! Dans une économie élargie d'individus de plus en plus grande (régions allant jusqu'à se constituer en pays ou Unions monétaires), la Monnaie à choisir comme numéraire prend du temps à s'imposer face à des signes concurrents en fonction de la réaction des marchés. Tout signe pressenti suit une marche aléatoire, lestée d'incertitudes, et donc induit des coûts d'apprentissage amplifiés par les résistances rencontrées. Cette réaction est la confiance/défiance, source d'externalités positives ou négatives. Si la confiance est conférée à un signe, le choix devient implicite du fait de la convergence des opinions, mais il se peut qu'il y ait toujours des résistances. Le fait du Prince, un moment ou l'autre de l'Histoire, est important pour choisir la Monnaie. Une autorité politique choisit le numéraire et définit des restrictions légales : les autres légales ne doivent plus circuler et une institution monétaire est créée pour encadrer la création monétaire ! Un exemple va nous permettre d'illustrer (Semedo 2002, Harmattan). Jusqu'au début du XXe siècle, le Nigéria et ses chefferies traditionnelles résistent à l'introduction de la livre sterling d'alors, alliage de cuivre et de métaux précieux (or ou argent). Les chefferies avaient accumulé beaucoup d'or (Gold Coast) et préféraient symboliquement l'usage de cauris, de tête de bétail et à titre accessoire, de l'or dans les transactions. Les signes en cours avaient des attributs religieux et culturels et se méfiaient de la livre. Encore que la Grande-Bretagne, qui avait son principe *d'indirect rule,* ne voulait pas au XIX siècle entrer en conflit directement avec les chefferies locales.

Il a fallu 50 ans à la livre pour qu'elle s'impose dans les échanges locaux. La stratégie anglaise était d'abord de construire de la confiance autour de la livre, puis d'affaiblir les chefferies et enfin de créer une dépendance du Nigéria vis-à-vis d'importations britanniques payées en Monnaie britannique.

- L'explication dans la disparition des monnaies locales endogènes n'est pas seulement dans la théorie quantitative de la monnaie selon laquelle l'abondante circulation de la Monnaie crée de l'inflation et une perte de valeur de ces M.

- Elle est plutôt dans les manœuvres politiques et juridiques de répartition des territoires pour diviser les chefferies, le montant des impôts réclamés et à partir de 1911 avec la dépression mondiale en cours, les britanniques vont mettre en place des mesures coercitives pour se procurer de la livre pour importer des biens de première nécessité, des biens intermédiaires anglais ou étrangers venant de pays limitrophes ou d'autres puissances. En 1929, la livre est M du Nigéria avec des restrictions légales et une ébauche de BC.

- *La violence de la M s'est exprimée ici avec une lutte sans merci entre les seigneurs locaux divisés et les nouveaux maîtres britanniques !*

Si l'on regarde des solutions extrêmes en cours dans le continent, l'indépendance supposée du Zimbabwe sur le plan monétaire interroge, par les phases de violence ayant marqué ce pays ! Encore que tout dans ce pays n'est pas expliqué par l'émission excessive de monnaie ayant débouché sur des régimes d'hyperinflation à la fois pour faciliter les paiements et pour couvrir les déficits. Il n'en demeure pas moins que la monétisation de la dette a été une arme du régime politique dictatorial de Mugabe pour finir comme procédure solitaire de gestion politique, dans un pays qui ne produit pas assez de biens et services, avec une redéfinition non raisonnée des droits de propriété foncière comme en Afrique du Sud et qui maintient des inégalités extrêmes…

L'Afrique de l'Ouest francophone a connu des évolutions spécifiques, mais la mise en circulation du CFA n'a pas connu ces épisodes de violence. De fait, la Zone franc CFA a été instaurée par la France, alors puissance coloniale, après la Seconde Guerre mondiale.

Son objectif était d'assurer un flux continu et abordable des ressources vers la France et la période postcoloniale a été marquée par des aménagements institutionnels dans les instances de gouvernance de cette Zone tant dans sa partie ouest-africaine que dans sa partie d'Afrique centrale. Aujourd'hui, le compte d'opérations n'est plus à l'ordre du jour, comme pomme de discorde, car tout pays peut demander de disposer de la totalité de ses avoirs extérieurs.

Ce travail de Dr Seck vient à point nommé avec des questions qui justifient cet ouvrage sans tomber dans des discussions de rue, des discussions passionnées où tout un chacun dit « ce qui lui plaît, même s'il n'en sait strictement rien, même si le ressenti est normal » ! En effet, nous pouvons relever leur pertinence pour des économistes et elles se déclinent comme suit :

- Que reproche-t-on au FCFA ? Qu'est-ce qui pousse certains États comme le Sénégal, non sans raison fondés à vouloir rompre avec cette monnaie qualifiée de monnaie coloniale ?
- Le Sénégal remplit-il les conditions pour gérer une monnaie nationale ?
- Quel régime de change à adopter pour le Sénégal ? Parité fixe ou libre fluctuation ?
- Qui va soutenir économiquement cette monnaie ? Le Sénégal dispose-t-il suffisamment de réserves de change pour garantir la stabilité de cette future monnaie en cas de chocs conjoncturels ? Quel est le niveau optimal des réserves de change à prévoir pour la future banque centrale du pays ?

Si la souveraineté est devenue un objectif majeur, Dr Seck invite à réfléchir quant à ses modalités dans l'UEMOA et/ou dans la CEDEAO et avertit par rapport à l'aventure solitaire. En effet, pourquoi une aventure solitaire, si des éléments contrefactuels viennent à en marquer les limites ! Quels sont ces arguments :

1. Le Compte d'Opérations est supprimé. Désormais, la BCEAO est libre de placer ses réserves où elle le souhaite et cela n'est pas théorique, puisque tout pays peut disposer maintenant entièrement de ses réserves de change et les placer où il veut !
2. Les représentants français qui siégeaient dans trois différentes instances de la BCEAO laisseront leurs sièges et le Conseil de Politique monétaire est totalement aux mains de décideurs de l'Union.

3. Il faut être conscient de la notion de contreparties de la Masse monétaire, surtout s'il n'y a plus de dépôts auprès du Trésor français. Par simples jeux d'écritures, les avoirs en devises positifs se retrouvent en liquidités locales, en moyens de paiement locaux aux mains des Agents non financiers, principalement les entreprises et peuvent contribuer à l'investissement.

4. L'ouverture commerciale et financière influence toujours la croissance. Pourquoi se priver de capitaux extérieurs et d'accès à des marchés étrangers ?

Force est de reconnaître que la convertibilité du CFA est une assurance pour des pays majoritairement exportateurs de matières premières et donc exposés à de fortes variations des termes de l'échange. Un pays comme le Ghana, dont la structure économique est assez proche de celle de la Côte d'Ivoire avec une filière cacao prépondérante, connaît des variations de sa monnaie, le cedi, porteur de graves risques sociaux. La Côte d'Ivoire en a été prémunie même pendant les années 2002 à 2010 où le pays a été coupé en deux du fait de la crise politique qu'il a connue. Entre 2020 et 2024, le même scénario a été observé avec une forte attaque spéculative sur le cedi, amenant ce pays à demander urgemment aux instances multilatérales de structurer sa dette. Pour l'ensemble de la Zone CFA, il n'y a jamais eu de contraintes sévères de liquidités sévères, à l'exception du milieu des années 80, privant les agents de réaliser des plans de consommation ou d'investissement à leur échelle de ressources tirées de leur production, de leur épargne. De même, il n'y a pas eu des épisodes d'hyperinflation notoires comme au Zimbabwe, se soldant par des conflits internes durables et des chocs d'offre persistant avec rationnement des demandeurs de biens et services ?

L'un des mérites de l'auteur de cet ouvrage est d'avoir retracé l'histoire économique, monétaire et financière du Sénégal et des pays de la sous-région avec pédagogie, rigueur et exhaustivité. Il a réussi cet exercice grâce à ses acquis d'universitaire qui lui ont permis de mobiliser la littérature théorique et empirique *ad hoc*, de rendre intelligible son discours et de mettre en relief des points clés et des contributions majeures des spécialistes des questions monétaires et financières à travers des encadrés et des renvois détaillés.

L'ouvrage porte également l'empreinte du parcours professionnel de l'auteur qui travaille depuis plus d'une dizaine d'années à l'Agence Monétaire Ouest-Africaines (AMAO) et a capitalisé une expérience certaine dans la surveillance multilatérale des pays membres de la CEDEAO. L'auteur qui entretient ainsi des relations étroites avec les autorités monétaires des pays de la sous-région a su étayer ses propos en rapportant des témoignages et des prises de position de multiples économistes et décideurs publics sur le rôle et la place de la monnaie dans les politiques de développement économique et social des pays de la zone CFA tout en rendant compte également de l'expérience d'autres pays développés ou en développement.

La présentation des avantages et des limites de la zone CFA nous semble être l'une des parties les plus abouties de l'ouvrage. L'auteur a abordé cette thématique de manière méthodique et éclairante. Il a également compris la complexité et la multiplicité des choix en matière de politique de change. C'est pourquoi il a envisagé trois scénarios de souveraineté monétaire pour le Sénégal qui s'excluent mutuellement et correspondent à des trajectoires différentes.

L'auteur semble avoir volontairement laissé ouvertes trois questions qui se posent dans l'expérience d'intégration monétaire des pays de la CEDEAO. L'une est le rôle du Nigéria. En raison du poids et de la taille de cette première économie de la sous-région et même d'Afrique, il peut sembler naturel d'envisager qu'il joue un rôle central et que sa monnaie (le naira) serve d'ancrage à la monnaie unique ouest-africaine. Cependant, plusieurs objections peuvent être soulevées contre un tel choix. En effet, le Nigéria apparaît comme « *un géant aux pieds d'argile* » compte tenu de la faible diversification de son économie qui est encore largement dominée par les hydrocarbures et son instabilité chronique qui peut être illustrée par le niveau relativement élevé de l'inflation et la volatilité de son taux de change. La deuxième question ouverte est le renforcement du dispositif institutionnel de la future monnaie unique à travers l'adoption du fédéralisme budgétaire et la mise en place de fonds structurels. Ces institutions semblent constituer des maillons manquants susceptibles de promouvoir la convergence réelle entre les pays membres de la CEDEAO, laquelle n'a pas toujours été réalisée en dépit de la définition de critères de convergence et de la mise en œuvre d'un programme de surveillance multilatérale. Enfin, le fonctionnement actuel de la CEDEAO pêche par l'absence de politiques sectorielles fortes formulées et mises en œuvre au niveau communautaire et qui viendraient compléter et renforcer les politiques nationales conformément au principe de subsidiarité.

Il reste que le choix de souveraineté monétaire idéal serait celui qui concilie les avantages du système actuel de la zone CFA (crédibilité, convertibilité de la monnaie, stabilité macroéconomique) et un gain de degrés de liberté de la politique monétaire qui permet d'absorber les chocs et accorde une plus grande place au financement bancaire du développement et au soutien des PME-PMI qui est crucial pour la promotion d'une croissance plus forte, durable, créatrice d'emplois décents et inclusifs.

Au total, cet ouvrage est le fruit d'un travail sérieux et documenté qui pose sereinement les modalités de la souveraineté, les gains et les risques associés. Il est d'une grande utilité aux étudiants d'un niveau assez avancé en sciences économiques et de gestion, aux chercheurs et au public qui s'intéressent à la monnaie et aux questions de financement dans les pays en développement. C'est pourquoi nous sommes honorés de le préfacer d'une part en tant que Directeur de thèse et d'autre part comme Rapporteur de sa thèse de Doctorat, soutenue brillamment le 19 novembre 2019 à l'Université Cheikh Anta DIOP de Dakar et intitulée *« Rôle des facteurs structurels dans la convergence réelle des pays de la CEDEAO : le cas des infrastructures de transport, des télécommunications et d'énergie »*.

Birahim Bouna NIANG[7]
et Gervasio SEMEDO[8]

---

7 Ancien Doyen de la Faculté des Sciences économiques et de Gestion (FASEG) de l'Université Cheikh Anta DIOP et Directeur du Laboratoire d'Analyse des Politiques Économiques et Sociales (LAPES).

8 MCF HC HDR de l'Université de Tours, Directeur de recherches CNRS.

REMERCIEMENTS

Je voudrais d'abord remercier grandement les professeurs Gervasio Semedo et Birahim Bouna Niang, qui ont participé à ce travail en faisant une relecture de l'ouvrage.

Ce livre est le fruit d'une expérience vécue dans les institutions monétaires régionales et internationales. Il fournit les instruments théoriques et pratiques pour répondre aux différentes questions qui interpellent les représentants politiques, les intellectuels et la société civile, etc., sur la souveraineté monétaire des États africains et le devenir du franc CFA.

Pour terminer, je souhaite remercier vivement ma famille, mes amis, mes collègues pour leurs conseils avisés et leur soutien sans faille.

LISTE DES SIGLES ET ABRÉVIATIONS

AES : Alliance des États du Sahel du Liptako-Gurma
AMAO : Agence Monétaire de l'Afrique de l'Ouest
AOF : Afrique-Occidentale française
APD : Aide publique au développement
ASS : Afrique subsaharienne
BAO : Banque d'Afrique occidentale
BC : Banque centrale
BCC : Banque centrale des Comores
BCE : Banque Centrale européenne
BCEAEC : Banque centrale des États de l'Afrique équatoriale et du Cameroun
BCEAO : Banque Centrale des États de l'Afrique de l'Ouest
BCAO : Banque centrale de la CEDEAO
BCN : Banques centrales nationales
BEAC : Banque des États de l'Afrique Centrale
BRVM : Bourse Régionale des Valeurs Mobilières (BRVM) de l'UEMOA
CEAO : Communauté économique des États de l'Afrique de l'Ouest
CECA : Communauté économique du Charbon et de l'Acier
CEDEAO : Communauté des États de l'Afrique de l'Ouest
CEF: Comité économique et financier
CFA : Communauté financière Africaine
CEMAC : Communauté économique et monétaire de l'Afrique Centrale
CNUCED : Conférence des Nations unies sur le commerce et le développement
COBAC : Commission bancaire de l'Afrique centrale
CPM : Comité de Politique monétaire

CPI : Consumer Price Index
C-CPI : Chained Consumer Price Index
ECO : future monnaie de la CEDEAO
€ : Euro
ECOWAS : Economic Community of West African States
FAO : Food and Agriculture Organisation of the United Nations connue sous le sigle ONUAA/Organisation des Nations unies pour l'alimentation et l'agriculture
FCFA : Franc de la Communauté financière Africaine
FRF : franc français
FF : Franc français
FMI : Fonds monétaire international
HCPI : Harmonized Consumer Price Index
IDE : Investissements directs à l'étranger
IDH : Indice du développement humain
IMC : Institut Monétaire de la CEDEAO
IMF : International Monetary Fund
IPC : Indice des Prix à la Consommation
LOLF : Loi organique relative aux Lois de Finances
M : Monnaie
NEP : Nouvelle Économie politique
OCDE : Organisation de coopération et de développement économiques
ODD : Objectifs de développement durable
OMD : Objectifs du Millénaire pour le développement
PAS : Plan d'Ajustement Structurel
PCMC : Programme de Coopération monétaire
PIB : Produit intérieur brut
PNUD : Programme des Nations unies pour le développement
PPTE : Pays pauvres très endettés
PREF : Plan de redressement économique et financier
PSE : Plan Sénégal Emergent
PVD : Pays en voie de développement

RTGS : Real Time Gross Settlement
SMI : système monétaire international
TEC : Tarif Extérieur Commun
TCER : Taux de Change Effectif Réel
TXC : Taux de change
UDEAO : Union Douanière des États de l'Afrique de l'Ouest
UE : Union européenne
UEAC : Union Économique de l'Afrique Centrale
UEM : Union économique et monétaire européenne
UEMOA : Union économique et monétaire ouest-africaine
UMAC : Union Monétaire de l'Afrique Centrale
UMOA : Union Monétaire ouest-africaine
UNESCO : Organisation des Nations unies pour l'éducation, la science et la culture
USD : United States dollar
USA : the United States of America
U-CPIX: ProFunds UltraShort Small-Cap Fund Investor Class
RPIX : RPI All Items Excl Mortgage Interest
XAF : Le franc CFA de la Coopération financière en Afrique centrale
XOF : le franc CFA de la zone monétaire d'Afrique de l'Ouest
KMF : le Franc comorien
ZMAO : Zone monétaire de l'Afrique de l'Ouest

LISTE DES TABLEAUX ENCADRÉS ET FIGURES

LISTE DES TABLEAUX

LISTE DES ENCADRÉS

LISTE DES FIGURES

INTRODUCTION GÉNÉRALE

L'opportunité pour le Sénégal de disposer de sa propre monnaie fait l'objet de débats idéologiques depuis les dernières années, drainant beaucoup de passions et débouchant presque sur une opposition frontale entre les partisans du franc de la communauté financière africaine (FCFA) et ses opposants. Cette discussion émotionnelle conduit à des qualificatifs positifs ou négatifs sous toutes les formes : mauvaise monnaie, cause des déconvenues économiques, bonne monnaie, garante de la stabilité macro-financière, monnaie aux relents coloniaux, monnaie d'avenir malgré tout, etc.

Ce débat n'est pas spécifique au Sénégal, mais peut être étendu à tous les pays francophones. Plus globalement, depuis une décennie, il ne se passe plus un jour sans que des Africains de l'Union économique et monétaire ouest-africaine (UEMOA)[9] et ceux de la Communauté économique et monétaire de l'Afrique Centrale (CEMAC)[10] ne parlent du franc CFA. La zone est divisée en deux parties. La zone du franc CFA de l'Afrique de l'Ouest compte huit membres : Mali, Niger, Burkina Faso, Sénégal, Côte d'Ivoire, Bénin, Togo et Guinée-Bissau. La zone de l'Afrique centrale en compte six : Cameroun, Gabon, République du Congo, République centrafricaine, Tchad et Guinée Équatoriale.

Les partisans du franc CFA considèrent le franc CFA comme un filet de sécurité régional des pays africains de la zone à cause de son arrimage à l'euro et de sa convertibilité libre et illimitée[11]. Ils soutiennent aussi que cette monnaie apporte la stabilité des prix et de la monnaie, la discipline budgétaire, et la stabilité de la compétitivité internationale. Cette monnaie confère une crédibilité internationale

9 Elle regroupe le Bénin, le Burkina, la Côte d'Ivoire, la Guinée-Bissau, le Mali, le Niger, le Sénégal et le Togo.

10 Elle regroupe le Cameroun, la Centrafrique, le Congo, le Gabon, la Guinée Équatoriale et le Tchad.

11 Ceci donne droit aux pays de la zone, en cas d'épuisement de leurs réserves de change, de pouvoir faire un découvert autorisé illimité sur leur compte en euros auprès du trésor français. Avec les PAS, ce pouvoir a été restreint, car ces pays se sont adressés aux organismes multilatéraux pour couvrir leur déficit, leur dette et la liquidité du CFA.

grâce à son ancrage avec l'euro, monnaie forte aux yeux des investisseurs contrairement à une monnaie faible qui fait fuir les investisseurs. Parce que la fixité du change permet de favoriser l'afflux d'investissements étrangers, d'améliorer la compétitivité extérieure et d'absorber les chocs externes, certains économistes comme Lionel Zinsou[12] ou encore Edoh Amenounvé[13] estiment qu'il faudrait conserver le système.

Quant aux opposants au franc CFA, il faut trouver une alternative à cette monnaie qui favorise, selon eux, un « paternalisme monétaire » de la part de la France et n'aide pas les pays africains à obtenir de bonnes performances économiques. Ils considèrent que le franc CFA affecte les pays membres dans deux mécanismes clés : (1) une perte de souveraineté en liant les économies de l'UEMOA au marché français et en limitant la portée d'une politique monétaire indépendante ; affaiblissant ainsi les États avec des impacts négatifs sur la réduction de la pauvreté et (2) une surévaluation de la monnaie nuisant à la compétitivité des exportations. Selon eux, les richesses des pays de l'UMOA sont essentiellement constituées de minerais et de produits agricoles [...] dont les cours mondiaux ne sont pas maîtrisés et évoluent à la hausse ou à la baisse selon les caprices du marché. Dans ces conditions, il est difficile d'avoir une monnaie stable basée sur ces matières premières, à moins de trouver d'autres garanties. C'est pourquoi ils envisagent une alternative au CFA. Ainsi, Kako Nubukpo, Moussa Dembélé et Martial Ze Belinga, dans leur ouvrage « Sortir l'Afrique de la servitude monétaire. À qui profite le franc CFA ? », Paris, La Dispute, 2016, 243 p., soutiennent que cette monnaie est trop forte pour des économies en développement. Ils remettent aussi en cause la politique monétaire des banques centrales de la Zone franc, qui vise à maîtriser l'inflation, la trouvant trop restrictive et pénalisante pour les économies de la zone. Des arguments politiques sont aussi parfois évoqués. Nicolas Agbohou[14], par exemple, estime que le maintien de ce système est une forme de néocolonialisme, qui permet à l'ancienne métropole de continuer à profiter des richesses de ses anciennes colonies.

Au Sénégal, le débat entre partisans et pourfendeurs du FCFA était resté au stade académique jusqu'à une période récente où il a commencé

---

12 Lors de son interview sur TV5 Monde du 21/05/2024

13 Jeune Afrique du 9 novembre 2016

14 Le franc CFA et l'euro contre l'Afrique, Éditions Solidarité Mondiale.

à gagner la sphère politique. En 2019, Monsieur Ousmane Sonko, candidat de Pastef et actuellement Premier ministre du Sénégal, avait fait de la réforme du franc CFA un cheval de bataille pendant la campagne pour la présidentielle de février 2019. Il considère que la monnaie est une affaire du peuple. Le sujet est également revenu à la présidentielle du 24 mars 2024 quand un des candidats qualifiés par la Cour Constitutionnelle du Nom de Monsieur Bassirou Diomaye Diakhar Faye considère qu'une fois élu, le Sénégal va engager une réforme monétaire qui lui permettra d'intégrer la monnaie unique de la Communauté des États de l'Afrique de l'Ouest (CEDEAO)[15] ou de disposer de sa propre monnaie. Ainsi, aujourd'hui, M. Faye, nouvellement élu, sous la bannière du « Panafricanisme de gauche », a promis de rendre son pays plus souverain dans les domaines de l'alimentation, de l'énergie et de la finance et de la Monnaie. Dès l'annonce de la réforme envisagée, de nombreuses réactions ont été notées du côté du pouvoir, de l'opposition et de l'opinion publique nationale et internationale. Le débat va dans tous les sens à tel point qu'on se demande quel est le vrai sujet qui mérite débat ?

Le Sénégal, sous la présidence sortante de Macky Sall, était un pilier de la tentative de longue date de la France de rester influente parmi ses anciennes colonies, souvent appelées « Françafrique".

La Zone franc CFA a été instaurée par la France, alors puissance coloniale, après la Seconde Guerre mondiale. Elle regroupe trois (3) régions dont chacune dispose d'une Banque centrale et d'une monnaie commune. Il s'agit de l'Union économique et monétaire ouest-africaine (UEMOA), de la Communauté économique et monétaire des États d'Afrique Centrale (CEMAC) et de l'Union des Comores. Cette forme de coopération monétaire selon les défenseurs est supposée offrir un cadre économique stable apportant une meilleure résistance aux chocs macroéconomiques et une maîtrise de l'inflation, à la stabilité de la devise favorable aux échanges et aux investissements. À l'inverse, l'arrimage à l'euro est présenté ici par ailleurs comme le moyen d'entretenir ces pays africains dans une forme de dépendance vis-à-vis de la France et de l'Europe pour l'achat de biens manufacturés et de technologie.

Au sein de chacune des trois (3) zones, la souveraineté monétaire et les décisions sont sous la responsabilité des trois (3) Banques centrales

[15] Huit pays de l'UMOA et Cap-Vert, Gambie, Guinée, Ghana, Libéria, Nigéria et Sierra Leone.

communes indépendantes des États membres-la Banque Centrale des États de l'Afrique de l'Ouest (BCEAO), la Banque des États de l'Afrique Centrale (BEAC) et la Banque des Comores. Avec la réforme de la coopération monétaire en zone UEMOA en 2019, la France n'est plus présente dans les instances de la Banque centrale de cette région. En outre, la France ne dispose que d'une représentation minoritaire au sein du Comité de Politique monétaire (CPM) et du Conseil d'Administration de la BEAC à la différence de la Banque des Comores où la France occupe la moitié des sièges du Conseil d'Administration.

Chaque pays est libre de quitter la Zone franc soit de manière temporaire comme l'a fait le Mali (de 1962 à 1984), soit définitivement à l'instar de la Guinée (1958), de la Mauritanie (1972) et du Madagascar (1982). Certains États non francophones comme la Guinée-Bissau ont aussi choisi de la rejoindre. Il faut noter que la Guinée-Bissau a adhéré au Traité du 10 janvier 1994 instituant l'UEMOA, le 5 mars 1997, sur la base d'un taux de change de 65 pesos pour 1 franc CFA. Pour obtenir le feu vert à l'entrée dans l'UEMOA, la Guinée-Bissau s'est engagée auprès des États membres à rompre avec la politique économie laxiste qui fut longtemps la sienne et à se rapprocher des « standards » en vigueur dans la Zone franc.

Le rejet du FCFA va au-delà de l'enjeu monétaire. En amont, il ne s'agit pas seulement de revendication de souveraineté monétaire, mais également de souveraineté nationale, et cela à de multiples niveaux : diplomatique, économique, militaire et culturel. Il s'apparente à une bataille symbolique pour les tenants de la distance vis-à-vis de la France.

Force est de constater que pour réussir le lancement et le fonctionnement d'une monnaie, il faut avant tout avoir une économie solide, bien structurée, diversifiée et compétitive. L'économiste Jean-Baptiste Say avait dit, en 1803, « la monnaie n'est qu'un voile », parce qu'elle ne fait que faciliter les transactions sans incidence réelle sur le fonctionnement de l'économie. Les économistes dits keynésiens eux avaient répondu, plus d'un siècle après, que des variations monétaires entraînaient à court terme, à travers des taux d'intérêt, des variations de l'investissement et donc de la production et de l'emploi. Ceci s'explique par le fait que les banques centrales mènent leur politique monétaire en ajustant l'offre de monnaie, généralement par des opérations d'achat et de vente de titres, appelées « opérations d'*open market* ». Ces opérations ont des effets sur les taux d'intérêt à court terme, ce qui influe ensuite sur les taux à plus long terme et sur l'activité économique, comme l'ont démontré Friedman, Solow ou Don Patinkin. Lorsque les banques centrales abaissent les taux d'intérêt, on parle d'assouplissement de la politique monétaire. Lorsqu'elles les relèvent, on parle de resserrement ou de durcissement de la politique monétaire. Après la crise financière mondiale qui s'est déclenchée en 2007, les banques centrales des pays avancés ont assoupli leur politique monétaire en réduisant les taux d'intérêt jusqu'à ce que les taux à court terme soient proches de zéro, limitant ainsi les possibilités de réductions supplémentaires. Certaines banques centrales ont eu recours à des politiques monétaires non conventionnelles, en achetant des obligations à long terme pour abaisser davantage les taux à long terme. Certaines ont même fait passer les taux à court terme au-dessous de zéro. En riposte à la pandémie de Covid-19, les banques centrales ont pris des mesures pour assouplir la politique monétaire, fournir des liquidités aux marchés et maintenir le flux du crédit. Afin d'atténuer les tensions sur les marchés des changes et les marchés obligataires, de nombreuses banques centrales de pays émergents ont eu recours à des interventions sur les marchés des changes et, pour la première fois, à des achats d'actifs. Plus récemment, en réponse à la forte accélération de l'inflation, les banques centrales du monde entier ont resserré leur politique monétaire en relevant les taux d'intérêt.

Donc, la monnaie n'est pas neutre par rapport à l'économie. Cependant, pour disposer d'une bonne monnaie c'est-à-dire une monnaie stable et légitime qui influence positivement l'économie, il faut avant tout lui garantir une certaine confiance : ses utilisateurs (particuliers et entreprises) doivent avoir plus ou moins confiance en sa stabilité. Cela implique un taux d'inflation acceptable dit optimal ni trop haut, ni trop bas, car de tels régimes peuvent entraîner la récession ou l'éviction ! voir Semedo G, Ary Tanimoune N. (2013)[16] et une participation à des activités économiques propices à la croissance. Les périodes de forte inflation et d'hyperinflation ont toujours été le résultat d'une crise économique grave où la confiance a fait défaut.

La stabilité monétaire dépend donc de la stabilité macroéconomique qui, à son tour, est le résultat de l'adéquation entre les politiques gouvernementales et les processus des marchés nationaux et mondiaux. Un gouvernement qui est perçu comme ayant un plan et qui est capable

---

[16] Inflation et objectif de monnaie unique dans les pays de la CEDEAO : convergence nominale versus variabilité relative des prix, publié le 27 mars 2013.

de s'adapter à la pression économique et de la gérer contribue grandement à instaurer la confiance. Et, par voie de conséquence, la nouvelle monnaie est moins sujette aux attaques spéculatives ou aux dévaluations répétitives.

L'objectif de cet ouvrage est d'apporter des éclairages sur les questions suivantes jugées fondamentales :

- Que reproche-t-on au FCFA ? Qu'est-ce qui pousse certains États comme le Sénégal, non sans raisons fondées à vouloir rompre avec cette monnaie qualifiée de monnaie coloniale ?
- Le FCFA est-il viable ? La zone CFA est-elle optimale ?
- Quels scénarios pour le Sénégal face au rejet du franc CFA ?

Au niveau du premier point, le livre évoque l'histoire de la Zone franc et du franc CFA, puis décrit ses mécanismes institutionnels, avant de nous livrer le débat autour de la monnaie commune qui a poussé certains à exiger des réformes plus approfondies pendant que d'autres exigent la création d'une nouvelle monnaie sans l'ingérence de la France.

Le deuxième point va aborder la question de la viabilité et de l'optimalité du FCFA. L'ouvrage met ici en évidence les éléments essentiels qui favorisent la confiance d'une monnaie et les phénomènes qui peuvent survenir en cas de perte de confiance de celle-ci. Cette partie offre également l'opportunité de traiter la question de la souveraineté en examinant le contexte et la rationalité des arguments avancés par les partisans de la souveraineté monétaire.

Le troisième point propose trois scénarios pour le Sénégal face au rejet du franc CFA. Le premier scénario consiste pour le pays à poursuivre son intégration dans l'UEMOA tout en demandant des réformes approfondies pour la rendre optimale et bénéfique aux pays membres. Le deuxième scénario privilégie l'intégration monétaire au niveau de la CEDEAO dont le Sénégal fait partie des leaders du projet. Ce scénario nécessite également des harmonisations au niveau de la politique monétaire, du régime de change et du modèle de la Banque centrale. Le troisième scénario, considéré comme une position extrême, est celui de la sortie du Sénégal de la Zone franc et de l'avènement d'une monnaie nationale sénégalaise. Dans ce scénario, l'ouvrage essaie de répondre aux questions suivantes : Le Sénégal remplit-il les conditions pour gérer une monnaie nationale ? Quel régime de change à adopter pour le Sénégal ? Parité fixe ou libre fluctuation ou panier de devises ? Qui va soutenir économiquement cette monnaie ? Le Sénégal dispose-t-il suffisamment de réserves de change pour garantir la stabilité de cette future monnaie en cas de chocs conjoncturels ? Quel est le niveau optimal des réserves de change à prévoir pour la future banque centrale du pays ?

CHAPITRE 1

LA ZONE FRANC CFA : ÉVOLUTION HISTORIQUE, CADRE INSTITUTIONNEL, DÉBATS ET RÉFORMES

La création de la Zone franc remonte à la fin des années trente dans la période "entre-deux-guerres" où la Grande-Bretagne venait de délaisser le régime étalon-or. Le régime étalon-or reposait sur la libre convertibilité d'unités monétaires (dollar, livre sterling) en or. À cet effet, ces unités monétaires étaient définies selon un poids d'or qui établissait une parité fixe avec l'or d'où leurs valeurs stables. Afin de garantir cette convertibilité, les émissions de monnaies par les pays concernés étaient donc naturellement soumises à la quantité d'or en réserve qu'ils détenaient. Après l'abandon de ce régime, la Grande-Bretagne va reproduire le même système de parité fixe autour de sa monnaie (la livre sterling) dans ses colonies en Afrique afin de promouvoir le commerce dans son empire colonial. La France métropolitaine va donc s'inspirer de ce système dans ses colonies en Afrique et ailleurs dans le monde pour des intérêts économiques. Les décrets du 28 août, et du 1er et du 9 septembre 1939 instituent un strict contrôle des changes entre la France et ses colonies d'une part, et le reste du monde d'autre part, pour se protéger des déséquilibres structurels en économie de guerre. L'expression « Zone franc » apparaît pour la première fois à cette occasion.

Le 26 décembre 1945 est créé le franc CFA, qui signifie alors « franc des colonies françaises d'Afrique » et le franc CFP (« franc des colonies françaises du Pacifique »). Un franc CFA vaut alors 1,7 franc français. En 1948, la valeur du franc CFA est portée à 2 francs français et en 1958, le franc CFA devient le « franc de la Communauté française d'Afrique ». Après les indépendances, il deviendra le « franc de la Communauté financière d'Afrique » en Afrique de l'Ouest et le « franc de la Coopération financière en Afrique centrale ».

La Zone franc constitue donc sans doute l'union monétaire la plus vieille de toute l'Afrique subsaharienne. Depuis sa création, les pays membres continuent d'utiliser la même monnaie, le franc CFA tandis que les autres colonies (anglophones particulièrement) ont préféré créer leurs propres monnaies au début des années 1960 (naira au Nigéria, cedi au Ghana, leone en Sierra Leone, dalasi en Gambie, dinar en Afrique du Nord).

Ce maintien du franc CFA par les pays de la zone révèle plusieurs aspects. Il illustre les relations très proches que la France continue d'entretenir avec ses anciennes colonies d'Afrique noire alors même que le franc a disparu. Il peut également être le fait que le FCFA n'a été dévalué que deux fois[17] au cours de son existence, contrairement aux autres monnaies africaines.

Quel sens donner à cette longévité ? Témoigne-t-elle de la réussite de l'intégration monétaire ou est-elle le reliquat d'un passé dont tant les pays africains et la puissance tutélaire rechignent à se débarrasser ?

Depuis la création de la Zone franc en 1945, force est de constater que le contexte géopolitique a singulièrement évolué. L'Afrique francophone, autrefois « chasse gardée » de la France, voit débarquer de nouvelles puissances comme la Chine et l'Inde, en sus des États-Unis et des autres États membres de l'Union européenne. La France, qui demeure un partenaire commercial privilégié de ces pays, n'en est plus le plus important. Cependant, le constat est fait qu'en dépit de leur appartenance à une monnaie forte et solide, les pays de la Zone franc ne sont pas mieux lotis que leurs voisins : entre 2017 et 2020, la croissance économique y est en moyenne inférieure à la croissance du Ghana et de la Guinée[18].

L'objectif de ce chapitre est de présenter un bilan — non exhaustif — du franc CFA et de mettre en exergue les critiques auxquelles il doit faire face. Nous évoquerons ainsi l'histoire du franc CFA, puis décrirons ses mécanismes institutionnels, avant de nous interroger sur les revendications dans l'utilisation de la monnaie commune et ses conséquences.

---

[17] Le franc CFA est dévalué en janvier 1948, avant d'être réévalué en octobre de la même année. La deuxième dévaluation du franc CFA a eu lieu en 1994.

[18] Entre 2017 et 2020, les taux de croissance du PIB était de 5,4 % au Ghana, de 6,8 % en Guinée et de 4,7 % au sein de l'UEMOA. Source : CNUCED.

I. Histoire de la Zone franc et du franc CFA

Formellement comme rappelé dans l'introduction, la Zone franc est née le 9 septembre 1939 avec le décret qui instaura une législation commune des changes pour l'ensemble des territoires appartenant à l'Empire colonial français.

Après la guerre, la France en signant les accords de Bretton Woods le 26 décembre 1945, instaure le franc CFA comme seule et unique monnaie légale des colonies en effectuant sa première déclaration de parité fixe (1 franc CFA[19] = 1,7 franc français) et restaure du même coup son autorité monétaire (via la Caisse Centrale de la France d'outre-mer). Il s'agit alors d'éviter que les colonies françaises ne suivent la dévaluation du franc métropolitain prévue suite aux accords de Bretton Woods. Le franc CFA dévalue alors d'un pourcentage inférieur au franc français. À l'inverse, les colonies d'Afrique du Nord sont forcées de dévaluer. Cependant, en janvier 1948, le franc CFA est dévalué, avant d'être réévalué en octobre de la même année. Ce sera le dernier changement de la parité entre le franc CFA et le franc métropolitain jusqu'à la dévaluation du franc CFA en 1994. C'est dans les années 1950 que sont créés les premiers organes publics chargés de tâches comme l'émission du franc CFA, lesquelles étaient jusque-là le fait de la Banque d'Afrique occidentale (BAO), dont le privilège d'émission originellement conféré par le décret du 29 juin 1901, renouvelé le 29 janvier 1929, avait expiré le 29 janvier 1949[20]. Cette tendance avait en fait été amorcée dès la Seconde Guerre mondiale, quand le gouvernement de la France libre attribua le privilège de l'émission monétaire en Afrique-Équatoriale française et au Cameroun à la Caisse centrale de la France libre, remplacée par la Caisse centrale de la France d'outre-mer après la Guerre. Le décret du 20 janvier 1955 du gouvernement Faure crée deux instituts d'émission aux statuts identiques — ancêtres des actuelles banques centrales de la Zone franc — qui seront gérés par le Trésor et la Caisse française d'outre-mer : l'Institut de l'Afrique-Occidentale française et du Togo et l'Institut d'émission de l'Afrique équatoriale et du Cameroun. Ces deux instituts ouvrent aussitôt un compte d'opération au trésor français, à l'image de

[19] Le franc CFA acquiert de cette façon un statut d'official dans le système monétaire international.

[20] (2) Robert Julienne, Vingt ans d'institutions monétaires ouest-africaines, 1955-1975 : mémoires, L'Harmattan, Paris, 1988.

ce qui avait été expérimenté pour Madagascar, le Maroc et pour la Caisse centrale de la France d'outre-mer, afin d'assurer la convertibilité entre le franc CFA et le franc français et de garantir la valeur de la monnaie africaine.

En 1958, la création de la Communauté franco-africaine, prélude à une autonomie des colonies françaises d'Afrique et des pays sous tutelle française, donne lieu à un réaménagement des mécanismes de la Zone franc. Les ordonnances du 4 avril 1959 changent donc l'appellation des instituts d'émissions, lesquels deviennent la Banque centrale des États de l'Afrique équatoriale et du Cameroun (BCEAEC) et la Banque centrale des États de l'Afrique occidentale (BCEAO). Les conseils d'administration de ces banques centrales sont désormais constitués à égalité de Français et d'Africains, tandis que le Président du Conseil d'administration demeure français.

Les six États de l'ancienne Afrique occidentale française (la Côte d'Ivoire, le Dahomey[21], la Haute-Volta[22], la Mauritanie[23], le Sénégal et le Niger), auxquels se joindra le Togo en 1963, s'associèrent au sein de la BCEAO — créée en remplacement de l'Institut d'émission d'AOF et du Togo — pour gérer leur monnaie commune, le franc de la communauté financière africaine (FCFA). En mai 1962, ces mêmes États fondèrent l'Union monétaire ouest-africaine (UMOA). Les dispositions du traité instituant l'UMOA portent, principalement, sur les règles de l'émission monétaire, la centralisation des réserves de change, la libre circulation des signes monétaires ainsi que la liberté des transferts à l'intérieur de l'Union.

Le Mali, qui préféra créer sa propre banque d'émission et adopter sa monnaie, demanda son adhésion à l'UMOA en 1967, à la suite de graves difficultés financières. Son intégration devint effective le 1er juin 1984, au terme d'un processus d'assainissement financier, lorsque la Banque du Mali transféra son privilège d'émission à la BCEAO.

En Afrique centrale, cinq États (Cameroun, République centrafricaine, Congo, Gabon et Tchad) ont créé en 1959 la BCEAEC, qui s'est substituée à l'Institut d'émission de l'Afrique équatoriale et du Cameroun. Elle a pour mission de gérer l'émission du franc CFA (franc de la Coopération financière en Afrique centrale) dont la parité avec le

---

[21] Le Dahomey est devenu le Bénin le 30 novembre 1975

[22] La Haute-Volta est devenue le Burkina Faso le 4 août 1983.

[23] La Mauritanie sortira de la Zone franc en 1973.

franc français est identique à celle de la monnaie ouest-africaine. Comme pour la BCEAO, un compte d'opérations a été ouvert sur les livres du Trésor français au nom de la BCEAEC.

En ce qui concerne Madagascar, les accords de coopération de juin 1960 signés avec la France ont créé le franc malgache, dont la parité avec le franc français était identique à celle des francs CFA. Le privilège d'émission fut transféré en 1962 à l'Institut d'émission malgache. Madagascar devait toutefois sortir de la Zone franc en 1973.

Le rétablissement de la liberté des relations financières entre la France et l'étranger, en 1967, marque une nouvelle étape dans l'histoire de la Zone franc. En effet, la règlementation commune des changes disparaît comme critère d'appartenance à la Zone franc. Depuis 1968, cette dernière est désormais circonscrite aux seuls pays qui ont passé des accords de coopération monétaire avec la France et dont les instituts d'émission disposent, de ce fait, d'un compte d'opérations sur les livres du Trésor français.

Au début des années 1970, les pays africains de la Zone franc réclament une révision des accords de coopération signés au lendemain des indépendances. Ces accords et le fonctionnement des banques centrales sont critiqués autant par des personnalités politiques[24] qu'académiques[25]. Ces détracteurs réclament notamment un assouplissement de la politique monétaire afin d'étendre le pouvoir d'intervention des banques centrales en vue du développement. En sus, il existe alors une très forte pression en vue de l'africanisation des responsables des banques centrales[26].

Les réformes concernant la Zone franc se sont déroulées suivant un processus identique : la signature d'un accord entre les pays de chaque zone monétaire précède l'accord entre la France et la zone en question. Ainsi, le 22 novembre 1972, les pays de la BCEAEC, qui devient la

---

24 Dès la seconde moitié des années 1960, un mouvement réformateur plus consistant se fait entendre. Il est mené notamment par le président nigérien Hamani Diori, sensible aux questions monétaires et qui semble avoir le soutien des présidents ivoirien Félix Houphouët-Boigny et sénégalais Léopold Sedar Senghor (Robert Julienne, Vingt ans d'institutions monétaires ouest-africaines, op. cit., p. 407 [cf. note 16]).

25 Les critiques économiques sont formulées par des économistes tels Samir Amin et Mamadou Diarra envers le taux de parité fixe. Dès 1969, Samir Amin réclamait une dévaluation du franc CFA tandis que Mamadou Diarra (1972) demandait que la Zone franc soit un moteur de développement de ses pays membres.

26 Id.

BEAC (Banque des États de l'Afrique centrale), signent une nouvelle convention de coopération monétaire, puis le lendemain un nouvel accord de coopération monétaire avec la France. En Afrique de l'Ouest, un accord est conclu entre les pays de l'UMOA le 14 novembre 1973, modifiant les statuts de la BCEAO avant la signature d'un accord entre l'UMOA et la France le 4 décembre de la même année :

Les points principaux de ces réformes sont :

- la possibilité pour la Banque centrale de faire des avances, pour une durée illimitée, aux Trésors nationaux inférieures ou équivalentes à 20 % de leurs revenus de l'année fiscale écoulée ;
- les banques centrales peuvent désormais déposer 65 % de leurs réserves de change extérieures au Trésor français contre la totalité auparavant ;
- la part des administrateurs français parmi les membres du conseil d'administration des banques centrales diminue, proportionnellement au degré d'intégration monétaire des différents accords : 14 % pour la BCEAO, 33 % pour la BEAC[27] ;
- le transfert[28] des sièges des banques centrales sur le continent africain, à Yaoundé (Cameroun) pour la BEAC et à Dakar (Sénégal) pour la BCEAO. Il accélère mécaniquement l'africanisation des institutions, symbolisée dans un premier temps par la nomination d'un gouverneur africain de la BCEAO, l'économiste ivoirien Abdoulaye Fadiga[29], nommé en 1975. En Afrique centrale, en revanche, c'est à la demande des Africains qu'un directeur général français, Christian Joudiou, a dans un premier temps été nommé à la BEAC, avant de passer le relais au gouverneur gabonais Casimir Oyé Mba[30] en 1978.

---

[27] La Banque des États de l'Afrique Centrale (BEAC) est le nouveau nom de la BCEAEC à compter de 1972.

[28] Le transfert effectif du siège des banques centrales en Afrique a eu lieu en 1977 pour la BEAC (Yaoundé) et en 1978 pour la BCEAO (Dakar).

[29] Abdoulaye Fadiga (1935-1988) devient le premier gouverneur africain de la BCEAO et de la Zone franc. Chargé de procéder à la réorganisation générale de la Banque, il est l'artisan de l'africanisation de son personnel et du transfert de son siège de Paris à Dakar en 1978.

[30] Casimir Oyé Mba occupe différentes fonctions au sein de la BCEAEC puis de la BEAC, et devient, en avril 1978, le premier gouverneur africain de la BEAC dont le siège a été transféré à Yaoundé au Cameroun, un an plus tôt. Il quitte ses fonctions en 1990, date à laquelle il est nommé Premier ministre du Gabon. À partir de1994, il occupe différentes fonctions ministérielles.

Les réformes de la Zone franc ont coïncidé avec le boom des cours des matières premières qui s'est arrêté en 1985. À la faveur de ces cours élevés, les pays exportateurs — de produits agricoles ou de produits pétroliers — de la Zone franc ont vu leurs réserves monétaires s'accroître. Au cours de cette période, les gouvernements de la Zone franc ont augmenté les investissements publics en vue d'accélérer le développement économique. Lorsque les cours des matières premières ont chuté au début des années 1980, entraînant la baisse de leurs revenus, les gouvernements de la Zone franc ont recouru à l'emprunt auprès des banques centrales. Les gouvernements ont conçu un procédé permettant de contourner la règle des 20 % de la réforme de 1973 en recourant à l'emprunt auprès des banques commerciales, dont les fonds étaient garantis par les banques centrales. Il s'en est suivi une dégradation des comptes d'opération de la BEAC et de la BCEAO, qui sont devenus déficitaires pour la première fois en 1986. Parallèlement, les déficits budgétaires dans les pays de la Zone franc ont crû de manière significative.

Il s'est alors avéré que la compétitivité des exportations était lésée par l'appréciation du franc CFA par rapport à un dollar alors bas. Les cours des matières premières étant libellés en dollars, les exportations des pays de la Zone étaient moins compétitives que celles des pays asiatiques, dont la monnaie était liée au dollar. C'est de cette époque que datent les appels à la dévaluation du franc CFA, estimé nocif pour la compétitivité des économies africaines de la Zone franc. L'opposition de la France et de la majorité des chefs d'État africains à cette mesure[31] n'a fait que la retarder cependant. La France est en effet alors opposée à la dévaluation, principalement en raison de l'absence d'unanimité des Africains. Si elle craint les effets inflationnistes de la mesure et les menaces que celle-ci ferait peser sur la stabilité des pays concernés, l'inquiétude principale de l'Élysée est en effet d'être accusée, que ce soit en France ou en Afrique, de « lâcher » les Africains ou de manquer à son devoir de solidarité. Elle se range donc derrière l'avis des chefs d'État africains, les invitant parallèlement à renforcer la gouvernance de leurs économies. Les chefs d'État africains ont peur du caractère impopulaire de la dévaluation : risques de troubles sociaux

[31] La dévaluation du franc CFA vivement soutenue par le FMI et les Américains (la Banque mondiale) suscitait au début l'irritation croissante du gouvernement français de François Mitterrand et des présidents Bongo (Gabon), Compaoré (Burkina Faso), Diouf (Sénégal) et Houphouët-Boigny (Côte d'Ivoire).

et de troubles politiques, avec la baisse des dépenses publiques et de la consommation des ménages, avec la réduction des subventions. Les politiques d'ajustement menées par les pays africains consistant en une restriction du crédit de la Banque centrale et des coupes dans le budget — via une réduction des effectifs de la fonction publique — n'ont eu qu'un effet limité. Ces politiques ont davantage abouti à un gel des budgets d'investissement plutôt qu'à une réelle réduction du budget de fonctionnement des États.

L'échec de ces politiques a conduit le gouvernement d'Edouard Balladur à adopter la recommandation des institutions de Bretton Woods d'une dévaluation du franc CFA en 1994. Le franc CFA a alors perdu 50 % de sa valeur antérieure, aux motifs de déficits publics, de dettes et de déséquilibres de comptes courants, mais la garantie illimitée n'est plus assurée, puisque ce sont les bailleurs de fonds multilatéraux et d'autres pays européens en appui de la France qui soutiennent financièrement les pays africains de la Zone franc.

Le bilan de la dévaluation demeure contrasté : d'un côté, le coût social a été élevé du fait de la hausse des prix de produits de première nécessité — qui a favorisé les populations rurales vivant de l'agriculture — et des produits importés. Selon Semedo et VIllieu (1997), « la majorité de la population n'a pas eu les moyens de se prémunir contre la taxe inflationniste immédiate, et la confiance dans la monnaie s'en est trouvée amoindrie ». Cependant, la période post-dévaluation est marquée par la mise en place de nouvelles politiques d'ajustement et de réformes économiques visant à stabiliser les principales variables macroéconomiques, à une gestion rigoureuse des finances publiques et une suppression des politiques nationales protectionnistes susceptibles d'entraver les échanges commerciaux. La croissance économique dans la Zone franc s'est élevée environ à 5 % dans les années suivant la dévaluation. L'ajustement monétaire et l'amélioration des échanges extérieurs ont permis d'engranger de réserves de change, ce qui a permis de respecter à nouveau le niveau exigé de la couverture monétaire. On est passé d'un taux de couverture de 17 % en 1993 à environ 80 % en 1994 puis environ 100 % en 1999. Le commerce intra-UEMOA est passé de 11,35 % en 1996 à 15,4 % en 2000 (Rapport de la Zone franc, 2000).

Selon l'étude de Bernard Conte (1997), trois ans après le changement de parité, l'IED[32] de la sous-zone UEMOA s'élève à 38,1, supérieur de 8,1 points à la limite inférieure de l'intervalle de succès fixé par S. Edwards. Notons au passage que cet indicateur se calcule par l'expression suivante :

$$IED = \left(\frac{1}{\Delta e}\right)(1+\Delta e)\left(\left[\frac{1+\Delta p*}{1+\Delta p}\right]-1\right)$$

Malgré l'incertitude pesant sur la fiabilité des données statistiques, il semble bien que la dévaluation soit une réussite, au moins sur le plan de la compétitivité-prix externe. Ces résultats « en moyenne » cachent une hétérogénéité croissante des performances nationales. Malgré le changement de parité, les soldes des balances des paiements courants hors transferts unilatéraux publics de l'ensemble des pays de l'UEMOA restent négatifs.

Selon la Banque de France, en 1995, la croissance des exportations a résulté d'une reprise des achats de biens d'équipement et de biens intermédiaires, en relation avec la progression des investissements[33]. Toujours selon l'auteur cité ci-dessus, en termes d'IED, les performances de la CEMAC sont inférieures à celles de l'UEMOA au cours des trois années après la dévaluation. Trois années après le changement de parité, l'IED moyen de la sous-zone se fixe à hauteur de 34,1, soit 4,1 points au-dessus de la limite inférieure de l'intervalle de succès.

---

32 L'IED signifie : indicateur d'effectivité de la dévaluation. Cet indicateur, inspiré de S. EDWARDS, se présente comme le rapport de la variation du taux de change réel à la variation du taux de change nominal. Soient : i) e la variation du taux de change à l'incertain de la monnaie nationale ; (ii) p le taux d'inflation interne ; (iii) p* le taux d'inflation de « l'extérieur ». (EDWARDS S. 1989. Real exchange rates, devaluation and adjustment, Cambridge, MIT Press).

33 Cf. Jean FOYER, France, qu'ont-ils fait de ta liberté, F-X De GUIBERT, 1999, p. 17

Tableau 1 : Évolution du taux de croissance annuel moyen dans l'UMOA (1992-2023)

	1992 – 1995	1995 – 2000	2000 – 2005	2005 – 2010	2010 – 2015	2015 – 2020	2020 – 2023
Monde	2.7	3.6	3.2	2.5	3	2.1	3.9
Afrique	1.5	3.5	5.5	5.3	4.1	2.2	3.8
Afrique subsaharienne	1.3	3.1	5.7	5.6	5.0	1.9	3.7
UEMOA	4.4	5.4	3.7	5.1	6.4	5.2	5.3
Bénin	5.6	12.3	4.0	4.0	5.1	5.6	6.2
Burkina Faso	3.3	6.6	6.2	5.2	5.5	4.6	3.7
Côte d'Ivoire	2.8	3.7	-0.2	3.1	13.2	5.7	6.4
Guinée-Bissau	3.1	-0.1	1.3	3.3	2.6	4.5	4.7
Mali	14.5	10.8	7.0	10.4	8.3	6.1	4.8
Niger	2.3	3.8	4.0	4.2	7.0	5.7	6.1
Sénégal	1.9	4.7	3.7	3.0	4.0	5.4	5.3
Togo	1.9	1.8	3.4	7.7	5.8	4.2	5.4

Source : Calculs d'après les données de la CNUCED

Depuis le 1er janvier 1999, l'euro est devenu la monnaie de onze pays européens membres de l'Union économique et monétaire européenne (UEM) et le franc français est devenu une subdivision non décimale de l'euro. L'euro a remplacé le franc français comme ancre monétaire du franc CFA et du franc comorien. Cette substitution a déterminé automatiquement les parités en euro du franc CFA et du franc comorien. Elle n'affecte pas les mécanismes de coopération monétaire de la Zone franc[34].

Le rattachement à l'euro n'a pas donné lieu à une modification des parités des francs CFA et comorien. Le 31 décembre 1998, le Conseil de l'Union européenne a fixé le taux de conversion irrévocable entre l'euro et le franc français (1 euro = 6,55957 FRF). Ce taux a déterminé

[34] Le Conseil de l'Union européenne, par une décision du 23 novembre 1998, a confirmé que la France pouvait « maintenir les accords sur des questions de change qui la lient actuellement à l'UEMOA, à la CEMAC et aux Comores » (article premier de la décision du conseil).

automatiquement la valeur de l'euro en franc CFA et en franc comorien. Comme le franc CFA s'échangeait en franc français au taux de 100 FCFA pour un 1 FRF, la parité du franc CFA est désormais de 1 euro = 655,957 FCFA. De la même façon, puisque le franc comorien s'échangeait à un taux de 75 FC pour 1 FRF, sa parité est désormais de 1 euro = 491,96775 FC. Depuis que le dollar s'est déprécié par rapport à l'euro (1 A=1,46 $), plusieurs pays de la Zone franc se retrouvent dans une situation similaire à leur situation de pré-dévaluation des années 1980. Le franc CFA qui, comme l'euro, s'est apprécié par rapport au dollar, semble entraver la compétitivité de leurs exportations. La contestation croissante de l'arrimage de la Zone franc à la zone euro est le fruit d'une nouvelle configuration des échanges commerciaux. Tant que les pays de la Zone franc effectuaient la majorité de leurs échanges avec la France et les pays de la zone euro, ils étaient relativement protégés des fluctuations du cours du dollar – lorsque cela coïncidait avec une baisse du cours des matières premières. Or, la structure géographique a évolué : la part européenne du commerce de la CEMAC est passée de 69,2 % en 1995 à 31,8 % en 2006, tandis que la part de l'Amérique du Nord est passée dans le même intervalle de 3,9 % à 42,2 % et la part asiatique de 6,7 % à 12,3 %. Cette nouvelle configuration ne protège pas les pays de la Zone franc des chocs extérieurs liés au prix du baril ou à la dépréciation du dollar. D'où les appels à l'arrimage du franc CFA à un panier de monnaies (euro, dollar et yuan). Il est cependant incertain que le Trésor français accepte dans ce cas de figure de garantir la convertibilité du franc CFA.

II. Les Institutions et les principes de la coopération monétaire entre la France et les pays africains de la Zone franc

2.1 Les institutions

La gestion des unions monétaires repose sur une organisation institutionnelle structurée permettant de concilier la centralisation des opérations monétaires et la prise en compte des impératifs économiques et politiques propres à chacun des pays membres.

2.1.1 L'Union économique et monétaire ouest-africaine (UEMOA)

Le traité de l'Union économique et monétaire ouest-africaine (UEMOA) a été signé par les chefs d'État du Bénin, du Burkina Faso, de la Côte d'Ivoire, du Mali, du Niger, du Sénégal et du Togo, réunis à Dakar le 10 janvier 1994. Il est conçu comme un complément de l'Union monétaire dont le traité a été conclu en 1973. À partir du noyau constitué par les huit États membres actuels, il est prévu une possibilité d'élargissement de l'Union aux autres pays de la sous-région. Cet objectif s'appuie sur un schéma cohérent de réformes articulé autour de quatre axes majeurs : harmonisation du cadre légal et règlementaire, création d'un marché commun, surveillance multilatérale des politiques macroéconomiques, coordination des politiques sectorielles nationales dans les principaux domaines d'activité économique.

Les organes de l'UEMOA sont constitués par la Conférence des chefs d'État, le Conseil des ministres, la Banque centrale des États de l'Afrique de l'Ouest et la Commission bancaire.

- La Conférence des chefs d'État

Elle est l'autorité suprême de l'Union et tranche toute question n'ayant pu trouver de solution par accord unanime du Conseil des ministres. Elle décide de l'adhésion éventuelle de nouveaux membres et prend acte du retrait ou de l'exclusion des participants. Elle se réunit au moins une fois par an et prend ses décisions à l'unanimité.

- Le Conseil des ministres

Il définit la politique monétaire et de crédit de l'Union afin d'assurer la sauvegarde de la monnaie commune et de pourvoir au financement de l'activité et du développement économique des États membres. Chacun d'entre eux est représenté par deux ministres, dont le ministre des Finances, mais chaque État n'y dispose que d'une seule voix. La BCEAO organise les séances du Conseil dont elle assure le secrétariat. Le gouverneur de la BCEAO assiste aux réunions du Conseil avec voix consultative. Le Conseil se réunit au moins deux fois par an et prend ses décisions à l'unanimité. Il lui appartient de modifier la définition de l'unité monétaire et de déterminer en conséquence la déclaration de parité de la monnaie de l'Union à effectuer au Fonds monétaire international.

- La Banque centrale des États de l'Afrique de l'Ouest (BCEAO)

La BCEAO est un établissement public international dont le siège est établi à Dakar (Sénégal). Elle a le privilège exclusif d'émettre les signes monétaires sur le territoire des États de l'Union.

Le conseil d'administration est formé de dix-huit membres nommés, à raison de deux par État participant à la gestion de la Banque. Le conseil d'administration fixe notamment les conditions d'intervention de la Banque en matière monétaire. Il est présidé par le gouverneur qui, cependant, ne participe pas aux votes.

Le gouverneur est nommé par le Conseil des ministres pour une période de six ans, renouvelable. Il est assisté dans l'exercice de ses attributions par deux vice-gouverneurs nommés par le conseil d'administration, pour une durée de cinq ans, renouvelable.

La BCEAO dispose, dans chaque État membre, d'une direction nationale auprès de laquelle siège un Comité national du crédit, composé du ministre des Finances, des deux représentants de l'État siégeant au conseil d'administration et de quatre autres membres nommés par le gouvernement. Le gouverneur de la BCEAO assiste aux séances des Comités nationaux de crédit avec voix consultative. Sous le contrôle du conseil d'administration de la Banque centrale, les Comités nationaux règlent à l'échelon national la distribution du crédit et le volume de l'émission.

- La Commission de l'UEMOA

À la suite de la signature du traité de l'UEMOA (créant l'Union économique et monétaire ouest-africaine), le Conseil des ministres a délégué le pouvoir d'exécution à la Commission de l'UEMOA, mise en place le 30 janvier 1995 à Ouagadougou. La Guinée-Bissau a adhéré à cette Union en mai 1997.

La Commission transmet à la Conférence des chefs d'État et au Conseil les recommandations et avis qu'elle juge utiles à la préservation et au développement de l'Union. Elle exécute le budget de l'Union. Elle peut saisir la Cour de justice en cas de manquement des États membres aux obligations qui leur incombent en vertu du droit communautaire.

Par ailleurs, la Commission fait partie de l'architecture institutionnelle de la surveillance multilatérale des politiques macroéconomiques. Durant la phase de convergence triennale s'étendant du 1er janvier 2000 au 31 décembre 2002, elle établit des évaluations semestrielles de l'état du processus de convergence.

Le Président de la Commission est nommé, parmi les commissaires, par la Conférence des chefs d'État pour un mandat de quatre ans. Le gouverneur de la BCEAO participe de plein droit, avec voix consultative, aux réunions de la Commission.

- La Commission bancaire

Créée en 1990, la Commission bancaire a son siège à Abidjan (Côte d'Ivoire). Elle est chargée d'élaborer la règlementation prudentielle applicable aux établissements de crédit de l'Union et d'effectuer les contrôles sur pièces et sur place du système bancaire ouest-africain. La Commission bancaire se compose à ce jour de dix-sept membres :

- le gouverneur de la BCEAO, qui en assure de droit la présidence ;
- un représentant désigné ou nommé par chacun des États participant à la gestion de la BCEAO ; pour les États membres de l'UEMOA, ce représentant est le directeur du Trésor ou le responsable de la direction de tutelle des banques et établissements financiers ;
- des membres nommés intuitu personae par le Conseil des ministres de l'union. Leur nombre est égal à celui des membres représentant les États participant à la gestion de la BCEAO. Ils sont choisis en raison de leurs compétences, notamment dans les domaines bancaire et juridique, sur proposition du gouverneur de la BCEAO.

2.1.2 La Communauté économique et monétaire de l'Afrique centrale (CEMAC)

La signature, le 16 mars 1994, du traité instituant la Communauté économique et monétaire de l'Afrique centrale (CEMAC) a prévu la création de deux ensembles, une union économique, d'une part et une union monétaire, d'autre part, visant à faire passer les États membres d'une situation de coopération, qui existe déjà entre eux, à une situation d'union parachevant le processus d'intégration régionale.

Quatre institutions rattachées à la CEMAC ont ainsi été créées : – l'Union économique de l'Afrique centrale (UEAC) ; l'Union monétaire de l'Afrique centrale (UMAC) ; le Parlement communautaire ; la Cour de justice communautaire.

Chacune de ces institutions fait l'objet d'une convention. Les principaux organes de la Communauté sont : la Conférence des chefs d'État ; le Conseil des ministres pour l'UEAC ; le Comité ministériel pour l'UMAC ; le Secrétariat exécutif ; la BEAC et la Commission bancaire de l'Afrique centrale (COBAC).

- La Conférence des chefs d'État

Elle représente l'autorité suprême de la Communauté et elle assure l'orientation de l'action du Conseil des ministres de l'UEAC et du Comité ministériel pour l'UMAC. Elle décide de l'adhésion d'un nouveau membre et de son retrait. Elle fixe le siège de l'Institut d'émission, nomme et révoque le gouverneur et le vice-gouverneur sur proposition du Comité ministériel. Sa présidence est assurée pour une année civile, par chaque État, selon l'ordre alphabétique. La Conférence se détermine par consensus. Le gouverneur de la BEAC assiste à ses réunions.

- Le Comité ministériel

Il examine les grandes orientations des politiques économiques respectives des États membres de l'Union monétaire et il en assure la cohérence avec la politique monétaire commune.

Chaque État membre est représenté au Comité ministériel par deux ministres, dont le ministre chargé des Finances, et n'y dispose que d'une voix exprimée par ce dernier. La présidence du Comité ministériel est tournante. Elle est assurée pour une année civile et par ordre alphabétique des États membres, par le ministre chargé des Finances.

Le Comité ministériel se réunit au moins deux fois par an, dont une fois pour la ratification des comptes de la BEAC. Il se réunit également à la demande de la moitié de ses membres ou encore à la demande du conseil d'administration de la BEAC.

Il décide de l'augmentation ou de la réduction du capital de la BEAC, donne un avis conforme sur les propositions de modification des statuts de la BEAC, ratifie ses comptes et décide, sur proposition du conseil d'administration, de l'affectation des résultats. Il propose à la Conférence des chefs d'État, sur saisine du conseil d'administration de la BEAC, la nomination et la révocation du gouverneur et du vice-gouverneur. Les décisions sur ces questions se prennent impérativement à l'unanimité.

- Le Secrétariat exécutif

Le traité portant création de la CEMAC énonce les structures sous-tendant la création d'un marché commun sous-régional et précise les modalités de la surveillance multilatérale dont le suivi est attribué au Secrétariat exécutif de la CEMAC dont le siège est fixé à Bangui. Le fonctionnement de l'Union économique est placé sous sa responsabilité. Il dispose d'un droit de proposition au Conseil des ministres et est chargé du contrôle de l'application du Traité et des décisions communautaires, de la gestion du budget de l'UEAC et des programmes d'actions communautaires.

Le secrétaire exécutif est nommé par la Conférence des chefs d'État pour un mandat de cinq ans, renouvelable une fois.

- La Banque des États de l'Afrique centrale (BEAC)

La BEAC est un établissement public international dont le siège est situé à Yaoundé (Cameroun). La Banque dispose d'une direction nationale dans la capitale de chaque État, ainsi que de bureaux dans des centres d'une certaine importance économique.

La Banque a le privilège exclusif d'émettre les signes monétaires sur le territoire des États de l'Union.

Le gouverneur est nommé à l'unanimité par la Conférence des chefs d'État des pays de la CEMAC, sur proposition du conseil d'administration statuant à l'unanimité sur présentation du gouvernement gabonais. La durée de son mandat est de cinq ans, renouvelable. Le vice-gouverneur est nommé dans les mêmes conditions que le gouverneur, sur proposition du gouvernement congolais. La durée de son mandat est de cinq ans, renouvelable.

La Banque est dirigée par un conseil d'administration comprenant treize membres disposant d'un mandat de trois ans, renouvelable. Le conseil est composé de quatre administrateurs pour le Cameroun, deux pour le Gabon et un pour chacun des autres pays. La France, pour sa part, détient trois sièges.

La présidence du conseil d'administration est assurée par le gouverneur de la Banque et, en cas d'empêchement de ce dernier, par le vice-gouverneur.

Le conseil d'administration définit la politique monétaire.

La BEAC dispose dans chaque État membre, d'une Agence (Direction nationale). Auprès de celle-ci siège un Comité national du crédit, composé des ministres représentant l'État membre au Comité ministériel, des administrateurs de la Banque représentant l'État membre au conseil d'administration, d'une personnalité nommée par le gouvernement de l'État membre et du gouverneur. Chaque comité national est présidé par le ministre des Finances de l'État membre ou son représentant.

Sous le contrôle du conseil d'administration de la Banque centrale, les comités nationaux règlent à l'échelon national la distribution du crédit et le volume de l'émission.

- La Commission bancaire de l'Afrique centrale (COBAC)

La COBAC a été mise en place en janvier 1993. Ses missions consistent à élaborer la règlementation prudentielle du système bancaire de la zone, à procéder aux contrôles sur pièces et sur place des établissements de crédit et à sanctionner les manquements constatés.

La COBAC est présidée par le gouverneur de la BEAC. Elle est composée de onze (11) commissaires — dont un représentant de la Commission bancaire française —, nommés pour un mandat de trois ans, renouvelable deux fois, par le conseil d'administration de la BEAC, sur proposition du gouverneur. Les décisions sont prises à la majorité des deux tiers des voix exprimées. Le Secrétariat général de la COBAC, se trouve à Libreville (Gabon).

2.1.3 Aux Comores

La Banque centrale des Comores (BCC) est un établissement public dont le siège est à Moroni. Elle a le privilège exclusif d'émettre les signes monétaires, billets et monnaies métalliques, ayant cours légal et pouvoir libératoire sur le territoire de la République fédérale islamique des Comores.

La BCC est administrée par un conseil d'administration composé de huit membres au plus désignés pour moitié chacun par le gouvernement comorien et le gouvernement français. Ils sont nommés pour un mandat de quatre ans, renouvelable. Le Président du Conseil d'administration est choisi par ce dernier en son sein, sur proposition du gouvernement de la République des Comores. Les délibérations du conseil doivent être adoptées à la majorité absolue.

Le Gouverneur de la Banque est nommé par le Président de la République, sur proposition du ministre des Finances et après avis conforme du conseil d'administration de la Banque. Il détient un mandat de cinq ans, renouvelable. Il dispose d'une voix consultative.

Le Gouverneur est assisté d'un vice-gouverneur nommé par le conseil d'administration pour une durée de quatre ans, renouvelable.

Deux censeurs, désignés pour un mandat de quatre ans, l'un par le gouvernement français, l'autre par le gouvernement comorien, assistent aux séances du conseil d'administration de la Banque avec une voix consultative.

Figure 1 : Les pays de la Zone franc CFA

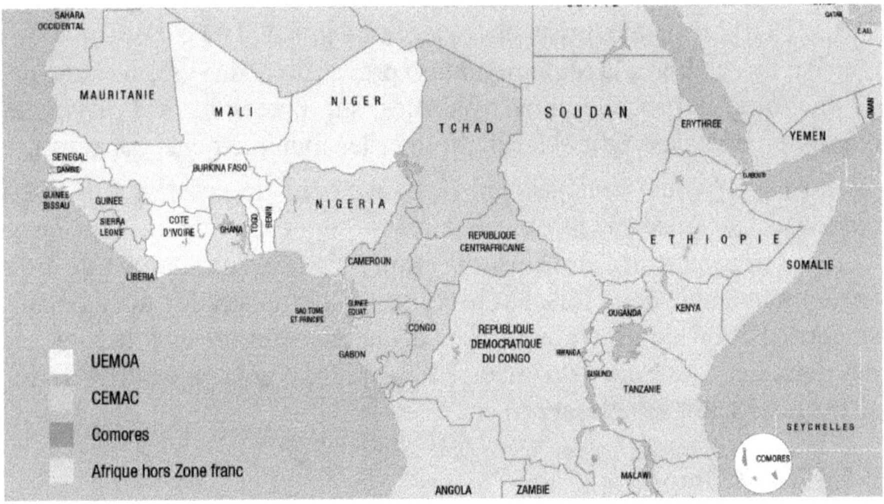

Source : Alternatives Economiques

Encadré 1 : Textes constitutifs

Textes relatifs à l'UEMOA :

– Traité du 14 novembre 1973 instituant l'Union monétaire ouest-africaine (UMOA).

– Accord de coopération entre la République française et les Républiques membres de l'Union monétaire ouest-africaine du 4 décembre 1973.

– Traité de l'Union économique et monétaire ouest-africaine (UEMOA) du 11 janvier 1994.

– Statuts de la Banque centrale des États de l'Afrique de l'Ouest (BCEAO).

Textes relatifs à la CEMAC :

– Convention de coopération monétaire des 22 et 23 novembre 1972.

– Traité du 16 mars 1994 instituant la Communauté économique et monétaire de l'Afrique centrale (CEMAC).
– Convention régissant l'Union économique de l'Afrique centrale (UEAC).
– Convention régissant l'Union monétaire de l'Afrique centrale (UMAC).
– Statuts de la Banque des États d'Afrique centrale (BEAC).

Textes relatifs aux Comores :
– Accord de coopération monétaire entre la République française et la République fédérale islamique des Comores du 23 novembre 1979.
– Statuts de la Banque centrale des Comores.

Source : BCEAO, la BEAC et la BCC

2.2 Les principes de la coopération monétaire entre la France et les pays africains de la Zone franc

Tout accord de coopération repose sur un ensemble de principes alors la coopération monétaire entre la France et l'Afrique ne sera pas en reste. La coopération monétaire dans la Zone franc CFA repose sur quatre principes clés.

2.2.1 La parité fixe avec la monnaie ancre (FRF puis €)

Le premier principe est celui de la parité fixe avec l'euro, originellement avec le franc français, prévue à l'article 2 de l'accord du 4 décembre 1973 entre la République française et les Républiques membres de l'UMOA.

Encadré 2 : Évolution de la parité du franc CFA de l'UMOA

1945 : un franc français = 0,588 franc CFA 1948 : un franc français = 0,5 franc CFA 1960 : introduction du nouveau franc français, un franc français = 50 francs CFA 1994 : dévaluation du franc CFA, un franc français = 100 francs CFA 1999 : arrimage du franc CFA à l'euro, un euro vaut 655,957 francs CFA

Source : Banque centrale des États d'Afrique de l'Ouest, « Histoire du franc CFA »

Le taux de change n'a pas évolué depuis la dévaluation du 11 janvier 1994 (– 50 % pour le franc CFA). En effet, le passage du franc français à l'euro ne s'est pas accompagné d'une modification de la parité, qui a mécaniquement résulté du taux de conversion irrévocable entre l'euro et le franc français. Depuis 1999, 1 euro vaut donc 655,957 francs CFA.

2.2.2 La convertibilité illimitée en euros

La convertibilité désigne la propriété d'une monnaie d'être librement échangeable à tout moment contre de l'or ou contre une devise étrangère, ce qui suppose que les autorités soient en mesure de satisfaire toute demande de conversion présentée. Elle est un facteur essentiel de la confiance dans une monnaie.

La France apporte au franc CFA une garantie de convertibilité illimitée et inconditionnelle, dont le principe est fixé à l'article 1er de l'accord de coopération entre la France et l'UMOA. La garantie de convertibilité remplit un objectif essentiel : préserver la crédibilité de l'ancrage des francs CFA ou comorien à l'euro.

Cette garantie signifie que la France s'est engagée à répondre à toute demande de conversion des banques centrales de la Zone franc. En cas d'épuisement de ses réserves de change, la BCEAO pourrait ainsi se procurer les euros dont elle aurait besoin auprès de la France. La garantie n'est donc octroyée qu'à la banque centrale, et pas à l'ensemble des porteurs (agents économiques ou États). En cas d'activation de la ligne de garantie, le montant des devises empruntées n'est remboursé qu'une fois les réserves de change reconstituées.

Ainsi, si la désignation « accord de coopération monétaire » permet de souligner l'objet de ces associations — le fonctionnement des francs CFA et comorien — elle constitue en réalité un abus de langage. Ces accords se traduisent concrètement par un engagement budgétaire de la part de la France. La garantie de convertibilité illimitée et inconditionnelle qu'elle apporte revêt en effet l'apparence d'un **mécanisme de prêt**, et non celle d'une « garantie de l'État » au sens de l'article 34 de la loi organique relative aux lois de finances (LOLF)[35]. Avec la réforme de la coopération monétaire en zone UEMOA intervenue en 2019, la fixité du taux de change est conservée (1 EUR = 655,957 FCFA) et la France accorde une garantie de convertibilité illimitée de la monnaie, qui permet d'assurer la convertibilité des francs CFA en euros à cette parité fixe même en cas de choc sur la balance des paiements.

Encadré 3 : La garantie de l'État français au sens de l'article 34 de la LOLF

> Dans le cadre d'une garantie de l'État au sens de l'article 34 de la loi organique relative aux lois de finances, l'État accorde sa caution à un organisme afin de faciliter ses opérations d'emprunt, en garantissant au prêteur le remboursement du prêt en cas de défaillance de l'emprunteur. Cette garantie est alors inscrite dans les engagements hors bilan de l'État et ne se traduit pas de manière immédiate par un engagement budgétaire. Le risque est donc réel, mais le coût budgétaire est éventuel.

L'engagement de la France est porté par le compte de concours financiers « Accords monétaires internationaux », créé par l'article 46 de la loi de finances pour 2006[36]. Il se compose de trois programmes, pour chaque accord monétaire : « relations avec l'Union monétaire ouest-africaine » (P811), « relations avec l'Union monétaire d'Afrique

[35] Loi organique n° 2001-692 du 1er août 2001 relative aux lois de finances.
[36] Article 46 de la loi n° 2005-1719 du 30 décembre 2005 de finances pour 2006.

centrale » (P812), « relations avec l'Union des Comores » (P813). Ce compte ne fait plus l'objet d'un abondement en crédits depuis plusieurs années, le risque d'un appel en garantie étant extrêmement faible. Les derniers découverts de la BCEAO datent de 1987, 1988 et 1991 et étaient d'une ampleur très limitée.

C'est donc le Trésor français qui octroie la garantie portée par les accords, un crédit sans collatéral et sur des ressources qui ne sont pas monétaires. La Banque de France n'est pas impliquée dans ce mécanisme, mais apporte son concours pour analyser le risque représenté par cette garantie.

2.2.3 La centralisation des réserves de change

Les pays de la Zone franc doivent centraliser la totalité de leurs réserves de change officielles auprès de leur banque centrale qui, en retour, doit obligatoirement déposer un pourcentage de ses avoirs en devises sur un compte d'opérations ouvert auprès du Trésor français[37]. Ce principe, inscrit à l'article 3 de l'accord de coopération entre la France et l'UMOA, vise à permettre à la France de suivre et de mesurer, via les réserves de change, le risque financier qu'elle prend au titre de l'octroi de sa garantie de convertibilité.

Originellement de 100 %, puis abaissé à 65 % en 1973, le minimum des avoirs extérieurs nets que la BCEAO doit déposer auprès du Trésor français a une nouvelle fois été abaissé en 2005, passant à 50 %[38]. Ces avoirs demeurent librement accessibles et rémunérés, selon les conditions prévues dans les conventions, soit aujourd'hui à un taux de 0,75 % pour la BCEAO[39]. En effet, le Trésor français rémunère les positions créditrices des comptes d'opérations, à l'inverse il perçoit un

---

[37] Article 3 de l'accord de coopération entre la République française et les Républiques membres de l'UMOA ; article 2 de la convention de coopération monétaire entre les États membres de la BEAC et la France ; article 2 de l'accord de coopération entre la République française et la République fédérale islamique des Comores.

[38] Il est également de 50 % pour la BEAC et de 65 % pour la Banque centrale des Comores.

[40] Les nouveaux termes des accords entre les pays de la Zone franc CFA et la France restent opaques et largement confidentiels. Si le dernier rapport annuel indique que le compte d'opération qui se trouvait auparavant au Trésor français est désormais clôturé depuis avril 2021, il ne révèle pas les détails des nouvelles modalités par lesquelles le franc CFA est toujours garanti par l'euro maintenant dès lors que les réserves ne sont plus déposées au Trésor français.

intérêt pour les positions débitrices. Ces dernières doivent être résorbées au bout des trois mois suivant leur apparition. Au-delà de ce délai, le mécanisme de sanctions doit être activé. Celui-ci consiste en une augmentation du taux d'escompte, en une réduction du plafond de réescompte, à la limitation des avances au Trésor public de l'État défaillant et l'obligation, pour lui, d'entreprendre des mesures nécessaires à la restauration de son équilibre financier. Le compte d'opération fonctionnait en même temps comme un dispositif de caisse d'émission, laissant ainsi peu de place à une politique monétaire active. Par conséquent, un indicateur important, le ratio de couverture des réserves (réserves de change/engagements à court terme de la banque centrale) a été utilisé pour guider une politique monétaire passive. La règle est telle que lorsque le taux de couverture des réserves tombait en dessous de 20 % pendant trois mois consécutifs, des mesures telles qu'une augmentation des taux d'intérêt officiels et une diminution des plafonds de refinancement devaient être prises pour protéger la parité.

En pratique, le taux de couverture des réserves n'a jamais atteint des niveaux alarmants puisque la zone UEMOA a toujours maintenu les niveaux satisfaisants des réserves. Un indicateur similaire de couverture est le taux de couverture des émissions monétaires, qui est le rapport entre les réserves de change et la valeur de la monnaie physique en circulation (c'est-à-dire les billets et pièces physiques).

Encadré 4 : La rémunération des avoirs extérieurs nets déposés par la BCEAO

La part des avoirs devant obligatoirement être déposés auprès du Trésor (50 %) est rémunérée au taux de facilité de prêt marginal de la Banque centrale européenne (aujourd'hui 0,25 %), avec un taux plancher de 0,75 %. C'est ce taux qui s'applique actuellement. La part des avoirs ne rentrant pas dans l'obligation de dépôt est rémunérée au taux principal des opérations de refinancement de la BCE, soit 0 % aujourd'hui.

Source : Cour des comptes, note d'analyse de l'exécution budgétaire 2019, « Gestion de la dette et de la trésorerie de l'État »

Il convient de noter que cette obligation de centralisation des réserves de change ne concerne plus la zone UEMOA depuis le nouvel accord de décembre 2019[40]. Ainsi, la Banque centrale des États d'Afrique de l'Ouest (BCEAO) n'est plus tenue de déposer 50 % de ses réserves de change auprès du Trésor français.

Toutefois, l'obligation de centralisation des réserves de change de la Banque des états d'Afrique centrale (BEAC) auprès du Trésor français a connu une évolution en 2007 passant de 65 % à 50 % et a été maintenue à 65 % pour la Banque centrale des Comores.

2.2.3 La liberté des transactions courantes et des mouvements de capitaux

Le quatrième principe est celui de la liberté des transactions courantes et des mouvements de capitaux, qui ne vaut toutefois que pour les transactions internes à chacune des zones monétaires (UEMOA, CEMAC et Comores). Les banques centrales de chacune de ces zones peuvent donc instituer un contrôle de change pour les opérations avec les pays non membres de la zone monétaire.

Les monnaies de la Zone franc ne sont pas librement convertibles entre elles : la France a bien conclu trois accords de coopération monétaire bilatéraux (UMOA, BEAC et Comores), mais il n'existe pas d'accord de coopération entre ces trois zones. Concrètement, un franc CFA de l'Afrique de l'Ouest, utilisé par exemple au Sénégal, ne pourra pas être utilisé au Cameroun (franc CFA de l'Afrique centrale).

2.2.4 Un cinquième principe ? La présence de représentants français dans les instances techniques des trois zones monétaires

Les accords de coopération prévoient également la présence de représentants français au sein des instances techniques des banques centrales des deux zones monétaires et des Comores. Cette présence,

---

40 Les nouveaux termes des accords entre les pays de la Zone franc CFA et la France restent opaques et largement confidentiels. Si le dernier rapport annuel indique que le compte d'opération qui se trouvait auparavant au Trésor français est désormais clôturé depuis avril 2021, il ne révèle pas les détails des nouvelles modalités par lesquelles le franc CFA est toujours garanti par l'euro maintenant dès lors que les réserves ne sont plus déposées au Trésor français.

qui s'est fortement réduite depuis les années 1950, à l'exception des Comores où elle demeure de 50 %, s'explique principalement par le rôle de garant joué par la France, partie aux accords de coopération monétaire.

La France était représentée dans trois instances techniques de la BCEAO et de l'UMOA notamment au Conseil d'administration de la BCEAO, chargé des questions relatives à la gestion de la banque centrale, au Conseil de politique monétaire de la BCEAO, chargé de définir la politique monétaire au sein de l'UMOA et à la Commission bancaire de l'UMOA, chargée de la supervision bancaire. Mais depuis la réforme de 2019, la France ne pourra désigner qu'à titre exceptionnel un représentant avec voix délibérative en cas de risque d'appel en garantie.

Encadré 5 : Un autre exemple de coopération monétaire : le Portugal, le Cap-Vert et Sao Tomé-et-Principe

La France n'est pas le seul État lié par des accords de coopération monétaire : le Portugal a conclu des accords similaires avec le Cap-Vert (mars 1998) et Sao Tomé-et-Principe (juillet 2009). Ils reposent sur des principes similaires à ceux prévus dans les accords de coopération signés par la France :

- une parité fixe (1 euro = 110,27 escudos cap-verdiens et 1 euro = 24 500 dobras santoméens) ;
- la présence de représentants portugais dans les commissions d'experts chargées, pour chaque pays, de la bonne exécution de l'accord et du suivi de la situation macroéconomique du pays bénéficiaire ;
- une garantie de convertibilité apportée par le Portugal, mais au contraire de celle apportée par la France, elle n'est pas illimitée. Le plafond de découvert est limité à 27,4 millions d'euros pour le Cap-Vert et 25 millions d'euros pour et Sao Tomé-et-Principe ;
- le Cap-Vert et Sao Tomé-et-Principe doivent s'engager à mettre en œuvre des mesures de politique économique compatibles avec le maintien de leur parité fixe à l'euro, une disposition qui n'existe pas dans les accords de coopération de la Zone franc.

Source : Direction générale du Trésor, « Les autres exemples de coopération monétaire dans le monde »

La mise en œuvre de ces quatre principes est rendue possible grâce à l'existence du compte d'opérations.

Le tableau 2 montre que l'obligation de maintenir 50 % des réserves totales de change a toujours été respectée par les pays de l'UEMOA. Les taux de couverture étaient à des niveaux sains et que les pays de l'UEMOA conservaient généralement des niveaux de réserves de change suffisants pour couvrir la plupart des billets en circulation et des billets déplacés, pudiquement appelés ainsi, lorsque ces signes monétaires se retrouvent aux mains de partenaires étrangers à la Zone franc.

Tableau 2 : Indicateurs clés liées aux réserves de change de la Banque Centrale des États de l'Afrique de l'Ouest (2007-2022)

Année	Part des Avoirs en Devises déposées au Compte d'Opération (%)	Taux de Couverture de l'Émission monétaire
2007	53,4	114,1
2008	54,9	107,7
2009	59,6	112,3
2010	56,4	112
2011	52,7	109,1
2012	54,6	105,5
2013	51,7	90,4
2014	54,7	84,3
2015	55	80,2
2016	53	68,2
2017	58,1	73,4
2018	67,4	77,1
2019	---	78,4
2020	---	77,3
2021	---	79,3
2022	---	63,2

Source : calculs d'après les données de la BCEAO

Avant la clôture du compte d'opérations, plusieurs garde-fous sont mis en place pour garantir le caractère exceptionnel des interventions de change et pour éviter une réduction ou un déficit permanent du compte d'opération. Dans le cas où le compte d'un pays devient déficitaire pendant un mois, une réduction de 20 % du plafond de refinancement est déclenchée pour les pays fautifs. Lorsque l'excédent est inférieur à 15 % de la masse monétaire d'un pays, une diminution de 10 % du plafond de refinancement est appliquée[41].

Le tableau 3 montre le niveau des réserves de change détenues par les pays de l'UEMOA dans le compte d'opérations du Trésor français au fil du temps. Il est frappant de constater que ces réserves représentaient une part importante du PIB nominal de ces pays. Ils ont fluctué à hauteur de 10 % du PIB nominal entre 2007 et 2022. De plus, les réserves de change de la BCEAO n'ont pas atteint un niveau critique, comme ce fut le cas en 1993. Même si elles se sont érodées depuis 2021, elles sont toujours supérieures à leur limite statutaire de 20 % des engagements extérieurs de la BCEAO, contre 18 % fin 1993.

[41] Paul R. Mason et Catherine Pattillo. La géographie monétaire de l'Afrique *Brookings Institution Press*

Tableau 3 : Réserves de change détenues par l'UEMOA dans le compte d'opérations du Trésor français

Année	Produit intérieur brut (Milliards FCFA)	Réserves officielles de Change (Milliards FCFA)	Réserves (% de PIB)
2007	27.763	4.796	17.3
2008	31.138	5.054	16.2
2009	32.533	6.226	19.1
2010	33.663	6.770	20.1
2011	36.679	7.294	19.9
2012	40.305	7.051	17.5
2013	44.792	6.574	14.7
2014	63.423	7.034	11.1
2015	68.800	7.523	10.9
2016	73.104	6.491	8.9
2017	77.697	7.184	9.2
2018	82.400	8.561	10.4
2019	88.696	10.357	11.7
2020	91.838	11.731	12.8
2021	99.710	14.040	14.1
2022	110.523	13.515	12.2

Source : Calculs à partir des données de la BCEAO

Compte tenu des garanties décrites ci-dessus, la taille relativement petite des économies de la Zone franc CFA, qui représentent actuellement environ 5 % du PIB de la France, montre que cette dernière n'est pas exposée à des risques par rapport à sa coopération avec l'Afrique francophone. Il est aussi peu probable que le compte devienne déficitaire comme il l'a été dans les années 80 ; autant dire que les risques n'existent pas en réalité.

L'ancrage à l'euro, avant 1999, au franc français, limite la portée d'une politique monétaire active et indépendante de l'UEMOA. Cette politique monétaire a un peu évolué depuis la libéralisation des marchés financiers à la suite des politiques d'ajustement de la Banque Mondiale et du FMI. La politique monétaire actuelle de la BCEAO est fondée sur les mécanismes du marché monétaire avec des instruments monétaires ayant pour cibles la masse monétaire et le volume de crédit à l'économie, tels que les taux d'intérêt directeurs et les réserves obligatoires. Malgré cette évolution, la politique monétaire demeure passive du fait que la BCEAO ne fait que suivre celle de la Banque centrale européenne (BCE) même si les échanges commerciaux avec la zone euro dépassent à peine les 25 %.

Dans l'ensemble, cet arrangement a abouti à une inflation plus faible que dans les autres pays d'Afrique subsaharienne. Le Tableau 4 ci-dessous montre l'évolution du taux d'inflation de la zone UEMOA, relative aux autres pays de l'Afrique de l'Ouest et au reste de l'Afrique subsaharienne. Généralement, nous notons un taux d'inflation moyen entre 1 % et 3 % dans la zone UEMOA ces 15 dernières années. Les pays de l'Afrique de l'Ouest connaissent, quant à eux, une moindre maîtrise du taux d'inflation avec un taux moyen annuel allant jusqu'à 25 % ces dernières années. Pour le reste de l'Afrique, la pression inflationniste est aussi présente avec une moyenne à la limite incontrôlée et des pays tels que le Zimbabwe et le Soudan du Sud qui subissent l'hyperinflation. Dans ces pays, la perception négative d'une forte inflation emprunte plusieurs canaux dans la théorie économique : erreurs d'anticipation des agents suite aux distorsions de prix ou incertitudes engendrées par les prix et surcoût lié à la détention d'actifs financiers ; perte de compétitivité et dégradation de la balance des paiements ; rognage du taux d'investissement par rapport au PIB et surcoût des investissements publics par rapport au seigneuriage domestique.

Tableau 4 : Évolution de l'inflation de la zone l'UEMOA et des Autres Pays africains

Année	Zone UEMOA	Reste de l'Afrique de l'Ouest	Reste de l'Afrique Subsaharienne
2010	1.4	7.6	4.4
2011	3.9	8.9	9.5
2012	1.4	8.9	11.4
2013	0.7	8.6	6.7
2014	-1.1	8.7	6.8
2015	1.0	11.4	10.5
2016	1.0	13.7	53.3
2017	0.3	17.1	117.5
2018	1.1	19	145.9
2019	1.2	16.4	281.8
2020	-0.7	19.5	272
2021	2.1	24.4	203.3

Sources : BCEAO/Commission de l'UEMOA

La maîtrise de l'inflation dans les pays de l'UEMOA est due à la politique cible d'inflation en glissement annuel, compris entre 1 % et 3 % autour de 2 % pour un horizon de 24 mois. Cependant, la question que les économies se posent est de savoir si cette valeur autour de 2 % est nécessairement la cible appropriée à long terme pour les pays de l'UEMOA, c'est-à-dire contribue-t-elle à accroître le potentiel de croissance d'une économie ? Le consensus empirique est loin d'être fait en ce qui concerne les pays développés, et a fortiori pour les Pays en voie de développement (PVD) sur les effets de l'inflation sur la croissance par exemple. En ce qui concerne les pays développés, Barro (1996) dans le cas des pays occidentaux, Narayan et Smyth (2009) dans le cas de la Chine trouvent une liaison négative entre taux d'inflation élevés et croissance. Karanasos et Fountas (2007), Fountas (2010) ne partagent pas ce point de vue. En conséquence, pour Bick (2010) Khan et Senhadji (2001), Fischer (1993), Barro (1995), cette relation n'est pas linéaire. À partir d'un simple modèle de maximisation monétaire sur une étude portant sur 53 pays sur les périodes 1961 - 1973 et 1973-

1981, Fischer (1993) conclut qu'un niveau élevé d'inflation est généralement accompagné d'une croissance faible. Bruno et Easterly (1988) pensent qu'il n'y a pas de modèles empiriques avec des coefficients stables, car les prix en permanence sont affectés par des chocs d'offre et de demande. De leur point de vue, il est certain que des taux d'inflation trop élevés contrarient la croissance, mais il n'y a aucune certitude que tous les taux d'inflation bas correspondent à des niveaux de croissance élevés. Barro (1995), quant à lui, a constaté qu'une hausse de 10 points de l'inflation réduit le taux de croissance du revenu réel par habitant de 0,2 à 0,3 point de pourcentage. Des taux d'inflation bas et/ou élevés peuvent contrarier la croissance. Le respect d'une cible d'inflation ne suffit pas à rendre compte d'effets vertueux de la politique monétaire. Il faut donc étudier l'impact de l'inflation sur la variabilité des prix. Tenant compte de l'impact de la variabilité relative des prix sur l'inflation, Nautz et Scharff (2006) trouvent dans le cas de la zone euro, des seuils de significativité. L'inflation anticipée agit de manière conséquente sur la variabilité relative des prix lorsque le régime d'inflation est bas autour de 1.38 %, ou lorsque le régime d'inflation est élevé autour d'un taux d'inflation de 6 %. Elle est sans impact entre 1.38 et 5.94 %. La politique monétaire optimale de la zone euro peut cibler les taux à l'intérieur de cet intervalle sans affecter la croissance. Dans une étude postérieure, Nautz avec Kremer et Bick (2009) donnent plutôt comme taux plancher, un taux voisin de 2 %, accréditant l'idée que la cible d'inflation de la BCE de 2.5 % est fondée. De fait c'est reconnaître que la cible de 1.38 % peut entraîner la dépression économique.

Peu d'études empiriques ont été consacrées exclusivement aux PVD, justifiant encore le choix d'examiner la relation entre variabilité relative des prix et inflation dans la CEDEAO. Avec la vague d'adoption des politiques monétaires de ciblage d'inflation, la problématique des seuils d'inflation semble avoir été reléguée au second plan. Or, ces derniers semblent déterminants dans une perspective d'analyse de la stabilité relative des prix. La question prend toute son ampleur lorsqu'il existe deux normes de gestion de l'inflation dans un même espace économique. En effet, une importante variabilité des niveaux de prix est susceptible d'engendrer des mesures de politiques monétaires dont les conséquences seraient d'accroître les incertitudes par rapport à l'inflation et par conséquent affecter négativement la croissance économique. Les travaux empiriques, pour une très large part, se basent sur la modélisation de la relation entre l'inflation et la variabilité des niveaux de prix de Parks (1978). La plupart du temps, les PVD sont intégrés dans des panels plus larges et la relation est examinée en termes de spécificité. Il ressort de ces études par exemple avec Lin et Ye (2009) et Goncalves et Salles (2008) que les cibles d'inflation contribuent à minimiser les variances de l'output et des taux d'inflation des PVD, mais que le taux cible idéal pour les PVD est sujet à discussion ; ce qui justifie encore notre étude. Nautz et alii (2009) avancent que les PVD peuvent s'autoriser des taux d'inflation jusqu'à 17.2 % sans que leur croissance soit compromise. Khan et Sendhadji (2001) ont établi qu'un taux d'inflation supérieur à 11 % affecte négativement la croissance, et que des taux en deçà n'ont aucun impact significatif sur la croissance. Danladi (2013) explore empiriquement dans une étude la question de l'existence de l'effet de seuil dans la relation entre l'inflation et la croissance économique dans le contexte des économies ouest-africaines. Les données de son étude couvrent quatre pays de la région Afrique de l'Ouest : Burkina Faso, le Ghana, le Nigéria et le Sénégal pour la période 1980-2009. Les résultats obtenus grâce à une analyse sur données de panel suggèrent l'existence d'un seuil de 9 % au-delà duquel l'inflation exerce un effet négatif sur la croissance. Sall (2020) a trouvé un seuil d'inflation de 3,9 % qui maximise la croissance économique dans l'UEMOA alors que Combey et Nubupko (2011) estiment que les pays de l'UEMOA peuvent aller jusqu'à 8 % d'inflation sans contrarier des objectifs hauts d'investissement et de croissance. La relation inflation-croissance n'est pas alors linéaire avec des seuils d'inflation endogène entre 2 et 8 % pour de tels pays. De ce point de vue, il est certain que des taux d'inflation trop élevés contrarient la croissance, mais il n'y a aucune certitude que tous les taux d'inflation bas correspondent à des niveaux de croissance élevés.

III. Le débat autour de la Monnaie commune

L'idée d'obtenir plus de visibilité ou son indépendance monétaire est née au cours des années soixante-dix. En effet, les États membres de la zone ont exprimé pour la première fois leur désir qui s'est concrétisé par l'adoption des réformes après la signature de nouveaux accords de coopération monétaire entre 1972 et 1973[42]. Avant 1973, l'institut d'émission était contrôlé par les autorités monétaires françaises. Le

[42] Banque de France (2015), « Note d'information : La Zone Franc », Eurosystème, PDF en ligne.

traité de l'UMOA, créé le 12 mai 1962, fut remplacé par un nouveau traité signé en 1973, accompagné par des statuts de la BCEAO qui ont permis l'africanisation de la banque centrale. Le rôle des instances purement africaines a été renforcé par les attributions données au Conseil des ministres de l'UMOA et par la réduction des représentants du gouvernement français au Conseil d'administration de la banque centrale qui est passé du tiers des membres au septième.

Ce nouveau traité a imposé aux États membres de l'union une orthodoxie financière rigoureuse. Le système monétaire a œuvré dans une direction déflationniste. L'objectif est de parvenir à un développement rapide sans inflation.

Comme rappelé précédemment, c'est en 1975 que la direction de la BCEAO a été transférée à Dakar et que nous assistons à l'africanisation des postes, la consolidation de l'architecture fonctionnelle de l'UMOA, la volonté de contrôle de la liquidité globale des économies, la sélectivité du crédit et l'incitation des nationaux aux affaires économiques, le maintien dans l'union des ressources des pays membres et la création d'un marché commun. Les instruments mis en place depuis 1976 avaient pour objectif de renforcer le contrôle quantitatif de la création monétaire et l'impact de la politique monétaire sur le développement. Pour encadrer le crédit, la banque centrale décide d'appliquer une règle de limite du refinancement des emplois d'une banque à hauteur de 35 % du montant total à l'exception des crédits de campagne.

Dans ce cadre institutionnel, les instruments de la politique monétaire et sa pratique ont subi plusieurs modifications. D'abord dans le but de favoriser le développement économique des États de l'union, une politique monétaire plus expansionniste a été adoptée et ensuite elle fut modifiée à partir de 1989, dans le but de respecter les mécanismes de marché et corriger les déséquilibres extérieurs.

Cependant la réforme de 1989 définit la nouvelle politique monétaire et de crédit (NPMC) dont le but est de rendre plus efficace la distribution de crédit. Dès lors les moyens mis à la disposition de la BCEAO ont été renforcés pour mettre en œuvre sa politique monétaire. Par la suite, les crédits de campagne bénéficient d'un encadrement et leurs plafonds de refinancement définis. Les crédits destinés à favoriser certains secteurs ou entreprises sans étude suffisante de leur solvabilité ont été supprimés. Les crédits furent désormais accordés en fonction de la situation financière des entreprises et non plus de leur secteur d'activité. Une place plus importante est donnée à la politique des taux d'intérêt, qui en termes réels sont devenus positifs. Cette progression du taux d'intérêt est la résultante de la suppression en 1989 du taux d'escompte préférentiel, de la libéralisation des conditions[43] de banques et de la réforme des interventions de la BCEAO sur le marché monétaire en octobre 1993 et juillet 1996. En octobre 1993, un système de réserves obligatoires assises sur les dépôts à vue et les crédits à court terme, a été mis en place et l'assiette a été élargie en mars 2000 aux crédits de campagne et aux créances sur l'extérieur. Ce système s'est avéré insuffisant pour résorber les excédents de liquidité des banques, ce qui limite le rôle des taux directeurs de la BCEAO. Dans le contrôle de la liquidité globale de l'économie, la politique monétaire a pour but d'éliminer définitivement les déficits extérieurs. Pour ce faire, un encadrement strict du crédit s'imposait et la BCEAO devait être le seul prêteur du système bancaire hiérarchisé. L'abandon de l'encadrement du crédit visait à faire passer la BCEAO d'un système de contrôle direct à l'utilisation d'instruments indirects de politique monétaire, c'est-à-dire à accorder au taux d'intérêt une place centrale dans la conduite de la politique monétaire. Par la suite, le marché monétaire est réorganisé, les taux d'intérêt appliqués par les banques commerciales à leurs clients sont libéralisés. La supervision bancaire a été renforcée par la création d'une commission bancaire supranationale, l'adoption d'une nouvelle législation bancaire et de nouveaux ratios prudentiels.

Avant la réforme de 1989, la plupart des pays de l'UMOA traversaient une crise économique aiguë caractérisée par un déficit public élevé, un endettement colossal et un taux d'inflation à deux chiffres pour certains pays de l'union. Pour faire face à cette crise économique que traversent ces pays depuis le second choc pétrolier et à la crise de la dette, il était devenu évident que les mécanismes de régulation monétaire devaient être complétés par des réformes économiques pour assurer la cohésion de l'union et lancer les bases d'une croissance durable. C'est sur cette base que les pays de l'UMOA ont affiché, dès le début des années 90, leur volonté de renforcer leur intégration économique en complément de l'union monétaire. C'est ainsi que le traité instituant l'UEMOA[44] fut signé le 10 janvier 1994,

---

43 Les banques étaient créditrices en 1989 et débitrices en 1993

44 L'UEMOA prend ainsi la suite de trois institutions qui ont connu des contours variés, l'Union Douanière de l'Afrique de l'Ouest (UDAO 1962- 1966), l'Union Douanière des États de l'Afrique de l'Ouest (UDEAO 1966- 1973), la Communauté économique des États de l'Afrique de l'Ouest (CEAO 1974 - 1994).

l'heure où le franc CFA fut dévalué de 50 %. Ce traité devait engendrer une croissance durable fondée sur le développement des échanges intrarégionaux, le renforcement de la cohérence des politiques d'investissement nationales et les complémentarités entre pays. Cependant un certain nombre d'objectifs lui étaient assignés :

- Le passage de l'harmonisation à la convergence des politiques économiques, notamment fiscales, avec l'adoption d'un droit unifié des affaires, et budgétaires, en vue d'une péréquation des taux d'inflation ;
- La création d'une union douanière complète avec libre circulation des facteurs et des biens avec mise en place d'un Tarif Extérieur Commun (TEC) ;
- L'organisation d'un marché financier régional (bourse régionale des valeurs mobilières) ;
- L'impulsion de politique sectorielle commune ;
- L'harmonisation en matière de droit social et de droit des assurances.

En comparaison avec l'Union européenne, la séquence de l'intégration des pays de l'UEMOA fut l'inverse de celle de l'Europe. Un marché commun, précédé d'une politique sectorielle avec la Communauté économique du Charbon et de l'Acier (CECA), existait avant la création de l'Union européenne. La monnaie commune de l'Europe, l'Euro, fut créée après le traité de l'Union européenne à l'inverse de l'UEMOA où les pays membres avaient la même monnaie (franc CFA) avant la création de cette dernière. Cependant la création de l'Euro, se substituant à onze monnaies européennes[45], a entraîné des changements au niveau de la zone UEMOA. Le franc CFA se retrouve rattaché à l'Euro et sa parité en euro a été automatiquement déterminée[46].

Ces accords qui prévoyaient une préférence douanière entre les États de la communauté ont connu des avancées et des retours en arrière et ont été plus ou moins bien appliqués. En revanche les tarifs douaniers ont effectivement disparu entre les pays de l'UEMOA depuis janvier 2002 et le Tarif Extérieur Commun (TEC) a été mis en place.

[45] Monnaies de l'Allemagne, l'Autriche, la Belgique, l'Espagne, la Finlande, la France, l'Italie, l'Irlande, le Luxembourg, des Pays-Bas et du Portugal, auquel s'est jointe ultérieurement la Grèce.

[46] Comme le taux de conversion entre l'euro et le franc français a été irrévocablement fixé par le Conseil de l'Union européenne le 31 décembre 1998 (1 euro =

Les gouvernements des pays membres de l'UEMOA et les autorités de la Banque Centrale des États de l'Afrique de l'Ouest ont souhaité faire reconnaître par l'Europe la spécificité de leurs relations monétaires avec la France et dans une certaine mesure confronter leur coopération monétaire avec la France (Guillaumont Jeanneney 2002). La France fut autorisée par l'Union européenne à maintenir les accords et invitée à en conserver la mise en œuvre. Par ailleurs, tout changement de la portée des accords ou de leur nature nécessiterait une décision du Conseil, sur recommandation de la Commission et après avis de la Banque Centrale européenne (BCE). La France a aussi le devoir d'informer ses partenaires européens sur le fonctionnement de la zone. Notamment si les États africains de la zone UEMOA décidaient de dévaluer le franc CFA. Ce qui demeure de leur ressort, la France serait tenue d'en informer au préalable ses partenaires européens.

Malgré ces réformes, l'existence de la Zone franc faisait toujours débat dans plusieurs conversations jusqu'à ce qu'on enregistre des publications et des manifestations dans lesquelles certains exigent des réformes plus approfondies pendant que d'autres exigent la création d'une nouvelle monnaie sans l'ingérence de la France. En effet, plusieurs groupes de populations ont pris part à l'expression des insuffisances du franc CFA à savoir des économistes et auteurs d'ouvrages, la société civile africaine, la diaspora.

3.1 Les pourfendeurs du franc CFA

Dès l'origine, le franc CFA a fait l'objet de critiques. Tchundjang Pouémi (1979)[47] est l'un des premiers économistes à prendre des positions hostiles face au franc CFA. Il pose sans détour la situation de l'Afrique comme « réservoir de l'Europe, elle-même au service des multinationales ». Pouémi juge le franc CFA comme une « chimère », notant que « *La France est le seul pays au monde à avoir réussi l'extraordinaire exploit de faire circuler sa monnaie et rien que sa monnaie dans des pays politiquement libres* ». L'économiste démontre comment les « techniques autorépressives » assumées par les Africains « bloquent tout progrès économique, si elles ne s'inversent pas... », comment l'épargne locale, malgré l'effort obstiné des petits épargnants,

6,55957 francs français) et que le franc français s'échangeait à 100 francs CFA, la parité inchangée du franc CFA est devenue 1 euro = 655,957 francs CFA.

47 Joseph Tchundjang Pouemi (1979), Monnaie, servitude et liberté : La répression monétaire de l'Afrique, Ed Menaibuc, Yaoundé

n'est pas rémunérée, alors que les États s'endettent à 8 % auprès de la Banque mondiale.

À la suite de Pouémi, Mamadou Koulibaly[48] (2009) affirme que "*Le franc CFA est une monnaie de servitude et elle ne permet pas aux gouvernements actuels de résoudre leurs problèmes* ".

Dans la même veine, Kako Nubukpo (2016), considère que « *l'économie du franc CFA est restée celle de la sujétion coloniale* », car cette monnaie est un frein au développement des pays utilisateurs. Pis, Nubukpo, trouve indécent que la fabrication des billets et pièces du CFA reste, plus d'un demi-siècle après les indépendances, le monopole de la France et des usines de la Banque de France. Ainsi, l'économiste sénégalais et directeur du Forum africain des alternatives, Demba Moussa Dembélé, trouve que *les réserves déposées au Trésor français, « privent les pays concernés de liquidités » et leur fait perdre leur souveraineté, in fine une partie de leur « souveraineté »*. Et de s'interroger de la manière suivante : « vous imaginez la Banque centrale européenne déposer 50 % de ses réserves à Washington ? Cela paraît impensable. Kako Nubukpo va plus loin et argue que « c'est une monnaie qui maintient l'insertion primaire des économies de la Zone franc au sein du commerce international, dans la mesure où son utilisation n'a pas permis d'amorcer la transformation sur place de matières premières et encore moins les échanges entre les économies de la Zone franc ».

Sur son arrimage à l'euro via un régime de change fixe, Kako renchérit et estime que « le franc CFA apparaît comme une concession faite par les États de la Zone franc à Paris, du fait de l'incapacité perçue ou réelle des dirigeants de cette zone à piloter une monnaie commune ». Ainsi, les gouverneurs de la BCEAO et de la BEAC n'ont pas les coudées franches pour faire varier le cours de leur monnaie, la parité de l'euro les obligeant à calquer leur politique sur celle de la BCE. C'est cette situation qui fait dire à Moussa Demba Dembélé (2016) coauteur de ''Sortir l'Afrique de la servitude monétaire. À qui profite le franc CFA ?'' que « *le sort du franc CFA se décide à Paris et à Francfort, or les priorités pour l'Europe ne sont pas celles des pays africains* ».

---

[48] Ancien ministre ivoirien de l'Économie et des Finances et ancien Président de l'Assemblée nationale de la Côte d'Ivoire.

En outre, l'arrimage à l'euro fait subir au franc CFA les fluctuations de la monnaie européenne, avec parfois des conséquences néfastes pour les exportations des pays de la zone, du moins quand l'euro est fort.

C'est en fait l'argumentaire développé par l'économiste Michelle Santi dans une colonne du site d'information français La Tribune en date du 04/01/2019, en déclarant que « Le FCFA est donc une aubaine, car la libre circulation des capitaux qui est son corollaire permet aux entreprises françaises implantées dans ces 14 pays d'Afrique de rapatrier leurs bénéfices en Europe sans aucun risque de change, ce qui profite naturellement à des multinationales comme Bolloré, Bouygues, Orange ou encore Total… ». Il explique dans les moindres détails que l'ancrage à l'euro qui rend le CFA relativement surévalué diminue les coûts de transaction dans la zone et isole les entreprises françaises (et toutes les entreprises étrangères opérant en euro d'ailleurs) du risque de change. Parallèlement, cela nuit au niveau de la compétitivité du secteur privé national dans la zone en agissant effectivement comme une subvention aux importations. En conséquence, la plupart des pays de la zone CFA enregistrent d'importants déficits commerciaux. Par exemple, le déficit commercial du Sénégal s'élève à 10 % de son PIB en moyenne. Ainsi, cette surévaluation structurelle du franc CFA — en 2020, le franc CFA dans l'UEMOA était surévalué de 20 % — tend à favoriser les importations, y compris les produits de luxe, au détriment des exportations. C'est une des raisons pour lesquelles les élites politiques ne veulent pas prendre les mesures nécessaires pour changer le cadre de la Zone franc CFA.

En plus de contribuer efficacement à subventionner les importations, la parité fixe fait également office de préférence commerciale accordée à la zone euro, puisque les pays de la Zone franc ne peuvent pas déprécier le taux de change pour affecter le niveau de compétitivité de leurs exportations ou pour absorber des chocs extérieurs comme la Covid. 19 ou la guerre en Ukraine. Ainsi, face à des chocs ou des crises commerciales, la seule façon de défendre l'ancrage à l'euro est d'adopter une politique fiscale et monétaire restrictive : une réduction des dépenses publiques (politique budgétaire) et des crédits à l'économie (politique monétaire), ainsi qu'un recours aux flux de financements extérieurs (plus d'accumulation de dettes). Au Sénégal, la dette publique a augmenté à un rythme exponentiel, atteignant plus 99 % du PIB, en raison des emprunts excessifs du gouvernement et des entreprises publiques pour financer le budget et investir dans le secteur pétrolier et gazier. Le service de la dette publique représente plus de

17 % des recettes fiscales (3346,3 milliards de francs CFA, avec des intérêts et commissions) s'élevant à 567,92 milliards).

Le ratio service de la dette extérieure/recettes d'exportation est de 19,1 % pour un seuil de 21 % et le ratio service de la dette extérieure/recettes du secteur public est de 18,8 % pour un seuil fixé à 23 %. Ceci est très inquiétant, car cela témoigne d'une grave contrainte dans la capacité d'emprunter de l'argent face à des chocs externes. La position de risque du Sénégal s'est détériorée (passant d'une dette à risque faible à modéré pouvant facilement évoluer vers une dette à haut risque).

En plus des handicaps d'un taux de change surévalué et des sorties de capitaux dues au transfert vers l'extérieur des excédents économiques locaux (massive fuite des capitaux), le comportement du secteur bancaire conserve ses aspects coloniaux. La plupart des établissements financiers sont des filiales d'établissements financiers français malgré l'implantation timide d'autres entités étrangères (pays du Moyen-Orient et d'Afrique du Nord).

Les prêts bancaires s'adressent principalement aux grandes entreprises et aux États, au détriment des PME en général. Cette tendance se poursuit malgré la perte de parts de marché de nombreuses institutions financières françaises dans les pays CFA et la domination des banques étrangères. Au Sénégal, les banques étrangères contrôlent plus de 90 pour cent des actifs bancaires (Rapport économique de la Banque Centrale).

Cette situation explique le faible niveau et l'insuffisance des crédits aux secteurs privé et public qui entravent la production nationale dans le secteur primaire et manufacturier (faible ratio des crédits à l'économie rapportés au PIB, moins de 25 % pour la Zone franc contre plus de 80 % pour le Maroc et plus de 110 % pour l'Afrique du Sud).

Un autre aspect de la monnaie commune aux 14 pays concerne l'intégration régionale qu'elle devrait favoriser. Toutefois, pour l'économiste Koulibaly, le système monétaire mis en place entre ces pays n'a pas produit le résultat escompté. En effet, pour lui, il est inconcevable de mettre ensemble des pays qui ont des systèmes productifs différents et d'instaurer en leur sein un taux de change fixe. Et donc, les pays les plus productifs pomperont la richesse de ceux qui ne le sont pas.

3.2 Les défenseurs du franc CFA

Malgré cette avalanche de critiques à son encontre, le maintien du franc CFA trouve des partisans au nombre desquels des économistes et des personnages politiques, notamment l'ex- Gouverneur de la BCEAO, Tiémoko Meyliet Koné. Ainsi, ce dernier dans une interview, publiée le 15 novembre 2016 au Journal de Jeune Afrique, réfute les critiques contre le franc CFA et soutient que « la solidarité et la stabilité de cette union ont permis aux économies de la zone de résister aux diverses crises et aux États membres de réaliser des performances économiques ». Il illustre ces propos avec le cas de la Côte d'Ivoire qui a renoué avec la croissance forte après plus d'une décennie de crise.

Aux détracteurs dénonçant un système obsolète n'ayant pas évolué depuis plus de trente ans, le gouverneur clarifie que les pays à leur demande, peuvent depuis décembre 2021, disposer de la totalité de leurs avoirs extérieurs.

Et donc pour en revenir à la question de la servitude monétaire, le gouverneur de la BCEAO n'y voit aucun rapport de soumission et précise que « les réserves déposées par les États auprès du Trésor français, qui font l'objet de critique, constituent des avoirs rémunérés en contrepartie d'une garantie assurée par la France, celle de la convertibilité illimitée du CFA. Exactement comme si un banquier exigeait un gage avant de se porter garant d'une opération ».

Quant à Lucas Abaga Nchama, le gouverneur de la BEAC, il a tenu à préciser lors de la rencontre annuelle d'octobre 2015 des responsables du franc CFA à Paris que ''Le FCFA utilisé par une quinzaine de pays résisterait mieux aux chocs externes que d'autres pays d'Afrique''. Pour lui, les difficultés actuelles de la CEMAC [sa croissance ne dépassera pas les 2 % en 2016] sont d'ordre budgétaire et liées au choc exogène provoqué par la chute des prix du pétrole. Il ne s'agit guère d'une crise monétaire.

Le directeur national de la BCEAO au Togo, Kossi Tenou lors de l'Assemblée générale annuelle de l'Association Professionnelle des Systèmes Financiers Décentralisés (APSFD) tenue le 20 février 2019 à Lomé rappelle qu'il faut ''pour connaître le présent du CFA, il faut d'abord connaître son histoire''. Il ajoute que « le franc CFA est une monnaie des Africains, gérée par les Africains et pour les Africains. C'est une monnaie qui répond aux aspirations des peuples ». Grâce à cette monnaie commune, le taux de croissance a été de plus de 6 % en 2018 dans la zone et constitue la meilleure performance de toute l'Afrique. L'inflation a aussi été maîtrisée. M. Tenou explique que ce n'est pas une monnaie qui assure la croissance et le développement. Il faut d'abord une politique économique et la monnaie n'est là que pour assurer la stabilité.

Tenou conclut que CFA ou pas CFA, ce n'est pas une monnaie qui assure la croissance et le développement. Il faut d'abord une politique économique et la monnaie n'est là que pour assurer la stabilité. Il a lancé à tous les pourfendeurs du FCFA : ''Ne cherchons pas nos problèmes dans la monnaie". Il a appelé tous les intellectuels et économistes critiques à apporter leur contribution en toute objectivité pour améliorer les choses.

Abordant dans le même sens, Lionel Zinsou, banquier d'affaires franco-béninois et ancien premier ministre du Bénin, dans l'émission 7 jours sur la planète du 18 mai 2024, fustige l'attitude des anti-franc CFA et trouve qu'il est faux de dire que les populations veulent l'abandon de cette monnaie. Tentant ainsi de décrédibiliser ceux qui militent pour cet abandon. Il soutient que l'UMOA se trouve être la zone la plus croissante depuis six ou sept ans de toute l'Afrique.

En outre, répondant à Mediapart dans la publication de Financial Afrik du 10 février 2021, à la critique selon laquelle, le franc CFA serait-il un frein au développement des pays utilisateurs, l'économiste Nadim Kalif[49] affirme que le développement « n'est pas l'affaire des banques centrales BCEAO et BEAC, mais relève plutôt de la politique économique des gouvernements ». De plus, Nadim Kalif demeure convaincu, en dépit de tout ce qui pourrait se dire, que l'un des plus gros avantages de cette monnaie reste la stabilité. En effet, pour lui, la création de monnaie étant sous contrôle extérieur, il n'y a pas la tentation pour les pays « de faire tourner la planche à billets ». Il renchérit en affirmant que les pays de la Zone franc bénéficient d'une inflation maîtrisée (3 %), quand nombre de leurs voisins se battent avec un niveau d'inflation relativement élevé. Pour preuve, il évoque le cas ghanéen où le cedi a été dévalué de 750 % depuis 1972, alors que le FCFA n'a été dévalué qu'une seule fois, de 50 % en 1994. D'octobre 1999 à octobre 2000, le cedi, se déprécia de 58 % par rapport au dollar et l'inflation annuelle atteignit 41 % au début de 2001, contre 15 % un an plus tôt. Le taux de croissance du PIB a été de 3,7 % en 2000, ce qui

[49] Nadim Michel KALIFE, chercheur économiste, ancien doyen (1975/76) de l'ESTEG devenue FASEG (faculté des sciences économiques et de gestion) de l'Université de Lomé (TOGO).

constitue une contre-performance au regard des années précédentes (4,7 % en 1998, 4,4 % en 1999). En l'absence de système de garantie comme c'est le cas dans la Zone franc, le Ghana est obligé de puiser sur ses réserves pour faire face aux difficultés de gestion d'un taux de change flottant. L'offre de devises est devenue incapable de satisfaire la demande. Le pays éprouvait d'énormes difficultés pour reconstituer les réserves de change à un mois et demi d'importations. Même si le pays a connu parfois des résultats macroéconomiques satisfaisants au cours de ses dernières années, la situation du taux de change préoccupe toujours les autorités ghanéennes. Le Cedi ghanéen s'est déprécié de 30 % face au dollar en 2022, puis de 27 % en 2023. Cette poursuite de la dépréciation peut s'expliquer notamment par les pressions inflationnistes qui perdurent.

Dans le même ordre d'idée, l'économiste congolais Noël Magloire Ndoba dans le Journal Ouest France Abidjan du 12/09/2017, présente le franc CFA comme un atout en termes d'intégration régionale, car « il facilite les échanges entre les pays de la zone, au bénéfice des économies nationales et des acteurs économiques ».

IV. Les réformes du franc CFA de 2019

Comme vous le constatez, les débats académiques, populaires et inclusifs sur le franc CFA, ont poussé les autorités françaises et celles de l'UEMOA à mener les réformes de 2019. L'objectif était de parvenir à une réforme participant à la modernisation de l'UMOA, mais aussi facilitant son extension progressive aux sept autres pays de la CEDEAO[50].

Les discussions entre la France et ses partenaires africains ont abouti à une proposition commune de réforme des instances et du fonctionnement de la Zone franc en UMOA suivant quatre (4) axes : (i) le changement de nom de la devise, les autorités de l'UMOA indiquant leur souhait de passer du « franc CFA » à l'« ECO » ; (ii) la suppression en 2020 de l'obligation de centralisation des réserves de change sur le compte d'opérations au Trésor ; (iii) le retrait de la France des principales instances de décisions de la Zone et (iv) la mise en place

[50] La CEDEAO regroupe l'UEMOA ainsi que le Cap-Vert, la Gambie, le Ghana, la Guinée, le Libéria, le Nigéria et la Sierra Leone.

concomitante de mécanismes de dialogue et de surveillance des risques ad hoc.

La signature le 21 décembre 2019 de l'accord de coopération entre le Gouvernement de la République française et les Gouvernements des États membres de l'UMOA est la concrétisation de cette proposition.

Avec cette réforme, le positionnement de la France évolue pour devenir celui d'un strict garant financier de la zone. Pour l'instant, le régime de change demeure inchangé, avec un maintien de la parité fixe entre l'euro et la monnaie commune de l'Union ainsi que de la garantie de convertibilité assurée par la France. Le principe de la parité fixe étant maintenu avec l'euro, **1 euro** reste toujours égal à **655,957 francs CFA** et la garantie par la France de la convertibilité en euros de la monnaie émise par la BCEAO, le franc CFA, reste illimitée. Cela sous-entend que si la BCEAO manque de disponibilités pour couvrir ses engagements en devises, elle pourra se procurer les euros nécessaires auprès de l'État français, qui demeure le garant financier de cette monnaie.

4.1 Les dispositions de l'accord de coopération entre la France et l'UMOA

Accord de coopération entre la République française et les Républiques membres de l'Union monétaire ouest-africaine (1973)	**Accord de coopération entre le gouvernement de la République française et les gouvernements des États membres de l'Union monétaire ouest-africaine (2019)**
Article 1er : garantie de convertibilité apportée par la France (principe inchangé), dont les modalités devront être précisées par une convention de compte d'opérations.	Article 2 : garantie de convertibilité apportée par la France (principe inchangé). Une convention de garantie devra en prévoir les modalités d'activation.

Article 2 : parité fixe à l'euro (principe inchangé).	Article 2 : parité fixe à l'euro, sur la base de la parité en vigueur (principe inchangé).
Article 3 : centralisation des réserves de change de la BCEAO selon les conditions prévues dans la convention de compte d'opérations.	Suppression de cette disposition.
Article 10 : deux administrateurs sont désignés par la France pour participer au conseil d'administration de la BCEAO.	Article 4 : le comité de politique monétaire de la BCEAO comprend une personnalité indépendante et qualifiée nommée par le Conseil des ministres de l'UMOA en concertation avec la France. Article 8 : la France pourra désigner à titre exceptionnel un représentant avec voix délibérative en cas de risque d'appel en garantie.
Aucune disposition correspondante	Article 5 : la BCEAO devra transmettre régulièrement des informations techniques permettant à la France de suivre l'évolution du risque qu'elle couvre. Les parties à l'accord pourront par ailleurs se rencontrer, au niveau technique, en tant que de besoin.

Aucune disposition correspondante	Article 6 : l'un des signataires peut demander une réunion à un niveau politique, lorsque les conditions le justifient, notamment pour prévenir ou gérer une crise.

Source : Accord de coopération entre la République française et les Républiques membres de l'Union monétaire ouest-africaine (1973) et accord de coopération entre le Gouvernement de la République française et les Gouvernements des États membres de l'UMOA (2019).

4.2 Conséquences des réformes

4.2.1 Conséquences économiques

La réforme maintient inchangés les paramètres essentiels à la stabilité macroéconomique et monétaire de l'UMOA : maintien de la parité fixe de la monnaie commune de l'UMOA avec l'euro et de la garantie illimitée et inconditionnelle de convertibilité assurée par la France. La garantie apportée par la France fonctionne sur le même principe qu'aujourd'hui : si la BCEAO fait face à un manque de disponibilités pour couvrir ses engagements en devises, elle pourra se procurer les euros nécessaires auprès de la France. La crédibilité de l'ancrage de la monnaie de l'Union sur l'euro est donc préservée.

La fin de l'obligation de dépôt des réserves de change de la BCEAO permet à la Banque centrale de disposer de la totalité de ses réserves et de décider de leur allocation et de leur placement, avec, dans l'environnement de taux actuel, un impact probable sur la rémunération de ces avoirs.

La réforme des relations de coopération monétaire entre l'UEMOA et la France s'inscrit comme indiqué précédemment dans le contexte de la création d'une monnaie unique à l'échelle plus large de la CEDEAO. La mise en œuvre de ce projet économique qui devait débuter dès 2020, comme l'ont annoncé les autorités de la région, a été reportée en 2027. Pour autant, de nombreuses étapes restent encore à franchir et le respect des critères de convergence par chacun des États membres sera déterminant. C'est notamment pour s'inscrire dans ce processus et préparer les échéances à venir de la création de la monnaie unique à l'échelle de l'ensemble de la CEDEAO que les autorités de l'UEMOA ont souhaité moderniser les modalités de leur coopération monétaire avec la France. La transition vers un régime de change flexible, évoquée par la CEDEAO pour sa monnaie unique, correspond cependant à un objectif de plus long terme, lorsque le projet de monnaie unique CEDEAO aura pu être concrétisé à l'échelle de toute la CEDEAO.

4.2.2 Conséquences financières

Le principal risque auquel les finances publiques françaises seront exposées, et correspondant à l'activation de la ligne de garantie (jusqu'à son remboursement lors de la reconstitution des réserves de change), demeure le même que celui de découvert du compte d'opérations dans le dispositif actuel. Ce découvert correspond en pratique à un prêt de l'État français à la BCEAO, dans des conditions qui seront définies par la convention de garantie auquel renvoie l'accord.

Ce risque d'activation est à l'heure actuelle très limité, compte tenu de la situation macroéconomique globalement favorable de l'UEMOA (taux de croissance supérieur à 5 % entre 2012 et 2022, niveau d'endettement global maîtrisé autour de 54 % du PIB de la zone à fin 2021[51]) et du niveau élevé de réserves de change (env. 15,3 Mds EUR à fin 2019, soit près de cinq mois d'importations). Le taux de couverture de la monnaie (TCM) est supérieur à 70 % depuis plusieurs années (cf. figure 2 ci-dessous). Pour mémoire, les derniers cas d'activation de la garantie dans le cadre de l'accord actuel sont limités et relativement anciens (antérieurs à 1994).

[51] Source : Fonds monétaire international (FMI)

Figure 2 : Évolution du taux de Couverture de l'Émission monétaire

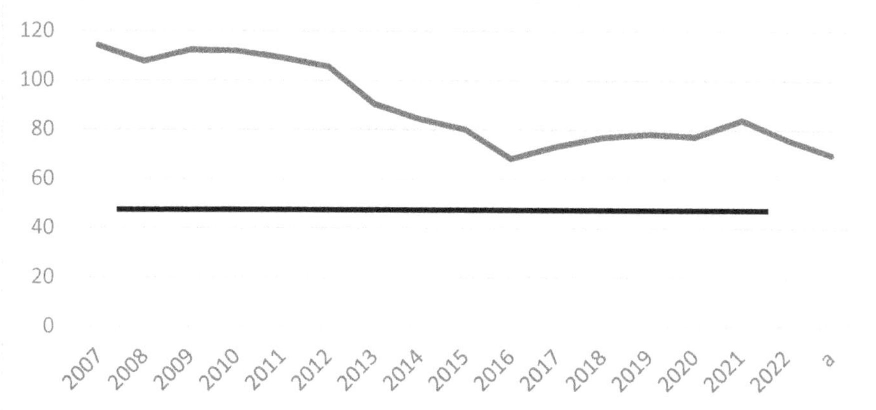

Source : calculs d'après les données de la BCEAO

Du point de vue budgétaire, la garantie de convertibilité de la monnaie de l'UMOA est assurée par le programme budgétaire « Relations avec l'Union monétaire ouest-africaine » (P. 811) du compte de concours financiers Accords monétaires internationaux de la France. Ce compte-mission, qui concerne également les zones d'Afrique centrale et des Comores, est doté de crédits évaluatifs actuellement fixés à 0, compte tenu du faible risque d'activation de la garantie. Comme indiqué précédemment, cette garantie de convertibilité ne relève pas d'une « garantie de l'État » au sens de l'article 34 de la loi organique du 1er août 2001 relative aux lois de finances[52]. Par sa construction et son fonctionnement, elle correspond en réalité à un mécanisme de prêt à la BCEAO, ce que confirme le choix de la création d'un compte de concours financiers ad hoc par l'article 46 de la loi de finances pour 2006[53]. Compte tenu du maintien de la garantie de convertibilité, il n'est pas envisagé de modifier l'architecture budgétaire actuelle sur ce point.

[52] Loi organique n° 2001-692 du 1er août 2001 relative aux lois de finances.
[53] Loi n° 2005-1719 du 30 décembre 2005 de finances pour 2006.

4.2.3 Conséquences juridiques

- Articulation avec les accords ou conventions internationales existantes

Cet accord, dans son article 7, reconnaît à la BCEAO des privilèges et immunités équivalents à ceux reconnus aux institutions spécialisées des Nations unies en application de la convention sur les privilèges et immunités des institutions spécialisées des Nations unies de 1947[54]. Il précise également que l'accord ne porte en rien préjudice aux privilèges et immunités accordés par l'accord signé le 4 avril 1979 entre le Gouvernement du garant et la BCEAO relatif à l'établissement à Paris d'un bureau de la BCEAO et à ses privilèges et immunités[55]. Le régime de privilèges et immunités défini à l'article 7 de l'accord ne comporte ainsi aucune limitation ou modification du régime de privilèges et immunités issu de l'accord du 4 avril 1979.

- Articulation avec le droit européen

La décision n° 98/683/CE du 23 novembre 1998[56] concernant les questions de change relatives au franc CFA et au franc comorien prévoit des procédures de consultation des institutions européennes en cas de modification des accords de coopération monétaire existants. Les principaux partenaires concernés sont la Banque centrale européenne (BCE), le Comité économique et financier (CEF) et la Commission européenne.

Compte tenu du maintien de la parité fixe et de la garantie illimitée et inconditionnelle de convertibilité assurée par la France, les autorités françaises s'inscrivent dans la procédure d'information prévue à l'article 4 de la décision du Conseil. Le considérant n° 11 de la décision prévoit en effet qu'« il convient que les organes communautaires compétents puissent se prononcer avant toute modification de la nature ou de la portée des accords actuels ; que cela s'applique aux modifications concernant les parties à l'accord et le principe de la libre convertibilité à parité fixe entre l'euro et les francs CFA et comorien,

---

[54] Convention du 21 novembre 1947 sur les privilèges et immunités des institutions spécialisées des Nations unies relative à l'Organisation mondiale du tourisme.

[55] Accord entre le Gouvernement de la République française et la Banque centrale des États de l'Afrique de l'Ouest relatif à l'établissement à Paris d'un bureau de la BCEAO et à ses privilèges et immunités sur le territoire français.

[56] Décision du Conseil du 23 novembre 1998 concernant les questions de change relatives au franc CFA et au franc comorien.

cette convertibilité étant garantie par un engagement budgétaire du Trésor français ». Or, les modifications envisagées pour la réforme de la coopération avec la France ne modifient pas la parité fixe de la devise de l'Union avec l'euro et la garantie assurée par la France, mais seulement les modalités techniques opérationnelles de suivi de la garantie. Cette analyse est partagée par la Commission européenne.

Conclusion du chapitre 1

La Zone franc constitue sans doute l'union monétaire la plus vieille de toute l'Afrique subsaharienne. Depuis sa création en 1939, les pays membres de la zone continuent d'utiliser la même monnaie, le FCFA. Cette monnaie, malgré sa longévité, fait l'objet de débats entre ses participants et ses pourfendeurs. Les participants considèrent le FCFA comme une monnaie qui offre un cadre économique stable apportant une meilleure résistance aux chocs macroéconomiques et une maîtrise de l'inflation, à la stabilité de la devise favorable aux échanges et aux investissements. Quant aux pourfendeurs, cette monnaie entretient les pays africains dans une forme de dépendance vis-à-vis de la France et de l'Europe pour l'achat de biens manufacturés et de technologie.

Ce débat sans relâche a poussé la France et les pays de l'Union à mener des réformes en 2019 dont les axes majeurs sont le changement de nom du FCFA à l'Eco, la suppression de l'obligation de centralisation des réserves de change sur le compte d'opérations au Trésor ainsi que le retrait de représentants français des principales instances de décisions de la Zone. Même si ces réformes donnent de l'espoir pour certains, d'autres les considèrent comme un changement de façade qui ne modifierait pas le pilier de ce système : l'indexation à l'euro. Or le projet originel de l'Eco entend se défaire de ce principe, il s'agit même de la première condition d'adhésion à une monnaie commune avancée par le Ghana et le Nigéria. Ces deux poids lourds souhaitent une union autour d'une devise souveraine et dont le taux de change serait variable.

CHAPITRE 2

LE FCFA EST-IL VIABLE ?

L'enjeu ici, est de montrer que la monnaie n'est pas une sorte de vêtement plastique des échanges et du marché que l'on pourrait enlever pour voir le corps qui est caché dessous, ni « un couteau sans manche auquel il manquerait la lame » (Cartelier, 2010, p. 9), mais qu'au contraire, elle est la catégorie économique première dans une économie de marché. Il convient donc de concevoir, à travers la monnaie, une société d'individus séparés et d'expliquer en même temps les situations probables sur lesquelles son fonctionnement pourrait déboucher (instabilité, viabilité).

Si nous considérons la fonction première de la monnaie dans une économie moderne, c'est-à-dire la fonction de moyen d'échange, la principale condition nécessaire de validité d'un signe monétaire tient essentiellement au pouvoir libératoire illimité et au cours forcé que lui a conférés l'Autorité politique ; c'est en particulier ce pouvoir libératoire illimité qui a été à l'origine, dans les pays de bimétallisme, du phénomène connu sous le nom de loi de Gresham[57], à savoir que "la mauvaise monnaie chasse la bonne". Il est vrai par ailleurs que la reconnaissance, par les agents économiques, de ce caractère obligatoire attaché à la monnaie par le pouvoir politique, est utile pour que celle-ci puisse s'établir pleinement. En fait, on peut admettre la possibilité d'instaurer une unité monétaire et même tout un système monétaire au sein d'une communauté humaine de quelque importance que soit cette communauté, à la seule condition que cette monnaie y puisse servir aux échanges internes de biens et services. La politique de la monnaie est donc de conserver l'unité de compte, c'est la stabilité monétaire et de préserver l'intégrité des paiements, c'est la stabilité financière. La manière d'agir dans ces deux domaines est de préserver la confiance des usagers de la monnaie. Il faudra donc identifier les facteurs qui

57 Sir Thomas Gresham (env. 1519 – 21 novembre 1579) était un marchand anglais et surtout un financier qui travailla pour le roi Édouard VI, puis sa demi-sœur, la reine Élisabeth 1re.

pourraient saper sa confiance jusqu'à la rendre vulnérable. Lorsqu'une monnaie est vulnérable, cela peut entraîner une perte de confiance des investisseurs, une fuite des capitaux et une augmentation des coûts d'emprunt. Ces facteurs peuvent exacerber les ralentissements économiques, créer une instabilité financière et même conduire à des phénomènes d'hyperinflation et d'attaques spéculatives qui ont toujours été le résultat d'une crise économique grave où la confiance a fait défaut.

La première section du chapitre pose d'abord la question de l'optimalité et de la viabilité du FCFA, ensuite analyse les trois formes de confiances d'une monnaie ainsi que les phénomènes qui peuvent provenir de la perte de celle-ci.

Dans la deuxième section, il sera analysé la question de la souveraineté monétaire en rappelant les arguments avancés par ses partisans ainsi que les critiques formulées sur le FCFA notamment sur son ancrage à la monnaie française puis avec l'euro.

Section 1 : Optimalité et viabilité

Dans une économie moderne, si on écarte les phénomènes d'hyperinflation, d'attaques spéculatives et de dollarisation de l'économie, le problème de la viabilité de la monnaie légale ne se pose pas. Cependant, lorsque le pays entretient des relations économiques diverses avec l'extérieur, se pose alors le problème de l'optimalité de sa monnaie par rapport au reste du monde. Dans cette section, nous allons aborder ces deux notions sous l'angle de la zone FCFA.

1.1 La zone UEMOA est-elle une zone monétaire optimale ?

Ici, nous allons essayer de voir le niveau d'optimalité de la zone CFA par une analyse des performances relatives des pays membres de la zone à travers la théorie des zones monétaires optimales (ZMO)[58]. La théorie de la zone monétaire optimale a été discutée pour la première fois par Mundell en 1961, qui a posé la mobilité des facteurs de production et la symétrie des chocs et la synchronisation des cycles comme principaux critères d'optimalité. Par la suite, un grand nombre de chercheurs en

[58] Une ZMO est une zone — c'est-à-dire un groupe de régions ou de pays — où l'utilisation d'une monnaie unique est optimale – c'est-à-dire ne crée pas de perte de bien-être.

économie, tels que Mckinnon (1963) et Kenen (1969), l'ont complété et amélioré. Il s'agit non seulement de l'une des revendications théoriques de la coordination des politiques économiques internationales, mais également d'un des programmes de la réforme du système monétaire international.

Les théories des zones monétaires optimales cherchent à analyser d'une part les avantages et les inconvénients qu'auraient les pays candidats à abandonner leur souveraineté monétaire pour intégrer une zone monétaire sous régionale et d'autre part à identifier les critères d'optimalité. En plus des critères de Mundell, les autres critères identifiés dans la littérature sont les suivants : le degré d'ouverture des économies [McKinnon, 1963], la nature de la spécialisation productive [Kenen, 1969], l'élasticité des salaires (Corden (1972)), les différences de revenus entre les États (Sachs et Sala-i-Martin (1991)), le Fédéralisme budgétaire et fiscal (Johnson (1970)), le niveau d'intégration financière (Ingram,1973]), la convergence économique (Cooper (1977) et Kindleberger (1986)) et la similarité des taux d'inflation à l'intégration fiscale [Kenen, 1969] etc. Pour une revue détaillée de la littérature sur les zones monétaires optimales se référer à Mongelli [2002].

Ces théories considèrent que le respect de ces critères d'optimalité est un préalable à la formation d'une zone monétaire. Mundell (1961) a montré que l'instauration d'une union monétaire permet de réduire ou même d'éliminer les coûts de transaction, d'améliorer la transparence des prix, de stimuler la concurrence, d'éliminer l'incertitude relative aux taux de change et d'encourager ainsi l'investissement direct étranger (IDE). De plus, la création d'une autorité monétaire unique, indépendante des différents gouvernements, peut contribuer à la stabilité des prix et permettre ainsi une baisse des taux d'intérêt. Par ailleurs, la création d'une zone d'union monétaire peut obliger les pays membres à adopter les réformes structurelles qu'ils risqueraient, sinon, de les repousser indéfiniment. Si les pays membres d'une zone d'union monétaire ne peuvent plus utiliser l'arme du taux de change pour augmenter la compétitivité de leurs produits, ils doivent alors réformer le fonctionnement de leurs marchés, en particulier de leur marché du travail, pour améliorer la compétitivité du pays sur le marché global, où ils devront affronter de plus nombreux concurrents. En revanche, le principal désavantage de l'instauration d'une zone d'union monétaire résulte de la perte d'un instrument permettant de mener une politique contra-cyclique. Toutefois, le besoin d'une politique économique autonome est limité, voire réduit, lorsque les facteurs de production sont mobiles et que leurs prix sont flexibles. Mundell pense que si la mobilité de la main-d'œuvre est suffisante entre les Etats membres d'une union monétaire (les concepts de région et de pays sont distingués dans son article), la zone monétaire optimale peut alors être établie. Il constate qu'en tout état de cause, si les cycles économiques des pays membres de la zone monétaire sont suffisamment synchronisés, et si les chocs ne se propagent pas de manière trop dissymétrique, alors le désavantage résultant de l'impossibilité de mener une politique monétaire propre à chaque pays membre sera nettement réduit. De même, Kenen (1969) montre que le risque qu'une crise se propage de manière dissymétrique, ce qui augmente les divergences entre les pays en termes de cycles économiques, est d'autant plus élevé que les économies sont plus spécialisées. Les économies les plus importantes, qui bénéficient d'une structure industrielle très diversifiée sont moins exposées à ce risque que les économies de taille plus modeste et plus ouvertes sur l'extérieur. Selon Kenen, la production et l'exportation de produits dans les pays membres de l'union monétaire doivent être très diversifiées, ce qui montre l'importance de l'analogie de la structure industrielle entre les pays de la zone monétaire optimale.

Mundell (1973), tout en rappelant le caractère prépondérant de la mobilité des facteurs de production, estime qu'en présence d'une intégration du système financier (le pays A détient des actifs du pays B et vice versa) l'asymétrie des chocs serait réduite. Il soutient que les pays formant une union monétaire ont besoin d'outils de politique budgétaire adéquats pour assurer l'ajustement approprié aux chocs asymétriques. Cet argument est également défendu dans le rapport Mac Dougall (Commission 1977)[59] qui suggérait que l'ajustement aux chocs asymétriques affectant les régions partageant une monnaie commune s'effectue généralement par le biais du budget d'un gouvernement central ou fédéral permettant de collecter des impôts et de verser des transferts à ces régions. Le rapport indique que le fédéralisme budgétaire réduit les différences de revenus entre les États américains. Sachs et Sala-i-Martin (1991) constatent que le système fiscal fédéral permet de compenser largement les disparités régionales de revenus.

---

[59] European Commission (1977a), Report of the Study Group on the Role of Public finance in European Integration Vol. I, Studies: Economic and Financial Series A13, Brussels European Commission (1977b), Report of the Study Group on the Role of Public finance in European Integration Vol. II, Studies: Economic and Financial Series B13, Brussels

Abondant dans le même sens, Zumer (1999) souligne que la mise en place d'un budget fédéral devient nécessaire pour faire face aux chocs asymétriques frappant l'union. Chaque état membre se verra attribuer une quote-part du budget fédéral, celle-ci sera variable en fonction de l'activité économique et du niveau d'allocation chômage à distribuer. « *En cas de choc asymétrique favorable à certains membres de la zone et défavorable aux autres, les recettes fiscales prélevées par la structure fédérale augmenteraient mécaniquement dans les pays favorisés et baisseraient dans les pays défavorisés, tandis que les dépenses fédérales progresseraient au bénéfice des pays défavorisés et diminueraient (ou augmenteraient moins) dans les pays favorisés* ». Sans ce mécanisme, le recours à l'emprunt et une hausse de la dette nationale devient inévitable, ce qui peut conduire à la question de la soutenabilité de la dette nationale et de la solvabilité du pays.

Aussi, la variation des parts allouées au budget joue un rôle de stabilisateur automatique, freinant l'expansion par les prélèvements fiscaux d'un côté et neutralisant la chute de l'activité de l'autre. « Au total, pour Johnson une forte intégration fiscale par le biais d'un budget fédéral est de nature à réduire les effets d'un choc asymétrique » (Trichet 2003).

Cooper (1977) et Kindleberger (1986) ont mis en exergue l'importance de l'homogénéité des préférences dans l'optimalité d'une zone monétaire. Ces auteurs estiment que pour qu'une Union monétaire fonctionne, il faut que les pays membres aient des objectifs de politique économique qui convergent. Cette convergence de la demande permet une harmonisation des taux d'inflation et des taux d'intérêt (convergence nominale) ainsi que la cohérence des taux de croissance et chômage (convergence réelle). Selon ces auteurs, une UEM qui parviendrait à avoir des différentiels d'inflation nuls pourraient constituer une ZMO. En effet, le taux d'inflation influence fortement les agents économiques publics comme privés dans leurs prises de décision dans la mesure où il est un facteur important dans l'évaluation de la différence de compétitivité des unités productrices, des comportements en matière de revendication salariale et des orientations de la politique monétaire. En plus du critère relatif au taux d'inflation, d'autres critères de convergence[60] sont utilisés pour mesurer la convergence économique. Dans le cadre de l'UEMOA, ces critères sont

[60] Voir Krugman (1993) et Frankel et Rose (1997).

définis par le Pacte de convergence, de stabilité de croissance et de solidarité (PCSCS)[61].

Reprenant Mundell (1961), Tavlas [1993, 2009)[62] constate que la participation à une union monétaire dans le cadre de la théorie des ZMO générerait des bénéfices liés à la baisse des coûts de transaction qui résulte de la fixation irrévocable des taux de change et du remplacement des devises nationales par une monnaie unique. Les études menées par la suite révèlent cependant que la réduction des coûts de transaction et la suppression de l'incertitude relative aux variations des taux de change bilatéraux peuvent être, à leur tour, à l'origine d'un accroissement significatif des échanges commerciaux et financiers entre les pays membres d'une union monétaire. D'où l'hypothèse de gains additionnels, en termes d'efficience et de bien-être, liés à l'instauration d'une union monétaire.

On retrouve également dans la littérature les caractéristiques structurelles des économies impliquées dans un projet d'union monétaire. Frankel et Rose [1997, 1998, 2002]) arguent que le degré d'intégration financière, le niveau de différence dans la spécialisation sectorielle et la spécialisation des économies, entre autres peuvent être considérées comme des variantes qui agissent dans le commerce bilateral et régional des Etats. Pour les économies industrialisées, Frankel et Rose [1998] montrent en effet que les pays très liés commercialement ont des cycles d'affaire plus corrélés. Ce résultat qui a été mis en évidence par Clark et Wincoop [2001] est confirmé par Baxter et Kouparitsas [2004]. Ces derniers trouvent en particulier que l'effet du commerce bilatéral sur la corrélation des PIB est robuste à l'inclusion de variables de proximité géographique. Dans la mesure où

---

[61] Le PCSCS a été adopté en 1999 pour renforcer la coordination des politiques économiques et une convergence des économies de l'Union. Il s'appuie sur huit (8) indicateurs de convergence, couvrant le secteur réel, les finances publiques et le secteur extérieur. Ces indicateurs sont regroupés en quatre (4) critères de premier rang, et quatre (4) autres de second rang.

[62] On se focalisera ici sur la dimension « microéconomique » des gains que peut dégager un pays du passage à l'union monétaire. D'autres avantages sur le plan de la crédibilité de la politique monétaire et des performances en termes d'inflation qui en résulteraient ont pu être mis au crédit de la formation d'unions monétaires. On choisit ici de ne pas les considérer d'autant qu'ils ne relèvent, à nos yeux, qu'indirectement du cadre d'analyse traditionnellement rattaché aux ZMO (voir Dellas et Tavlas [2009]). Pour une prise en compte de ces aspects dans le cadre de la modélisation des coûts et des bénéfices à attendre de la formation d'une union monétaire, voir Alesina et Barro [2002].

la formation d'une union monétaire encourage la synchronisation des cycles par le biais de l'intensification des échanges qui en résulte, la symétrie des cycles devient un critère de second rang qui peut être rempli après la formation de l'union. Dans cette logique, l'instauration d'une zone monétaire constitue un processus endogène [Rose, 2000].

D'autres travaux (Imbs [2004], Kamleli-Ozcan et al. [2001, 2003, 2005] ou Schiavo [2008]) ont tenté d'identifier les effets exercés par l'intégration financière sur ces mêmes caractéristiques, en parallèle et/ou en liaison, avec l'influence que celle-ci exerce sur le développement du partage des risques privés au sein de l'union. Dans le même ordre d'idée, Ingram (1962) note que l'intégration financière peut réduire la nécessité d'ajustements des taux de change. Elle permet, entre autres, d'amortir les perturbations temporaires défavorables grâce à des entrées de capitaux - par exemple en empruntant auprès des zones excédentaires ou en diminuant les actifs extérieurs nets qui peuvent être reversés une fois le choc terminé. Dans un degré élevé d'intégration financière, même des changements modestes des taux d'intérêt provoqueraient des mouvements de capitaux équilibrés entre les pays partenaires. Cela permettrait de réduire les différences de taux d'intérêt à long terme, ce qui faciliterait le financement des déséquilibres extérieurs mais favoriserait aussi une allocation efficace des ressources.

Au vu de ces critères susmentionnés dans la revue littéraire, peut-on considérer la zone CFA comme une ZMO ? La zone UEMOA présente certaines caractéristiques qui pourraient nous pousser à dire qu'elle n'est pas une zone optimale.

La zone possède un commerce intrarégional assez faible du fait notamment de la structure extravertie des économies (priorité à l'exportation vers les pays du nord de matières premières agricoles et non agricoles), de l'étroitesse des marchés, des coûts de transport élevés, de la faible productivité du capital et de nombreuses entraves tarifaires et non tarifaires aux échanges. La part des échanges intracommunautaires représente environ 15 % contre plus de 60 % dans la zone euro. La présence de cette monnaie n'a pas engendré un processus d'accroissement de ces échanges. En regardant le tableau n° 5 ci-dessous, nous voyons que le taux d'ouverture le plus élevé est celui de la Côte d'Ivoire avec 12,1 %, suivi par le taux d'ouverture du Togo qui représente 9,3 %. Ceci montre que malgré les avantages de l'intégration, les pays membres ne commercent pas beaucoup entre eux.

Tableau 5 : Degré d'ouverture des pays membres de l'UEMOA

Pays	Ratio des Exportations intracommunautaires/PIB
Bénin	2.5
Burkina Faso	2.1
Côte d'Ivoire	12.1
Mali	4.2
Niger	3.2
Sénégal	5.4
Togo	9.3

Source : BCEAO/ministères du Commerce des pays membres

Les pays de l'UEMOA sont des petits pays, preneurs de prix sur les marchés mondiaux et de taille réduite en termes de demande domestique, ce qui signifie que ni leurs fournitures à l'exportation ni leur demande à l'importation n'exercent une incidence notable sur les prix mondiaux des produits et des services échangés par eux. En outre, il existe une forte hétérogénéité des structures économiques dans cette zone où coexistent trois types d'économies : des économies sahéliennes fortement dépendantes des aléas climatiques (Burkina, Mali, Niger) ; des économies relativement industrialisées et à forte dominance des activités de services (Côte d'Ivoire, Sénégal) ; et, enfin, des économies côtières dont la dynamique est clairement tirée par le commerce d'import-export (Bénin, Togo).

La structure de production montre une forte dépendance des économies vis-à-vis du secteur tertiaire suivi du secteur primaire comme le révèle le tableau n°6. Le secteur manufacturier arrive en dernière position en termes d'emplois et de contribution aux exportations. Certains auteurs évoquent le passé colonial cantonnant ces pays dans la production de produits bruts. Sur le plan historique, la narration de Acemoglu et al. (2012) basée sur la distinction entre colonies extractives et colonies de peuplement a montré que ces dernières, contrairement aux autres, ont pu bénéficier d'un héritage colonial caractérisé par des institutions plus inclusives et ont pu, par la suite, se développer. Un tel résultat signifie qu'il existe un effet du passé historique sur le niveau de transformation structurelle ou de diversification économique sur les petits pays, preneurs de prix sur les marchés mondiaux et de taille réduite en termes de demande domestique et sur la capacité des États à mobiliser des ressources fiscales (Keneck-Massi J. et alii, 2021). Le taux de mortalité des colons, leur taux de sédentarisation dans les ex-colonies et le pourcentage de la population européenne parmi les autochtones expliquent le niveau observé de diversification des anciennes colonies ; des résultats robustes contrôlés par des variables historiques, économiques, socioculturelles et institutionnelles. Mais ils soulignent que l'accumulation du niveau de capital humain, la gouvernance et la qualité des institutions influencent la trajectoire des économies. Une telle analyse ne résiste donc pas au fait que d'autres facteurs entravent la collecte d'impôts dans ces économies autres que les droits de douane : la part du secteur informel, la mobilité régionale des populations, les frontières poreuses, la transparence dans la gestion de la propriété foncière. Ainsi, ce serait occulter la responsabilité des États par rapport à l'objectif de transformation structurelle de ces économies pour les rendre moins dépendantes des ressources externes comme l'aide et les recettes provenant des droits de porte assise sur la taxation des échanges extérieurs. Le développement économique sans un État fort, capable d'orienter l'épargne publique et les ressources publiques dans des investissements à fortes externalités comme les infrastructures, l'éducation et la santé, la recherche, n'est pas imaginable. Un tel résultat est peu probable en raison de la nature des investissements requis pour augmenter les capacités et les opportunités des ménages, des jeunes et des entreprises, voire dans les capacités de l'État lui-même, y compris l'amélioration du capital humain de ses fonctionnaires. Le taux du secteur secondaire le plus élevé est enregistré en Côte d'Ivoire avec 29,8 % et le taux le plus bas en Guinée-Bissau avec 13,8 %. En Guinée-Bissau, le secteur primaire atteint jusqu'à 49,3 % du PIB. Les économies de l'UEMOA sont fortement dépendantes de l'agriculture.

Actuellement, l'essentiel du tissu industriel des pays de la région repose sur des industries minières dont la production est destinée aux marchés des pays développés. Or, l'industrie est le principal vecteur d'intégration économique dans la mesure où elle est l'unique secteur qui permet des échanges inter et intrabranches et une mobilité intersectorielle des facteurs de production (nécessaire à la correction des déséquilibres sectoriels) au sein d'un espace économique intégré.

Le niveau atteint par les pays européens en matière d'échanges intrabranches (57 % en 2017)[63] est le facteur qui a permis à la Commission européenne de considérer que le risque de déplacement de la demande d'un bien vers un autre était peu probable dans l'espace européen. De Grauwe (1999) remarque que l'Allemagne et la France se vendent et s'achètent mutuellement des voitures ; des produits agricoles français se retrouvent dans les étals espagnols et vice versa. Cette similitude des structures de production est de nature à réduire l'occurrence des chocs asymétriques et surtout permet de mieux en absorber l'impact.

Tableau 6 : Structure de production de 8 pays ouest-africains (en % du PIB)

Pays	Agriculture	Industrie		Services
			Dont manufacturés	
Bénin	29,0	22,7	15,0	48,4
Burkina Faso	35,0	21,1	12,0	43,9
Côte d'Ivoire	25,0	29,8	14,6	46,2
Guinée-Bissau	49,3	13,8	5,2	37,0
Mali	38,1	21,8	4,2	30,4
Niger	38,0	17,2	6,1	43,5
Sénégal	17,6	23,8	15,2	58,6
Togo	37,4	18,9	8,3	43,6

Source : calculs d'après les données des CNC

Bref, on peut conclure que les structures de production des pays ouest-africains ne sont ni suffisamment diversifiées (prédominance du secteur tertiaire) ni similaires (diversité des ressources minières et agricoles).

La mobilité de la main-d'œuvre est restée très faible en dépit de l'existence du Traité de l'UEMOA qui prévoit dans son article 4 la libre circulation et le droit d'établissement des personnes exerçant une

63 Deniz Ünal, « L'onde de choc du Brexit sur la maison Europe et la France », Le blog du CEPII, billet du 20 mars 2019.

activité indépendante ou salariée. Les mouvements migratoires semblent être plus liés aux déterminants historiques et culturels qu'aux ajustements économiques.

Tableau n° 7 : Mobilité de la main-d'œuvre dans 5 pays de l'UEMOA, 2010-2020 (en %)

Entrée	En % de la population totale
Burkina Faso et autres pays de l'UEMOA	8
Côte d'Ivoire et autres pays de l'UEMOA	16
Mali et autres pays de l'UEMOA	14
Niger et autres pays de l'UEMOA	14
Sénégal et autres pays de l'UEMOA	7

Source : Bakayoko (2021), enquête sur la mobilité

Le taux de mobilité le plus grand est celui de la Côte d'Ivoire avec 16 %. Le taux le plus bas est celui du Sénégal avec 7 %. Ces chiffres illustrent à suffisance la faible mobilité des personnes, or sans une forte et suffisante circulation des personnes dans une union monétaire, les échanges ne pourront jamais prospérer. C'est la nécessité de se déplacer et de circuler librement qu'engendrera le besoin d'un moyen commun d'échange. Cependant, les données du tableau n° 7 sont limitées par le poids significatif de l'informel et la théorie de Ishiyama (1975) qui cherche à relativiser la pertinence de ce critère défendu par Mundell (1961). Il est aussi important de noter l'insécurité grandissante dans certains pays de l'UEMOA, notamment au Mali, au Burkina et au Niger.

De plus, les difficultés qu'a connues à la fin des années 2000 la Côte d'Ivoire, pays le plus important de l'Union sur le plan économique, n'ont pas facilité les migrations de travailleurs en direction de ce pays, dans un contexte de regain nationaliste illustré par les controverses autour de la notion d'« ivoirité ».

La faible flexibilité des prix relatifs dans des économies structurellement oligopolistiques (entre les mains d'oligopoles), et le bas niveau du taux d'épargne couplé à la faible profondeur du marché financier régional réduisent les transferts intracommunautaires au plan microéconomique. Tout cela, couplé à la faiblesse des fonds structurels, empêche la mise en place de politiques d'envergure macroéconomique et sectorielle de convergence des pôles régionaux, et la transformation de l'UEMOA en une zone monétaire optimale.

On remarque également qu'en réponse aux chocs asymétriques, les politiques budgétaires et fiscales sont la plupart du temps décidées de manière autonome au sein de l'UEMOA. Or cette absence de coordination rend sous-optimale la zone qui, en l'absence d'un budget fédéral entraine les Etats membres dans un cercle vicieux d'endettement et de déficit budgétaire. Le taux d'endettement de la zone reste élevé comparé à celui du continent africain qui est relativement faible. En 2022, la dette de la zone UEMOA s'élevait environ à 59%, alors que le chiffre équivalent était de 42,5% pour les autres pays de l'Afrique de l'Ouest et de 33,1% pour le reste du continent.

Cet endettement massif des pays de l'UEMOA résulte d'une part du fait que la Zone franc ait bénéficié de financements extérieurs plus importants que les autres pays en développement, du fait de sa coopération monétaire avec la France. De plus, ayant anticipé des recettes importantes à la faveur de la hausse des prix des matières premières, les pays de l'UEMOA se sont engagés dans des politiques d'investissement surdimensionnées par rapport à leurs besoins et ont procédé à une embauche élevée de fonctionnaires, augmentant ainsi de façon considérable le poids de la masse salariale publique dans le PIB.

D'autre part, l'endettement des pays de la zone UEMOA pourrait être né de l'aide apportée par la France, un « paradoxe des transferts », comme envisagé par (Keynes, 1929) et formalisé par (Leontief, 1936) à propos des réparations allemandes dans l'entre-deux-guerres : des transferts importants peuvent appauvrir les pays qui en bénéficient à travers un effet-prix (appréciation du taux de change réel à la suite des pressions inflationnistes internes) et un effet revenu (une partie importante du supplément de revenu est consacrée à l'achat de biens d'exportation) qui vont tous deux dans le sens d'une dégradation de la balance commerciale. Le financement des déficits commerciaux (le « fardeau secondaire du transfert ») aurait alors pu créer un alourdissement de la dette dans les pays de l'UEMOA, mais ne saurait, à lui seul, expliquer les déséquilibres commerciaux et d'endettement subis par ces pays.

Dans le contexte actuel, le phénomène de l'endettement dans ces pays est dû principalement au développement des infrastructures, à l'utilisation d'un plus grand nombre d'options, l'introduction d'un marché régional (émission des titres publics, les eurobonds, etc.) et à l'impact de la Covid-19. La majeure partie du financement a été effectuée sur le marché intérieur ou régional à des conditions plus courtes, ce qui a porté la durée moyenne jusqu'à l'échéance (ou échéance moyenne ou maturité moyenne) de la dette publique intérieure à 3,3 ans et la proportion de la dette intérieure arrivant à échéance dans 1 an à 23,4 %. Les risques de refinancement représentent donc un risque énorme pour les gouvernements de la région.

Tableau 8 : Évolution de la Dette publique des Pays de l'UEMOA et des Autres Pays africains

	Dette publique (% du PIB)		
Année	Zone UEMOA	Reste de l'Afrique de l'Ouest	Reste de l'Afrique Subsaharienne
2010	34.1	35.4	16.1
2011	34	31.4	15
2012	25.9	19.7	15.2
2013	26.7	21.8	17.1
2014	29.4	22.6	19
2015	33.6	27.8	22.8
2016	36.7	30.8	24.9
2017	39.8	32.6	24.9
2018	42.1	36.1	26.6
2019	43.9	37	29.1
2020	50.5	43.4	34.7
2021	54.8	41.5	33.3
2022	58.7	42.5	33.1

Notes : Ce tableau montre le taux de la dette publique (en termes du PIB) de trois groupes de pays : (i) les pays de la zone UEMOA utilisant actuellement le franc CFA, c'est-à-dire le Bénin, le Burkina Faso, la Côte d'Ivoire, la Guinée-Bissau, le Mali, le Niger, le Sénégal et le Togo (ii), les pays de l'Afrique de l'Ouest n'utilisant pas le franc CFA, c'est-à-dire le Cap-Vert, la Gambie, le Ghana, la Guinée, le Libéria, la Mauritanie, le Nigéria, et la Sierra Leone, et (iii) les autres pays de l'Afrique subsaharienne, c'est-à-dire celle de l'Afrique australe, l'Afrique centrale et l'Afrique de l'Est. Pour chaque zone et chaque année, le taux de la dette est calculé comme étant le ratio du total de la dette publique de la zone et de la valeur nominale de PIB de la même zone. Les calculs sont effectués par l'auteur. Les données proviennent du portail de données du Fonds Monétaire International (FMI).

Comparé aux autres pays de l'UEMOA, le Sénégal est le deuxième pays le plus endetté derrière la Guinée-Bissau (Rapport Cour des comptes, 2024). Il est au-dessus de la norme communautaire de 70 % retenue dans le cadre de la surveillance multilatérale (cf. tableau 9). Cette évolution est en lien avec les emprunts excessifs du gouvernement et des entreprises publiques pour financer le budget et investir dans le secteur pétrolier et gazier. Le service de la dette publique représente environ 17 % des recettes fiscales hors dons. Ceci est très inquiétant, car cela témoigne d'une grave contrainte dans la capacité d'emprunter de l'argent face à des chocs externes. La position de risque du Sénégal s'est détériorée (passant d'une dette à risque faible vers une dette à haut risque).

Tableau 9 : Dette publique et service de la dette publique dans les pays de l'UEMOA (fin 2023, estimations du FMI)

	Dette publique totale en pourcentage du PIB	Service de la dette publique en pourcentage des recettes hors dons
Bénin	55.6	37.1
Burkina Faso	61.3	46.9
Côte d'Ivoire	54.5	36.8
Guinée-Bissau	80.3	51.0
Mali	55.8	47.7
Niger	57.6	71.3
Sénégal	99.7*	31.5
Togo	65.4	60.9
UEMOA	56.6	41.6

Source : calculs d'après les données du FMI, de l'UEMOA * Rapport Cour des comptes 2024

La hausse de la dette des pays membres est la conséquence des déficits budgétaires récurrents élevés (voir tableau 10), en lien avec le faible niveau de mobilisation des recettes domestiques (16 % du PIB pour l'ensemble de l'Union) et le durcissement des conditions financières mondiales et régionales.

Tableau 10 : Déficit budgétaire (dons compris) en % du PIB

	2010	2011	2012	2013	2014	2015	2016	2017	2018	2019	2020	2021	2022	2023
UEMOA	2.7	3.8	3.1	2.9	2.7	3.9	4.4	4.3	3.9	2.8	5.6	5.4	6.7	6.1
Bénin	1.8	2	0.4	2.4	1.9	8	4.5	4.3	2.9	0.5	3.8	5.7	5.5	4.3
Burkina Faso	4.6	2.3	3.1	3.6	1.9	2	3.9	7.7	4.9	3.4	5.2	6.3	8.6	6.4
Côte d'Ivoire	1.7	4.1	3.2	2.2	2.2	2.8	4	3.3	2.9	2.3	5.4	4.9	6.8	5.2
Guinée-Bissau	-0.2	0.5	2	2.4	2.3	3.9	3.5	1.4	4.3	3.6	9.3	7.7	6.6	6.8
Mali	2.6	4.2	1.1	2.4	3.8	2.4	3.9	2.9	4.7	1.7	5.5	4.8	4.9	3.4
Niger	2.4	1.9	1.1	2.9	8.1	6.4	4.5	3.7	3	3.6	5.3	5.9	6.8	4.8
Sénégal	5.2	6.7	5.8	5.5	4	3.7	3.3	3	3.7	9.8	9.2	11.5	12.7	12.3
Togo	-0.3	1.1	5.8	4.6	3.4	6.2	8.2	0.2	0.6	1.3	7	5.1	8.3	6.5

Source : calculs d'après les données de l'AMAO

Le solde budgétaire de l'UEMOA s'est dégradé au cours de la période passant de 2,7 % du PIB en 2010 à 6,1 % du PIB en 2023. Les tensions ainsi exercées sur les comptes publics se sont traduites par le non-respect, de la plupart des pays des critères de convergence budgétaires. Les efforts de consolidation budgétaire qui avaient permis un respect du plafond de déficit public de 3 % du PIB en 2019 (2,8 % du PIB) n'ont pas été maintenus à cause des différents chocs qui se sont succédé depuis 2020 (Covid-19 et guerre en Ukraine). Ainsi, en 2020, le déficit public consolidé s'est fortement creusé à 5,6 % du PIB, du fait de l'impact de la pandémie. Il s'est maintenu à ce niveau en 2021 en raison des besoins de financement des États pour soutenir la reprise post-Covid. En lien avec les mesures mises en place pour atténuer les conséquences de la guerre en Ukraine et la dégradation du contexte sécuritaire régional, le déficit budgétaire s'est encore détérioré pour s'élever à 6,1 % du PIB en 2023. Cette augmentation reflète essentiellement celle des dépenses courantes (subventions aux produits de base, service de la dette et dépenses de personnel) qui ont permis de faire face aux besoins créés par les chocs externes.

Le Sénégal n'a pas respecté le critère lié au déficit budgétaire en % du PIB (dons compris) qu'une seule fois c'est-à-dire en 2017. Cette mauvaise performance n'est évidemment pas une bonne nouvelle dans la perspective de la mise en place d'une monnaie nationale. Il est donc urgent de corriger dès à présent cette trajectoire de déficit budgétaire pour rendre plus dynamique l'économie sénégalaise.

Pour ce qui est des normes relatives au taux d'inflation, à la non accumulation d'arriérés de paiement, au rapport de la masse salariale sur recettes fiscales et à la part des investissements dans les ressources internes, la moitié des pays de la zone arrive à les respecter. Cependant, des efforts conséquents sont nécessaires pour améliorer le solde extérieur courant et diminuer le taux de pression fiscale. Les difficultés liées au respect des critères de convergences ont fait que l'horizon de convergence, initialement prévu en 2002 n'a pas pu être respecté, et a été reporté en 2005, en 2008, en 2013 et en 2020.

En ce qui concerne la question de la symétrie des chocs, la majeure partie des études (Cf. Sarr et Ndiaye, (2011), Gammadigbe, (2012) …..) font en effet apparaître la présence de deux sources d'hétérogénéité dans la Zone : une hétérogénéité structurelle, traduite par une transmission asymétrique des divers chocs (chocs budgétaires, chocs d'offre, chocs de demande) au niveau national et une hétérogénéité politique traduite par des asymétries dans la conduite des politiques budgétaires nationales. La présence de ces hétérogénéités demande une attention particulière dans la définition et la coordination des politiques économiques, coordination qui n'est pas facile à réaliser dans le contexte actuel d'autonomie budgétaire des pays membres, malgré les conditions imposées par le PCSCS. En effet, le cadre institutionnel mis en place par le Traité de l'UEMOA pour favoriser la convergence des économies de la Zone est insuffisant. Le pouvoir de discipline du pacte de convergence est très limité (N'Kodia et Sarr, 2007) et la divergence des structures économiques incite à un recours accru à la politique budgétaire pour stabiliser les chocs. Vu l'extrême sensibilité de la Zone aux chocs exogènes, et l'hétérogénéité des systèmes financiers qui entraîne des réponses différentes des Etats à des chocs de politique monétaire, ce cadre institutionnel doit être renforcé par des politiques sectorielles favorisant une convergence structurelle qui réduirait les coûts de la dissimilarité des économies. Une meilleure application des politiques sectorielles déjà existantes est souhaitable, notamment celle de la politique énergétique commune qui vise à stabiliser les prix des produits pétroliers, et à limiter les effets de leurs fluctuations sur l'inflation.

Les résultats de beaucoup d'études[64] mettent également en lumière le faible degré de synchronisation des cycles réels des pays de l'UEMOA, expliqué par plusieurs facteurs : la faiblesse des échanges intra régionaux, la forte spécialisation agricole des économies de l'Union et le caractère atypique de l'expérience de l'intégration économique et monétaire de la zone. En effet, pour Madariaga [2010], malgré les initiatives institutionnelles mises en place en milieu et fin des années 1990 pour harmoniser et consolider les liens commerciaux au sein de la zone, la dynamique d'intégration des pays de l'UEMOA apparaît limitée. La grande partie des échanges commerciaux (40% du total des exportations et importations) de l'UEMOA s'effectuant avec l'Union Européenne. Cette faiblesse des échanges intra régionaux, dont la conséquence est la faible transmission des chocs entre pays, pourrait expliquer en partie le faible degré de synchronisation des cycles de l'Union.

Le deuxième facteur est la forte spécialisation agricole des économies déterminée par la géographie. Cet argument n'est pas moins convaincant. En effet, à l'instar de la plupart des économies africaines,

[64] Diagne et Niang [2008], Houssa [2008], Tapsoba [2009] etc.

celles des pays de l'UEMOA sont spécialisées dans un nombre réduit de produits de base spécifiques à un ou deux pays de sorte que les chocs affectant les différentes économies ne sont pas forcément corrélés. Les économies sahéliennes (le Burkina, le Mali et le Niger) sont essentiellement agricoles et se distinguent des pays côtiers dont le Sénégal et la Côte d'Ivoire disposent d'un tissu industriel relativement plus développé. Ces pays, exportant essentiellement des produits primaires (coton, cacao, café, noix, huile de palme, arachide etc..) dont les prix sont particulièrement instables, sont vulnérables à la volatilité des termes de l'échange. Par ailleurs, la contribution du secteur primaire au revenu national est très importante. Dans ces conditions, les économies sont exposées aux chocs d'offre exogènes et asymétriques notamment les chocs climatiques qui sont par nature aléatoires et imprévisibles.

Un autre facteur non négligeable pouvant expliquer le faible degré de synchronisation est le caractère atypique de l'intégration économique et monétaire de l'UEMOA. Comme vous le savez, l'instauration de la monnaie commune en 1962 a précédé la mise en place des conditions économiques de sa pérennité en particulier l'effectivité de règles édictées en matière de convergence et de bonne gestion macroéconomiques [Nubukpo, 2003]. Il fallait attendre en 1999 l'adoption du PCSCS pour assister à un début de coordination des politiques macroéconomiques, limitée au respect des critères de convergences définis. En corollaire, les Etats membres de l'UEMOA ont adopté des politiques budgétaires spécifiques peu compatibles avec les objectifs de la politique monétaire commune. L'absence d'un véritable policy mix au plan sous régional capable de répondre adéquatement aux chocs symétriques et asymétriques peut expliquer l'absence d'un co-mouvement d'activité au sein de la zone.

1.2 Condition de viabilité d'une monnaie

En créant une monnaie, les autorités doivent s'assurer de sa viabilité, pour la rendre optimale aux yeux des utilisateurs. Une monnaie est viable si elle est susceptible de durer, de continuer d'exister, de transcender le temps. Si nous considérons la fonction première de la monnaie dans une économie moderne, c'est-à-dire la fonction de moyen d'échange, la principale condition nécessaire de validité d'un signe monétaire tient essentiellement comme nous l'avons rappelé au début du chapitre, au pouvoir libératoire illimité et au cours forcé que lui confère l'Autorité politique. Il est vrai par ailleurs que la reconnaissance, par les agents économiques, de ce caractère obligatoire attaché à la monnaie par le pouvoir politique, est utile pour que celle-ci puisse s'établir pleinement. En fait, on peut admettre la possibilité d'instaurer une unité monétaire et même tout un système monétaire au sein d'une communauté humaine de quelque importance que soit cette communauté, à la seule condition que cette monnaie y puisse servir aux échanges internes de biens et services. Cette monnaie doit être gérée de manière indépendante. Ce qui ramène à un double impératif :

Le premier impératif est d'assurer la relative stabilité de la valeur interne et externe de la monnaie nationale. D'une manière précise, il s'agit au plan intérieur, d'assurer une assez bonne stabilité des prix des biens et services et au plan des relations avec le reste du monde, de veiller à toujours permettre la convertibilité de la monnaie nationale à un taux de change réaliste et si possible assez stable. Ces deux conditions sont intimement liées, car les demandes de conversion de la monnaie nationale en devises et inversement, dépendent du niveau des prix intérieurs et de leur évolution : le niveau des prix est généralement la première étape d'un mécanisme de transmission qui cherchera sa solution à l'extérieur ; cette distinction permet toutefois une analyse plus approfondie des conditions nécessaires pour une gestion monétaire indépendante. Il faut donc une stabilité des prix qui suppose l'existence d'une offre de biens et services toujours suffisante pour satisfaire la demande solvable. Cela suppose l'élasticité de l'offre nationale et/ou la liberté d'importer.

Le second impératif est relatif à la convertibilité de la monnaie à un taux de change réaliste. On l'a déjà dit, une insuffisance de l'offre intérieure de biens et services se traduit dans un premier temps par des tensions inflationnistes puis par des pressions sur les avoirs extérieurs du pays. C'est à dire, il faut le répéter, que cette seconde condition dépend étroitement de la première.

Une inflation galopante dans un environnement international de relative stabilité des prix entraîne quasi – automatiquement la volatilisation des avoirs extérieurs et l'assèchement des sources externes de financement ainsi que le développement de marchés parallèles de devises. Le maintien d'un niveau général des prix intérieurs relativement stable, sans mesures administratives rigoureuses de contrôle des prix ou de limitation des importations est une condition fondamentale pour une gestion monétaire indépendante. Cela suppose l'existence de réserves internationales en quantité suffisante pour assurer la conversion de la monnaie nationale afin de satisfaire la demande solvable.

Cette condition a été toujours appliquée dans les règles strictes arrêtées pour l'émission de la monnaie dans la Zone franc. Ainsi par exemple, écrivant en 1959 sur les relations monétaires entre le royaume Uni et ses colonies, Bourcier de Carbon[65] note que celles-ci '' sont organisées par le jeu de caisses d'émission coloniale dénommées *currency boards* qui appliquent un régime de *Sterling exchange standard* à couverture intégrale.''[66] La Banque du Sénégal — ancêtre de la BCEAO — devait, quant à elle, limiter la circulation fiduciaire en dessous du triple de son encaisse métallique en francs métropolitains[67]. À l'heure actuelle, un pays comme le Libéria, dans lequel le dollar américain circule librement et constitue un signe monétaire officiel, pourrait également, bien que cela paraisse paradoxal, être considéré comme un pays appliquant une gestion monétaire assurant la parfaite convertibilité.

En fait, la couverture à 100 % de l'émission monétaire n'est pas nécessaire pour assurer la convertibilité d'une monnaie nationale. Dans l'ordre normal des choses en effet, "à moins que le pouvoir d'achat de biens et services de la devise nationale ne devienne terriblement instable, les agents non bancaires nationaux ne seront que rarement intéressés à ouvrir un compte ou à détenir des dépôts en monnaie étrangère. "[68] Les raisons à cela sont simples : la grande majorité des agents économiques non bancaires ont des dépenses exprimées en unités de monnaie nationale — une entreprise doit payer ses salariés et ses sous-traitants et fournisseurs locaux en monnaie nationale. À cela, il convient d'ajouter pour ce qui est des pays en voie de développement l'effet de la hiérarchisation des besoins : sous la contrainte d'un revenu modeste, la plupart des agents économiques cherchent en priorité à

---

65 Luc Bourcier de Carbon (1913-1979) était un économiste libéral français, professeur à la faculté de Droit de Paris et spécialiste de l'histoire de la pensée économique. Il fut le deuxième président de l'Association pour la liberté économique et le progrès social (ALEPS).

66 Bourgier de Carbon (L) '' Les rapports monétaires des métropoles et des pays d'outre-mer". Cahier de l'ISEA mai 1959 – page 12.

67 On remarquera que la règle de l'émission monétaire était alors beaucoup plus souple dans les colonies françaises que dans les colonies britanniques.

68 MCKINNON (Ronald.) : "Monnaie et finance dans l'échange international" Bonnel Éditions, – Paris 1983, page 7.

satisfaire des besoins élémentaires (alimentation, logement, santé…) dont une grande partie peut trouver réponse à partir de l'économie interne, et même dans de nombreux cas, relève de la sphère d'échanges strictement interne.

Par conséquent, il s'agit pour les autorités monétaires de faire en sorte que la demande solvable de biens et services d'origine étrangère puisse être satisfaite ; en d'autres termes, le niveau des avoirs extérieurs du pays doit être compatible avec la propension moyenne à importer.

Il va sans dire que le volume de la demande solvable de biens étrangers est fonction de la liquidité globale de l'économie. Car, comme le note fort justement Mc Kinnon, "un gouvernement qui est capable de contrôler le stock de monnaie intérieure a de bonnes chances de pouvoir stabiliser son taux de change en longue période"[69]. Or, sur ce point, les dispositions contenues dans le traité constituant l'Union Monétaire Ouest Africaine, dans la Convention de l'ex-compte d'opérations, ainsi que dans les Statuts de la Banque Centrale des États de l'Afrique de l'Ouest sont très précises : un ensemble de dispositifs est mis en place pour assurer à l'Union un bon niveau d'avoirs extérieurs et des mesures claires sont prévues pour rétablir la situation au cas où elle viendrait à se détériorer.

Ainsi, les alinéas 2 et 3 de l'article 20 du traité constituant l'UMOA disposent : '' – En cas d'épuisement de ses disponibilités extérieures, la Banque centrale demandera cession à son profit contre monnaie de son émission, des disponibilités extérieures en euro ou autres devises détenues par tous les organismes publics ou privés ressortissants des États de l'Union.

– En proportion des besoins prévisibles, elle pourra limiter cet appel aux seuls organismes publics et banques et y procéder en priorité dans les États dont la situation de l'émission monétaire ferait apparaître une position négative du poste des disponibilités extérieures".

Le 4e alinéa de l'article 51 des Statuts de la BCEAO indique que "lorsque le rapport entre le montant moyen des avoirs extérieurs de la Banque et le montant moyen de ses engagements à vue est demeuré, au cours de trois mois consécutifs, égal ou inférieur à vingt pour cent, le Gouverneur, après en avoir avisé le Président du Conseil des ministres de l'Union, convoque immédiatement le Conseil d'Administration aux fins d'examiner la situation et de prendre toutes dispositions

[69] Op.cit. page 20

appropriées, en particulier pour réexaminer celles des décisions prises précédemment qui ont pu affecter la situation monétaire de l'Union."

En résumé, l'ensemble de ces dispositions fixent à la BCEAO des contraintes précises, mettant l'accent sur la sauvegarde du niveau d'avoirs extérieurs tout en poursuivant les objectifs de développement et d'intégration des économies des États membres de l'Union. Ainsi a-t-il été mis au premier plan, la nécessité d'une maîtrise de la liquidité globale de l'économie par le biais d'instruments tels que les réserves obligatoires — prévues à l'article 28 des Statuts de la BCEAO — et surtout par la détermination pour chaque État, d'un montant global des concours de la Banque Centrale sur la base de projections en matière de PIB, de balance des paiements et de finances publiques. Il faut ajouter à cela l'encadrement du crédit par la Banque centrale pour convenir que le cadre règlementaire de la gestion de la monnaie au sein de l'UMOA est assez rigoureux.

Les prérogatives et pouvoirs dont jouit la BCEAO dans tous les États de l'Union pour tout ce qui touche à la monnaie, au crédit et au système financier et l'indépendance réelle dont ses organes de direction bénéficient vis-à-vis des contingences nationales constituent incontestablement pour l'UMOA des circonstances extrêmement favorables pour le respect des règles de bonne gestion et, en définitive, pour la réalisation de la seconde condition de l'indépendance monétaire, à savoir la convertibilité de la monnaie nationale.

1.3 Monnaie et confiance : un couple indissociable

La confiance est l'un des éléments principaux qui va jouer sur la viabilité de la monnaie. Cette confiance peut être facilitée par le fait que les agents économiques de chaque communauté se connaissent entre eux. Beaucoup acceptent la monnaie sur la base de l'acceptation des autres. Le nombre de personnes acceptant la monnaie va donc jouer sur l'ampleur de la confiance et sur la réussite du système. Plus il y a de personnes qui acceptent la monnaie, plus elle engendrera les effets escomptés sur l'ensemble de la communauté.

La confiance, cette "Institution invisible" selon l'expression de Kenneth Arrow[70] est présentée comme indispensable à l'existence d'un instrument monétaire (et plus généralement au fonctionnement des

[70] Kenneth Arrow, The Limits of Organization, New York, Norton, 1974 (trad. fr. Les limites de l'organisation, Paris, PUF, 1976).

marchés dans toute économie d'échange). Elle crée ou rend possible la monnaie et une monnaie stable renforce le sentiment de confiance qui prévaut au sein d'une société. Cette notion fait plus problème dans les sociétés d'aujourd'hui, où l'unité du tout social est moins manifeste que dans les sociétés primitives.

À l'instar de quelques économistes du courant institutionnaliste (comme Williamson (1994), les auteurs considèrent que la confiance n'est pas compréhensible dans un cadre de transactions strictement bilatérales ou contractuelles. Comme le rappelle Mark Rogin Anspach (2005), l'introduction de la monnaie dans l'échange est une façon de résoudre un premier problème de confiance, celui de l'échange différé de biens. Avec le paiement monétaire, l'acquéreur d'un bien n'est plus obligé de s'engager à donner une chose en retour, il donne seulement de l'argent. Avec la répétition de ce type de transactions, l'échange monétaire ne se clôt jamais puisque personne ne s'engage à donner une chose en retour de la chose reçue. Le problème de la confiance se trouve reporté, concentré pourrait-on dire, sur la monnaie, car tout l'édifice des échanges repose sur la solidité présumée de cette confiance. De même, Orlean A…, 2008 montre bien comment la logique autoréférentielle (si on sait, ou si on estime comme hypothèse la plus probable, que la monnaie sera acceptée demain dans les échanges, alors il est de notre intérêt de l'accepter aujourd'hui), développée par certains économistes pour rendre compte du fait monétaire, n'est guère convaincante, car la formulation de l'hypothèse inverse (la monnaie ne sera pas, ou à une moindre valeur, acceptée demain dans les échanges, il est donc dans notre intérêt de la refuser aujourd'hui) est tout aussi auto-validante. De ce fait, ce type de modèle possède deux équilibres, l'un monétaire et l'autre non monétaire, et seule l'introduction de la confiance permet d'expliquer pourquoi le premier l'emporte presque toujours (ou, dans le premier exemple, pourquoi la chaîne des transactions ne se rompt jamais, sauf dans des situations exceptionnelles quand, précisément, la confiance n'existe plus).

Dans son ouvrage intitulé '' *La violence de la monnaie* '', Michel Aglietta (1982) considère la confiance comme un lien social, structurant, qui relie les individus dans la communauté. Elle est capitale dans le système monétaire et s'organise en trois formes hiérarchisées depuis le quotidien jusqu'à l'interrogation sur le social : méthodique, hiérarchique et éthique ou morale.

La confiance méthodique est liée à la routine des affaires de tous les jours. Elle est essentielle dans la finance. Il est impossible d'avoir un accord juridique validé par un tribunal pour chaque transaction. Nous avons donc besoin de la confiance méthodique, qui représente l'idée que la parole donnée est valable. Elle permet de faire circuler les dettes et les créances dans la société. Lorsque tout va bien, elle est suffisante au fonctionnement du système monétaire. Cette forme de confiance n'est sans doute pas la forme de confiance la plus remise en cause dans la zone CFA. Cependant, de manière sporadique, souvent lorsque des rumeurs de dévaluation reviennent avec insistance, il est possible d'assister à des interrogations sur le pouvoir libératoire légal du franc CFA. Autrement dit, ces rumeurs intempestives participent d'une forme de méfiance dans la capacité du franc CFA à préserver son pouvoir d'achat. Ce qui conduit à des comportements de fuite vers les devises, de hausse des prix, voire de stockage de marchandises pour anticiper l'éventuelle modification des parités. Par prophétie auto-réalisatrice, on observe une accentuation d'une forme de méfiance qui n'incite pas à détenir cette monnaie. Ce phénomène a été observé lors de la dévaluation de 1994, où le pouvoir décisionnel des dirigeants africains sur le sort de leur monnaie était très faible, voire inexistant. Ce manque d'emprise sur leur monnaie a conduit à une réduction de 50 % de la parité avec des conséquences économiques douloureuses. On peut même dire que depuis lors, la menace de dévaluation plane, à intervalles réguliers, sur le destin du franc CFA, entamant tout aussi régulièrement la dimension méthodique de la confiance.

Le niveau de confiance hiérarchique renvoie à qui détient le pouvoir d'émission monétaire et comment est contrôlé la circulation monétaire. Cette confiance dépend donc de celle dans les institutions publiques et privées qui diffusent la monnaie et par conséquent du degré de légitimité dont elles jouissent. *La confiance hiérarchique* fait apparaître le système de paiements comme une structure hiérarchisée. Au sommet se trouve un système de règlement central qui certifie que les paiements sont finaux et irrévocables. C'est ce système hiérarchisé, avec chambre de compensation et règlement, qui assure le fonctionnement de la société comme un tout. La banque centrale en est le pivot. La manière dont elle gère cette hiérarchie doit soutenir la confiance dans la dette pour que la relation entre dette et créance, qui permet la continuité de la société dans le temps, soit respectée. La confiance dans la banque centrale est importante, puisqu'un rejet de la monnaie officielle peut provoquer une crise terrible. C'est ce qui se passe dans les hyperinflations. À l'échelle de la zone CFA, la confiance hiérarchique est, sérieusement remise en cause depuis un certain nombre d'années. On reprochait le plus souvent à la BCEAO de manquer de politique monétaire à cause de l'ingérence des autorités françaises dans ses organes de décision. Même si la réforme de 2019 apporte des réponses sur le premier point, c'est sur le second que portent les doutes les plus sérieux quant à la capacité de l'institution à apporter des réponses aux problèmes économiques des États africains. Le CFA est souvent considéré sous optimal, car il agit peu en faveur du dynamisme économique dans la sous-région. L'orientation prioritaire du pouvoir monétaire vers la réalisation d'objectifs tels que la couverture de l'émission monétaire et la sentencieuse lutte contre l'inflation renforce la défiance dont celui-ci fait l'objet.

La confiance éthique ou morale relève du pouvoir colossal donné par la monnaie à ceux qui sont au sommet, que ce soient des dirigeants politiques ou des lobbies financiers. Pour que l'ordre monétaire soit reconnu comme un bien public au service de tous les citoyens, il ne doit pas être arbitraire. Il ne doit être capté ni par les pouvoirs publics ni par des acteurs privés, des lobbies, qui pourraient dicter les lois à l'État. Pour qu'elle ne soit manipulée par aucun pouvoir arbitraire, il faut que la monnaie soit subordonnée à une confiance morale. Cette confiance est capitale en temps de crise, lorsque les gens ne croient plus à la continuité monétaire. Cela peut arriver lors d'un scénario inflationniste, où la perte de valeur entraîne le refus des gens de croire à la souveraineté de l'État, ou lors de crises financières. Au moment de la crise financière de 2008, la confiance méthodique a été ébranlée. Les banques refusaient de se prêter entre elles et les banques centrales ont été obligées d'intervenir. Le danger est que l'on cesse de croire à la possibilité d'un retour à un état normal des bilans. La confiance morale considère la monnaie comme une entité commune qui permet de vivre mieux et de produire des richesses, et non un objet à s'approprier. Dans la zone CFA, la confiance morale est sans doute la forme la plus affaiblie, car l'objectif d'une Union monétaire est de relever le niveau de vie des populations concernées, cependant les indicateurs de développement des pays prouvent le contraire. Ce qui affaiblit l'adhésion à ce système et mine les fondements de la confiance morale. Lorsque l'on prend l'ensemble des quinze pays utilisant le franc CFA[71],

[71] Les huit de l'UMOA, les six de la Communauté économique et monétaire de l'Afrique centrale et les Comores.

l'examen de leurs performances en termes d'indice du développement humain (IDH) montre que onze d'entre eux sont classés dans la dernière catégorie du classement du Programme des Nations unies pour le développement (PNUD) : le groupe des pays à « développement humain faible ». En restreignant l'analyse aux seuls pays de l'UMOA, on se rend compte qu'à l'exception de la Côte d'Ivoire et du Sénégal[72], ils sont tous classés dans la catégorie des pays les moins avancés de la Conférence des Nations unies sur le commerce et le développement (CNUCED).

1.4 Troubles générés par le manque de confiance dans la monnaie

La perte de confiance à une monnaie peut avoir plusieurs conséquences. Elle peut causer l'hyperinflation ou favoriser la dollarisation de l'économie, phénomène courant dans beaucoup de pays en développement et surtout en Amérique latine.

1.4.1 Les risques liés à l'hyperinflation

La première conséquence de la perte de confiance à une monnaie est l'hyperinflation. Cagan, dans un article de 1956, pense que ce phénomène débute lorsque le niveau général des prix commence par augmenter de 50 % d'un mois de référence à un autre mois et cela de manière entretenue pour rester supérieur à leur niveau initial pendant au moins un an. Dornbush et Fischer (1986) la définissent avec un taux d'inflation annuel supérieur à 100 %. Au-delà des multiples définitions, s'installe de manière abrupte, une rupture de tendance brisant la prévision de l'inflation courante par les tendances passées et donc la persistance. En même temps, au regard des comportements passés recensés dans le cas d'hyperinflations, une substitution d'actifs financiers ou d'autres fait perdre à la monnaie sa valeur interne puis externe.

L'hyperinflation provoque un rejet complet de la monnaie domestique, poussé par les facteurs qui peuvent être sociopolitiques, institutionnels ou économiques et pouvant conduire à l'abandon total de l'unité monétaire nationale. Lorsque les gens croient qu'une

[72] L'Assemblée générale des Nations Unies a adopté le 19 décembre 2024 une résolution actant le retrait du Sénégal de la catégorie des pays les moins avancés (PMA).

monnaie est sans valeur, ils sont moins susceptibles de l'utiliser. Cela peut entraîner une diminution de la demande de monnaie, ce qui la dévalue davantage. Dans certains cas, les gens peuvent même recourir à l'utilisation d'autres devises, comme le dollar américain ou l'euro, au lieu de leur monnaie nationale. Ceux qui ont accès aux devises sont les premiers qui peuvent rejeter la monnaie. Il en est de même pour ceux qui ont un grand pouvoir de marché ou un poids économique important, obligeant ainsi les autres acteurs économiques à se procurer des devises pour les transactions. Mieux, dans cet environnement hyperinflationniste, la monnaie étrangère ou non légale permet d'acquérir tous les biens et services, contrairement à la monnaie nationale qui n'est plus un moyen de paiement général, elle n'est pas non plus une unité de compte principale. Elle ne sert plus de mesure de l'activité économique ni de référence dans la fixation des contrats, notamment des dettes et des créances ; l'activité économique fonctionne désormais sur la base d'une unité de compte extérieure. Toutefois, l'abandon n'est pas total. En fait, une partie des acteurs économiques continue de détenir la monnaie domestique pour des raisons spéculatives ou pour acquérir des devises sur le marché de change, ce qui entretient la dépréciation du change et la pression inflationniste. Dans cette période, les dettes et créances sont exprimées pour la plupart dans une unité de compte étrangère, qui est hors du contrôle des autorités monétaires, signe d'une remise en cause de la confiance éthique[73], et d'une crise de souveraineté monétaire. De ce fait, les politiques monétaires et budgétaires ne sont plus autonomes et efficaces notamment lorsqu'il s'agit d'une hyperinflation de type 1[74]. Les crises hyperinflationnistes sont caractérisées par une incertitude, ce qui fait que les agents économiques ont une préférence pour les devises. L'acquisition de ces dernières constitue la finalité de l'activité économique. La monnaie domestique devient un objet de spéculation, et un moyen d'acquérir les unités de monnaie étrangère. Les crédits distribués par les banques ne seront pas orientés vers les activités de production, mais ceux-ci vont servir à l'achat de devise, ce qui va alimenter la spéculation. Ainsi, l'accroissement des crédits nourrit la dépréciation de change. La politique monétaire est donc inefficace

[73] « Lorsqu'il y a crise de la confiance éthique, c'est la « monnaie incorporée » qui est déstabilisée et le système de compte qui est contesté, ou alors il y a perturbation dans le régime de change entre les valeurs associées à la monnaie locale et celles associées aux monnaies étrangères. » (Théret, 2007b, p. 62).

[74] Lorsque la crise inflationniste précède le rejet de la monnaie domestique :

pendant les périodes d'hyperinflation, car elle n'a pas d'effet sur la production de biens et services. Par ailleurs, la détérioration des avoirs exprimés en monnaie domestique dans les situations d'hyperinflation conduit les agents économiques à sauvegarder leur épargne en devises. Ainsi, les dépôts bancaires baissent, mais en plus ceux-ci sont transformés en monnaie étrangère, d'où un accroissement de la demande de devise. Cela nourrit la dépréciation du change.

Dans cette situation marquée par une insuffisance de biens et services, une politique budgétaire expansionniste va se traduire par une détérioration du solde commercial entraînant ainsi une pression supplémentaire sur le marché des changes. En effet, un accroissement des dépenses publiques va entraîner une augmentation de la demande étrangère. Autrement dit, les importations de biens et services vont augmenter du fait de l'insuffisance des biens domestiques. Cette hausse des importations va se traduire par un accroissement de la demande de devise entraînant ainsi une dépréciation du change.

L'un des exemples les plus célèbres d'hyperinflation s'est produit en Allemagne au cours de la période entre 1921 et 1923. L'hyperinflation a été causée par la décision du gouvernement d'imprimer de l'argent pour rembourser les réparations de guerre, conduisant à une dépréciation rapide de la monnaie. Les prix ont augmenté rapidement, certaines marchandises augmentant de prix de plus de 1 000 fois en quelques années seulement. L'hyperinflation a entraîné des troubles sociaux, une instabilité politique et une perte de confiance dans le gouvernement.

La Hongrie a connu une hyperinflation après la Seconde Guerre mondiale, en raison d'une combinaison de facteurs, notamment des dommages causés par la guerre, une instabilité politique et la décision du gouvernement d'imprimer de l'argent pour financer son déficit budgétaire. Les prix ont augmenté rapidement, le taux d'inflation atteignant plus de 4 quadrillions[75] pour cent à son apogée. L'hyperinflation a entraîné un effondrement de l'économie et une pauvreté généralisée.

La Bulgarie a également connu un phénomène d'hyperinflation en janvier 1997, qui est la conséquence de la crise de confiance envers la

---

[75] Un quadrillion (ou quatrillion) est l'entier naturel qui vaut 10^{24} (1 000 000 000 000 000 000 000 000) en échelle longue, soit mille trilliards ($10^3 \times 10^{21}$), un million de trillions ($10^6 \times 10^{18}$) ou encore $(10^6)^4$ (un million puissance quatre, d'où le terme).

monnaie domestique. La hausse des prix mensuels s'emballe jusqu'au pic hyperinflationniste de février 1997 avec 242 % d'inflation mensuelle. Elle s'arrête à la fin du mois de juin 1997 avec l'adoption du *currency board*, ce qui représente un changement radical de régime monétaire. Ce régime monétaire officialise le recours aux devises (en l'occurrence le Mark allemand) afin d'asseoir la nécessaire confiance dans l'unité monétaire.

Ces dernières années, le Venezuela a connu une hyperinflation en raison d'une combinaison de facteurs, notamment une mauvaise gestion économique, une instabilité politique et des sanctions internationales. Les prix ont augmenté rapidement, le taux d'inflation atteignant plus de 10 000 % en 2019. L'hyperinflation a conduit à la pauvreté généralisée, aux pénuries de nourriture et de médecine et de troubles sociaux.

Au milieu des années 80, la Bolivie a connu une hyperinflation en raison d'une combinaison de facteurs, notamment une mauvaise gestion économique, une instabilité politique et la décision du gouvernement d'imprimer de l'argent pour financer son déficit budgétaire. Les prix ont augmenté rapidement, le taux d'inflation atteignant plus de 23 000 % à son apogée. L'hyperinflation a entraîné des troubles sociaux et une perte de confiance dans le gouvernement.

Un autre exemple d'hyperinflation s'est produit au Zimbabwe et a été causée par les mêmes facteurs que ceux de la Bolivie. Les prix ont augmenté rapidement, entraînant une dépréciation de la monnaie nationale de plus de 75 % dès novembre 2008 par rapport au dollar américain. Ce phénomène d'hyperinflation a contribué à la paupérisation et à l'accélération des inégalités au regard de l'IDH, de la part des revenus des 10 % les plus riches, de la part des revenus détenus par le 5e quintile des plus riches. De manière plus spécifique, la lutte pour le pouvoir à partir de 1975 explique également en grande partie cette hyperinflation (Gervasio Semedo. MSHValdeLoire [2021, 30 novembre]. Gervasio Semedo – *Hyperinflation, monnaie et conflits : Illustration d'une lutte pour le pouvoir dans le cas du Zimbabwe*, in *Pouvoir et création monétaire).* En effet, des conflits ont émergé dans ce pays : guerre coloniale, guerre anti-ségrégation ethnique, conflit centré sur les droits de propriété foncière. Cette diversité de conflits a eu des conséquences sur les régimes d'inflation et l'une des plus importantes questions à cet effet a été celle de la distribution des terres entre fermiers blancs et vainqueurs de la guerre de libération nationale fédérée par le Président Mugabe, qui au départ crée un gouvernement d'union nationale assez représentatif des différents composants de la nation. Ensuite avec les programmes d'ajustement structurel (PAS), ce dernier doit gérer les droits de propriété et le mécontentement des divers groupes sociaux parmi lesquels les vétérans qui l'ont porté au pouvoir et qui demandent des rétrocessions de terres avec toutes les conséquences par rapport à la dette publique, aux fuites de capitaux… La monétisation de la dette devient alors une arme du régime politique dictatorial pour finir comme procédure solitaire de gestion politique, mais les impulsions monétaires à elles seules n'expliquent pas les niveaux extrêmes des prix et en conséquence, la théorie monétaire à elle seule n'explique pas les trois pics d'hyperinflation vécus dans ce pays sur la période 2000-2020.

1.4.2 La Dollarisation comme processus de substitution

La deuxième conséquence de la perte de confiance à la monnaie est son abandon par les agents économiques et l'adoption d'autres moyens d'échange (dollarisation). La dollarisation est née d'une crise de confiance dans la monnaie nationale et s'observe dans presque tous les pays caractérisés par une inflation élevée et variable où la substitution monétaire constitue un processus dynamique qui se résume à la circulation conjointe de plusieurs monnaies au sein d'un même espace économique. D'un côté, il y a la monnaie nationale qui perd progressivement ses fonctions traditionnelles et de l'autre, la monnaie étrangère, généralement (mais pas toujours) le dollar américain qui gagne du terrain. Dans le contexte des économies dollarisées, la monnaie nationale est faible et inconvertible hors des frontières du pays tandis que le dollar est une monnaie forte, stable et convertible. La dollarisation est un phénomène largement répandu dans les pays en développement et en transition, notamment en Amérique latine.

Ce phénomène a déclenché des débats entre les économistes, les décideurs et les citoyens, avec des perspectives différentes sur ses avantages et ses inconvénients. Alors que certains soutiennent que la dollarisation peut assurer la stabilité et stimuler la croissance économique, d'autres pensent que cela peut entraîner une perte de souveraineté et entraver le développement des industries locales. Melvin (1988) considère la dollarisation comme un phénomène de demande de monnaie étrangère par les résidents au lieu de la monnaie nationale. Il la définit ainsi comme l'utilisation des dollars américains par les résidents de l'Amérique latine à la place de la monnaie locale.

Calvo et Vegh (1993), quant à eux, la considèrent comme le concept le plus approprié pour décrire le phénomène où la monnaie domestique est graduellement remplacée par la monnaie étrangère, généralement le dollar des États-Unis, d'abord dans sa fonction de réserve de valeur puis dans celle d'unité de compte et enfin de moyen de paiement. Dans un sens plus large, Bourguinat et Dohni (2000) soulignent que la dollarisation est le processus de remplacement, par le dollar des États-Unis, des monnaies nationales préexistantes en tant qu'unité de fixation du prix des biens, d'instrument des paiements et de détention de l'épargne.

La dollarisation est un concept multiforme ; la classification de ses mécanismes ou régimes repose sur deux indicateurs (Ponsot, 2003) : le degré de pénétration de la monnaie étrangère dans les pratiques monétaires du pays dollarisé et le degré d'officialisation de son usage par les autorités du pays. Tenant compte du degré de pénétration du dollar, on distingue la dollarisation partielle de la dollarisation intégrale ou totale. Se référant au degré d'officialisation, on distingue la dollarisation officielle ou de droit de la dollarisation officieuse ou non officielle ou encore de fait (Vahavi, 2007, p.76).

De ce fait, partant des différents critères évoqués ci-dessus, la dollarisation partielle explique la situation dans laquelle la monnaie étrangère s'intègre au dispositif monétaire préexistant pour constituer une pluralité monétaire alors que la dollarisation intégrale s'observe lorsque la monnaie étrangère circule en tant que signe monétaire exclusif dans une économie sans monnaie propre. On parle de dollarisation officielle lorsque l'usage de la monnaie étrangère dans l'économie est reconnu officiellement par les autorités et à travers la déclaration de son cours légal ; elle relève donc d'un choix public tandis que la dollarisation officieuse survient lorsque la monnaie étrangère est utilisée par les agents économiques en dépit de l'absence de son cours légal ; c'est donc un phénomène spontané relevant d'un choix des agents privés.

Tableau 11 : Typologie des régimes de dollarisation

	Dollarisation de facto (officieuse) Gestion passive de la dollarisation	**Dollarisation de jure (officielle) Gestion active de la dollarisation**
Dollarisation partielle (pluralité monétaire)	À 1 Perte de souveraineté partielle et non assumée Régime de dollarisation le plus courant. Processus spontané relevant d'un choix des agents privés. Ex. : la plupart des économies périphériques, Amérique latine, Russie, Maghreb…	À 2 Perte de souveraineté partielle et assumée généralement, Régime intermédiaire entre A1 et B2. Dollarisation "semi-officielle" (bi-monétarisation officielle, régimes duaux avec ou sans *Currency Board*). Généralement accompagné d'un phénomène de résistance institutionnelle : les autorités maintiennent l'unité de compte et l'obligation de payer les impôts dans cette unité de compte. Ex. : Guatemala, Libéria, Liban, Zimbabwe avant 2016.

Dollarisation intégrale (exclusivité monétaire)	B 1 Perte de souveraineté intégrale et non assumée Régime particulier : déficit de souveraineté politique (logique séparatiste, situation de conflit, décomposition d'une entité étatique). Ex : Timor oriental et Kosovo avant 2000, Zimbabwe depuis 2016.	B 2 Perte de souveraineté intégrale et assumée Dollarisation indirecte : aboutissement après A1 ou A2. " Capitulation " des autorités. Ex. : Équateur Dollarisation directe, suite à B1, lors de la constitution ou de l'affirmation d'une entité politique. Ex. : Monténégro, Kosovo.

Source : Auteur

Quelques exemples de pays ayant adopté la dollarisation

Les expériences les plus connues sont issues du sous-continent latino-américain : Argentine, Bolivie, Mexique, Pérou et Uruguay où les dépôts en dollars excèdent largement les dépôts en monnaie nationale. Dans ces économies, la dollarisation découle d'un environnement d'inflation chronique (s'accompagnant ou non d'épisodes d'hyperinflation) qui se traduit par une perte de pouvoir d'achat de la monnaie nationale en termes de biens et services. Il existe donc une défiance envers la monnaie nationale de la part du public qui préfère détenir une monnaie dont le pouvoir d'achat est relativement plus stable dans le temps, en l'occurrence le dollar. Berg et alii (2002) montrent qu'en 2000, plus de 80 % des dépôts du système bancaire de la Bolivie et de l'Uruguay étaient constitués en dollars.

En Argentine, le phénomène de dollarisation remonte en janvier 1999 (François Velde, Marcelo Veracierto, 1999. ''Dollarization in Argentina", Chicago Fed Letter, No. 142, June 1999) quand le Président Carlos Menem[76] a décidé d'adopter le dollar américain comme seule monnaie ayant cours légal en Argentine. Son intention était de protéger l'économie argentine des attaques spéculatives sur sa monnaie, comme celles observées lors des crises financières

[76] Carlos Saúl Menem était un avocat et homme politique argentin qui a été président de l'Argentine de 1989 à 1999.

internationales de 1997-1998. Pour remplacer la monnaie nationale, l'Argentine achète des dollars et échange tous les billets en pesos en circulation pour les billets en dollars. Le 7 avril 1999, la banque centrale a détenu 18,26 milliards de dollars de réserves (hors obligations argentines), tandis que la base monétaire est de 14,60 milliards de dollars. Les réserves obligatoires des banques commerciales sont respectées avec des actifs libellés en dollars et 60 % des dépôts privés du secteur non financier sont en dollars. Une autre conséquence de l'adoption du dollar est qu'aucune institution argentine ne pourra agir comme prêteur en dernier ressort au secteur bancaire en émettant de la monnaie aux institutions financières en détresse. L'inconvénient de cette mesure est la perte du seigneuriage sur le peso, car une fois le peso remplacé par le dollar, ce seigneuriage reviendra aux États-Unis. La perte du seigneuriage a fait perdre au pays des revenus d'un montant égal à 0,2 % du PIB (cf. Government of Argentina, Ministerio de Economía, 1999, *Informe Economico*, No. 27.)

Le Venezuela connaît une dollarisation informelle depuis fin 2018, lorsque le gouvernement a assoupli le contrôle des changes pour sortir d'une crise aiguë, avec une hyperinflation et une pénurie de liquidités en devise locale, le bolivar. La forte perte de valeur du bolivar a rendu impossible son utilisation pour le paiement de biens et de services. Quatre ans plus tard, le pays est sorti de l'hyperinflation, mais conserve une des inflations les plus élevées au monde. En septembre, l'inflation en glissement annuel était de 317 %, selon la Banque centrale.

En Équateur, la dollarisation s'explique à la fois par des facteurs internes et externes. Au niveau interne, la dollarisation intégrale a été présentée comme la solution ultime trouvée par les autorités équatoriennes pour sortir d'une crise économique et politique sans précédent et prévenir un éventuel chaos économique et politique. Sur le plan strictement monétaire, il fallait trouver une solution pour sortir de la dépréciation continue du sucre[77] et enrayer une spirale hyperinflationniste dont le déclenchement semblait imminent[78]. En 1998, l'Équateur est confronté à un double choc exogène : un choc climatique avec le phénomène « El Niño », qui détruit l'agriculture

[77] Jusqu'en l'an 2000, la monnaie en Équateur était le sucre, en hommage au général Sucre, libérateur du pays au cours du XIXe siècle. Suite à la forte dévaluation du taux de change de la monnaie, c'est le dollar américain qui l'a remplacé et qui est désormais utilisé.

[78] Pour une description sommaire de la crise équatorienne et des débats autour de la dollarisation, voir Arès (2001), Marconi (2001) et Ponsot (2007).

équatorienne ; un choc économique, avec une chute du prix du pétrole. Le pays entre en récession (-4,7 % en 1999). La dette publique explose, passant entre 1996 et 2000 de 76,1 % à 154,1 % du PIB. L'inflation est estimée à 100 % en 1999. La fuite des capitaux, équivalente à 15 % du PIB en 1999, s'accélère. Les demandes de conversion du sucre, en dollar, ne sont plus en mesure d'être satisfaites. Au niveau externe, la solution de la dollarisation était conforme au consensus idéologique et théorique qui prévalait à la fin des années 1990 en matière de stratégies économiques préconisées pour les économies émergentes. La dollarisation était censée accélérer l'intégration financière internationale et favoriser une bonne gouvernance monétaire en restreignant toute politique monétaire et budgétaire active. Elle s'inscrivait dans l'esprit des prescriptions libérales du consensus de Washington. La dollarisation connaissait un certain succès auprès des milieux académiques qui considéraient, à l'époque, que les régimes de changes intermédiaires n'étaient pas viables dans les économies émergentes, du fait de leur incapacité à garantir la crédibilité monétaire. Ce consensus autour des « corner solutions » chez les économistes préconisait donc des régimes de change extrêmes : soit l'ultra-fixité du change, à travers les caisses d'émission (*Currency Boards*), soit l'ultra-flexibilité. Le régime de caisse d'émission argentin, instauré en 1991, montrant des signes de faiblesse, il fallait proposer une solution plus radicale encore, la dollarisation intégrale. La dollarisation intégrale a été décidée en 2000. Le régime de dollarisation officiel et intégrale a ainsi abouti, dans un premier temps, à un compromis monétaire entre les différents groupes sociaux, source de stabilité institutionnelle et économique. Mais dans un second temps, il a compliqué la mise en œuvre d'une ambitieuse stratégie de développement alternative au consensus de Washington, empêchant ainsi une sortie rapide d'un régime de croissance extractiviste.

Parallèlement, des mesures ont été prises pour accroître les investissements dans le secteur de l'énergie, privatiser les entreprises publiques et reformer le marché du travail. Le gouvernement a acheté tous les stocks en circulation de la monnaie locale et les comptes bancaires ont été convertis en dollars. Les dépôts bancaires gelés ont été libérés en 2000, l'inflation a diminué et la dette extérieure a été restructurée. La baisse du niveau d'inflation n'était pas automatique. En effet, ce n'est qu'en 2003 que le taux d'inflation a été enregistré en dessous des 10 %, depuis 1972 pour atteindre 7,9 %.

Au Salvador, le gouvernement a adopté la dollarisation intégrale en 2001, à la suite des réformes structurelles globales visant à reconstruire et à stabiliser l'économie du pays. Le taux d'inflation et les envois de fonds se sont améliorés avec la dollarisation et les taux d'intérêt ont baissé à 6,3 % en 2004 contre 11 % en 2000 (Quispe-Agnoli et Whisler 2006).

En Turquie, la dollarisation a commencé en 1983 avec l'introduction des dépôts en devises. De nombreux facteurs ont contribué à l'adoption de la dollarisation de l'économie turque dont le taux élevé d'inflation, la dépréciation du taux de change, les crises financières et les marchés financiers sous-développés (Kivilcim et Vuslat 2009).

Au Zimbabwe, de l'indépendance en 1980 jusqu'en 2009, le pays fonctionnait sous un régime de taux de change fixe. La devise locale, le dollar zimbabwéen (ZWL), avait sa valeur en USD fixée au taux de 1 USD= 1,47 ZWL en avril 1980. En 2009, le gouvernement décide d'abandonner, le dollar zimbabwéen au profit des monnaies étrangères. Au début de 2015, le dollar zimbabwéen est toujours inutilisé, au profit de multiples monnaies, principalement le dollar américain et le rand sud-africain : phénomène de dollarisation avec un taux fixe de rattachement à chacune des deux monnaies. Puis en 2016, des nouveaux billets de dollars du Zimbabwe, indexés sur le dollar américain sont émis. En 2019, la parité fixe avec le dollar est supprimée et cette monnaie prend le nom de dollar RTGS (*real time gross settlement*, « règlement brut en temps réel ». Étranglé financièrement, le Zimbabwe supprime la parité fixe entre ses "bond notes" et le dollar ». Le redressement de cette économie qui était enclenché n'a pu stopper l'inflation qui tournait autour de 179 % en 2019.

En République démocratique du Congo (RDC), le phénomène de dollarisation de l'économie remonte des années 90, à la suite de l'hyperinflation et des crises institutionnelles et politiques. L'inflation, mesurée par le taux de croissance annuel de l'indice des prix à la consommation qui était d'environ 50 % pendant les années quatre-vingt, est passée à 256 % en 1990. Elle a poursuivi sa progression au cours des années 1991-1993 avec un taux annuel compris entre 3 000 et 4 500 %, avant d'atteindre son niveau historique de près de 10 000 % en 1994. L'évolution des pressions inflationnistes reflète la décomposition de l'économie congolaise dont les taux de croissance annuels sont restés largement négatifs (-8.4 % en 1991, -10.5 % en

1992, -13.5 % en 1993. Plusieurs déséquilibres macroéconomiques ont été accumulés. Les comptes extérieurs du Congo ont ainsi enregistré des déficits graves au niveau de la balance courante, ayant avoisiné 12 % du PIB. Ils ont été couverts par une accumulation des arriérés de paiements de la dette extérieure[79]. Parallèlement à ces déficits extérieurs, l'État n'a cessé d'accumuler des déficits des finances publiques (7 % du PIB en moyenne jusqu'à 1998), financés exclusivement par les avances de la Banque centrale. Ce recours systématique à la "planche à billets", dans un contexte de contraction sensible de la production, a entraîné l'économie dans une spirale d'hyperinflation et d'hyperdépréciation de la monnaie domestique.

La monnaie nationale n'a pas résisté aux dommages causés par une inflation forte et variable. Elle a été vite abandonnée au profit des monnaies étrangères stables et plus particulièrement au profit du dollar américain. Le public résident a en effet perdu confiance en la monnaie nationale dont la valeur réelle n'a cessé de s'éroder au fil du temps. Ainsi, par motif de précaution, les agents ont eu recours aux monnaies étrangères utilisées d'abord comme valeurs refuges ou comme moyen de protection de leur patrimoine financier. Ensuite, les devises ont servi d'unité de compte ou de référence dans la conclusion des contrats et dans la fixation des prix des biens et services. Enfin, la persistance de l'inflation a incité le public à l'usage des monnaies étrangères comme instrument de paiement direct, accepté de manière généralisée même par l'État[80] dans les transactions intérieures. Les frais scolaires, les honoraires des médecins, les frais de communication téléphonique (au sein d'un même réseau urbain), en fait, les prix d'un grand nombre de biens et services sont soit libellés en devises, soit indexés fréquemment à l'évolution du taux de change du marché parallèle. À l'exception de la période où les transactions en devises ont été interdites (de janvier 1999 à fin janvier 2001), le dollar américain a servi de façon généralisée dans toutes les transactions intérieures, même celles impliquant de très faibles montants. La dollarisation des transactions intérieures est arrivée à un niveau tel que même l'État acceptait le paiement des taxes, impôts, redevances et droits de douane en devises.

---

[79] La dette extérieure de la RDC est estimée à 14 milliards de dollars, soit 250 % du PIB. Depuis 2001 le pays a repris le service de sa dette extérieure.

[80] 4 L'acceptation officielle des transactions en monnaies étrangères a varié selon les époques en fonction de la règlementation de change en vigueur.

Dans la zone de la CEDEAO, le pays qui a adopté officiellement la dollarisation est le Libéria où circulent deux monnaies ayant cours légal : le dollar libérien et le dollar américain. Toutefois, le niveau de dollarisation au Libéria est très élevé et a augmenté ces dernières années, dû principalement au désir de résidents qui avaient tenté de diversifier et de protéger leurs actifs contre les risques de perception d'une dépréciation du dollar libérien et d'une éventuelle instabilité économique en raison des 14 années de guerre civile. Les raisons de la dollarisation accrue de l'économie, en particulier pendant et après les années de guerre, sont doubles : substitution de devises et substitution d'actifs. Pour la substitution de devises, le dollar américain peut être utilisé essentiellement comme moyen de paiement et unité de compte par les résidents qui percevaient une inflation élevée, rendant l'utilisation de l'argent domestique monnaie coûteuse. En matière de substitution d'actifs, certains ont essayé au fil des années de prendre des mesures de précaution contre les risques macroéconomiques tels que l'instabilité des prix et la prolongation quasi-dormance du secteur productif de l'économie. La forte dollarisation de l'économie libérienne a contribué à rendre arduc la tâche de la Banque centrale s'agissant de sa politique de stabilisation du taux de change. En 2016, la quantité de dollars américains en circulation dans l'économie libérienne représentait 68,4 % de la masse monétaire au sens large (CBL[81], 2016).

[81] Central Bank of Liberia

Tableau 12 : Économies officiellement dollarisées ou bi-monétarisées, mars 2002

Économies	Population	Statut politique actuel	Xénomonnaie(s) officielle(s) actuelle(s)
Andorre (Principauté)	73000	État indépendant	Euro (2002) en remplacement du Franc français et de la peseta espagnole[82]. Utilisation d'une xénomonnaie depuis 1278
Chypre du Nord	180000	Territoire autonome de facto (protectorat turc) : « République turque de Chypre du Nord » (1983) non reconnue par la communauté internationale	Livre turque (1974)

[82] Bien que principaux moyens de paiement reconnus par les autorités d'Andorre, la déclaration du cours légal de la peseta et du franc n'a jamais été prononcée officiellement.

Cité du Vatican.	**900**	**État indépendant**	**Euro (2002) en remplacement de la lire italienne. Utilisation d'une xénomonnaie depuis 1929**
Commonwealth des Mariannes du Nord	46000	Dépendance américaine	Dollar US (1944)
Costa Rica	3500000	État indépendant	Dollarisation à l'étude
Équateur	11700000	État indépendant	Dollar US (2000)[83]
Érythrée	3600000	État indépendant	1952[84]
Géorgie du Sud		Dépendance des Falkland (Îles Malouines)	Livre des Falkland
Groenland	55000	Dépendance danoise (statut d'autonomie interne depuis 1979)	Couronne danoise (1968). Utilisation d'une xénomonnaie depuis le XVIIIe siècle

[83] + émission locale de pièces.

[84] S'apprête à émettre sa propre monnaie.

Guam	**134000**	**Dépendance américaine**	**Dollar US (1898)**
Guatemala	10900000	État indépendant	Régime bimonétaire : dollar US (2001) + quetzal
Île de Man	69000	Dépendance de la Couronne britannique	Livre sterling (1961)
Îles Anglo-Normandes	120000	Dépendance de la Couronne britannique	Livre sterling (1914)
Îles Cocos (Keeling)		Dépendance australienne	Dollar australien
Îles Cook	18500	Territoire associé à la Nouvelle-Zélande	Dollar néo-zélandais (1995)
Îles Falkland	2100	Dépendance de la Couronne britannique (revendiquée par l'Argentine)	Régime bimonétaire : livre sterling + livre des Falkland (*Currency Board*)
Îles Féroé	45400	Dépendance danoise (statut d'autonomie interne depuis 1948)	Régime bimonétaire : couronne danoise + émission de billets locaux (*Currency Board*)

Îles Marshall	**61000**	**État librement associé aux États-Unis**	**Dollar US (1944)**
Îles Norfolk			Dollar australien ? (1900)
Îles Turks et Caicos	7000	Territoire d'outre-mer britannique	Livre sterling
Îles Turks et Caicos	14000	Territoire d'outre-mer britannique	Dollar US (1973)
Îles Vierges Américaines	18000	Dépendance américaine	Dollar US (1917)
Îles Vierges Britanniques	18000	Territoire d'outre-mer britannique	Dollar US (1973)
Kiribati (Îles Gilbert)	82000	État indépendant	Dollar australien (1979). Utilisation d'une xénomonnaie depuis 1943.
Kosovo	2000000	Territoire sous mandat de l'ONU	Statut final à définir Euro (2002) en remplacement du mark allemand
Libéria	3140000	État indépendant	Régime bimonétaire : dollar US + dollar libérien

Liechtenstein	**31000**	**État indépendant**	**Franc suisse (1921)**
Mayotte	95000	Collectivité « départementale » française	Euro (2002) en remplacement du français
Micronésie	110000	État librement associé aux États-Unis	Dollar US (1944)
Monaco (Principauté de)	32000	État indépendant	Euro (2002) en remplacement du franc français (1865)
Monténégro	650000	Membre semi-autonome de l'État de Serbie-et-Monténégro (ex-République fédérale de Yougoslavie).	Euro (2002) en remplacement du mark allemand
Nauru	10000	État indépendant	Dollar australien (1914)
Niue	2200	Territoire associé à la Nouvelle-Zélande	Dollar néo-zélandais (1901)
Palau	17000	État indépendant	Dollar US (1944)
Panama	2700000	État indépendant	Dollar US (1904)
Pitcairn	42	Territoire d'outre-mer britannique	Régime bimonétaire : dollar US + dollar néo-zélandais
Porto Rico	3800000	Dépendance américaine	Dépendance américaine
Principauté de Monaco	32000	État indépendant	Euro (2002) en remplacement du franc français

Sainte-Hélène		Territoire d'outre-mer britannique	Livre sterling (1834)
Saint-Marin (République de)	26000	État indépendant	Euro (2002) en remplacement de la lire italienne. Utilisation d'une xénomonnaie depuis 1897.
Saint-Pierre-et-Miquelon	6400	Collectivité « territoriale » française	Euro (2002) en remplacement du franc français
Salvador	5900000	État indépendant	Dollar US (2001). Le colon disparaît progressivement de la circulation
Samoa américaines	52000	Dépendance américaine	Dollar US (1899)
Timor oriental		Territoire sous mandat international	Dollar US (2000)
Tokelau			Dollar néo-zélandais (1926)
Tuvalu (Îles Ellice)	11000	État indépendant	Dollar australien*. Utilisation d'une xénomonnaie depuis 1892

Sources: Schuler (1999), Bogetic (2000), FMI, The Economist, International Currency Review 26.2 (2000)

1.4.3 Autres conséquences

Le manque de confiance dans la monnaie peut entraîner également des rumeurs de dévaluation de manière sporadique. Par exemple, le FCFA a connu ce phénomène vers les années 90 avec des interrogations sur le pouvoir libératoire légal du franc CFA. Autrement dit, ces rumeurs intempestives avaient conduit à des comportements de fuite vers les devises, de hausse des prix, voire de stockage de marchandises pour anticiper l'éventuelle modification des parités. Cette accentuation de cette forme de méfiance n'incitait pas à détenir cette monnaie. Sur ce point, il faut dire que la dévaluation de 1994 a joué un grand rôle.

Il peut aussi provoquer un endettement accru pour les banques ayant des dettes en devises étrangères et une contraction de l'économie réelle par la baisse du pouvoir d'achat. Les banques se retrouvant en difficulté vont moins prêter aux ménages et aux entreprises qui vont par conséquent moins investir et moins consommer ce qui ralentira encore davantage la croissance économique du pays (« crise du crédit »). Si la situation est extrême, les banques peuvent même faire faillite et cela donnera donc lieu à une crise bancaire.

Le pays pourrait connaître une dépréciation, ce qui va provoquer un sentiment de vulnérabilité, et détériorer le climat de confiance qui règne sur le marché. Cédant à la panique et appliquant un comportement moutonnier, beaucoup de détenteurs de cette monnaie vont se mettre à la vendre par peur qu'elle ne vaille plus rien dans un futur proche. Ces ventes massives et précipitées vont faire augmenter l'offre significativement et vont ainsi créer un déséquilibre avec la demande, ce qui va avoir pour conséquence de faire chuter le prix de la monnaie et donc agir sur son taux de change.

Section 2 : Vers la souveraineté monétaire des pays de la Zone franc

Par souveraineté monétaire, il faut entendre la liberté pour un pays, de créer et de gérer sa monnaie et sa règlementation bancaire : elle est constituée de l'ensemble des activités qui consistent par exemple à déterminer les besoins de l'économie en monnaie, à élaborer et à mettre en œuvre la politique monétaire, à concevoir, mettre en œuvre et contrôler la règlementation bancaire. En d'autres termes, il s'agit d'établir un cadre de politique monétaire, basé sur la capacité à ajuster les environnements politiques de manière flexible pour réaliser les objectifs de la politique monétaire. Le cadre permet d'influencer le mécanisme d'ajustement des prix et des salaires et permet, en conséquence, une allocation plus efficace des ressources. Il doit comporter le type de régime de change capable de faciliter l'ajustement macroéconomique aux divers chocs que peut supporter l'économie, l'objectif principal de la politique monétaire et les instruments (les outils ou agrégats monétaires) permettant d'atteindre cet objectif.

La question de la souveraineté monétaire demeure une question d'actualité dans le monde et surtout dans la zone CFA où on observe une tentation de certains dirigeants des pays d'Afrique de l'Ouest d'abandonner le franc CFA. Nous commençons ici par poser une caractérisation large de la souveraineté monétaire puis par détailler les arguments avancés par ses partisans.

2.1 Définition compréhensive de la souveraineté monétaire

La souveraineté monétaire est basiquement un champ spécifique de la souveraineté d'une autorité politique, souveraineté s'exerçant dans le domaine monétaire. De façon générale, Jérôme Blanc (2002) considère comme constituant le niveau primaire de la souveraineté monétaire les quatre éléments suivants :

1. La présence d'une autorité qui s'affirme souveraine en matière monétaire dans un espace donné ;

2. La définition par cette autorité d'une unité de compte, au sens de l'établissement de son nom ainsi que de sa "valeur", ou de sa base ;

3. La possibilité de prélèvement par cette autorité d'un revenu de souveraineté, le seigneuriage, ce qui passe par la définition d'un ensemble de moyens de paiement dont l'émission est plus ou moins contrôlée et dont l'usage en paiement auprès des institutions de l'autorité souveraine est garanti ;

4. L'établissement et la diffusion d'une symbolique monétaire constituant les marques de la souveraineté.

Ce niveau primaire est nécessaire, et suffisant, pour caractériser la souveraineté monétaire. Il n'est ainsi pas nécessaire, pour pouvoir considérer qu'une autorité est souveraine en matière monétaire, qu'elle ait à disposition un ensemble diversifié et complet d'instruments de politique monétaire, qu'elle verrouille les flux monétaires avec l'extérieur, qu'elle interdise la circulation de monnaies étrangères, etc.

Cela signifie cependant que beaucoup de localismes monétaires infra-étatiques, dans lesquels une autorité locale émet des moyens de paiement sur un espace localisé, ne donnent pas lieu à une forme de souveraineté monétaire dans la mesure où l'autorité n'établit pas une unité de compte spécifique ni, souvent, ne se réclame d'une quelconque souveraineté. Prenons le cas des monnaies complémentaires réalisées en Afrique : celles-ci ne constituaient pas des autorités souveraines, mais constituaient les relais d'un dispositif établi pour régler un problème spécifique avec une monnaie locale ; on ne peut ainsi parler de souveraineté monétaire spécifique. Au Kenya par exemple, l'Eco-Pesa payé aux habitants a été un moyen efficace d'impliquer la communauté locale pour la collecte des déchets, tout en favorisant l'activité économique locale : le dispositif a permis de collecter 20 tonnes de déchets et de créer 3 pépinières, le tout en seulement 3 mois (Ruddick, 2011). Bien que la mise en place de l'Eco-Pesa ait été permise par des fonds extérieurs et qu'elle s'inscrivait dans le cadre du programme pour lequel elle a été créée, l'architecture monétaire mise en place montre par un exemple simple (en plus de montrer l'intérêt que peuvent présenter les monnaies complémentaires pour des programmes d'aide au développement, ce qui n'est pas le sujet de ce travail), en quoi une monnaie complémentaire peut répondre aux trois enjeux de territorialisation des activités économiques, de dynamisation des échanges, et de transformation des pratiques et des représentations ? On peut citer également l'exemple de Bangla-Pesa qui a été conçu à la suite de l'expérience de l'Eco-Pesa comme « un système de compensation mutuelle de crédit, ou d'échange réciproque, qui implique de la part de ses utilisateurs l'accord d'échanger des biens et des services en utilisant une quantité déterminée de crédit, sous la forme de bons, utilisables par tous les membres du réseau. » (Ibid.). Malgré des résultats prometteurs, la circulation de cette monnaie a été interrompue en raison des poursuites intentées par les autorités kényanes envers les organisateurs du dispositif.

Ces quatre éléments constitutifs du niveau primaire de la souveraineté monétaire en donnent une caractérisation a minima. Jérôme Blanc indique également d'autres éléments qui s'y greffent et sont susceptibles de faire de la souveraineté monétaire un absolu, au sens d'un tout cohérent et exclusif totalement maître de l'ordre monétaire. Ils en constituent ainsi un niveau supérieur :

1. La capacité à imposer les instruments monétaires de l'autorité souveraine dans les pratiques internes de compte et de paiement. Le

nominalisme des contrats est l'une des manifestations possibles de cette capacité. À son extrémité, il peut s'agir de la saturation des pratiques monétaires par les seuls instruments monétaires internes.

2. La capacité à maîtriser les pratiques de conversion entre monnaie nationale et monnaies étrangères, autrement dit la maîtrise de la convertibilité de la monnaie. À son extrémité, il peut s'agir de restrictions quantitatives, de l'établissement de conditions propres à différents types de conversion répertoriés (d'où des systèmes de changes multiples comme en URSS), voire d'un contrôle total des pratiques de conversion.

3. La capacité à mener une politique monétaire, autrement dit à moduler les conditions de l'émission de moyens de paiements et donc à agir sur la quantité de monnaie émise. Par-là, la politique monétaire a une influence sur le seigneuriage prélevé. À son extrémité, cette politique peut aussi conférer la capacité de faire varier l'état relatif des richesses internes, autrement dit la position relative des créanciers et des débiteurs.

4. La capacité à mener une politique de change, autrement dit à moduler la valorisation externe de la monnaie interne. Par-là, la politique de change détermine ou simplement influence la valeur de l'unité de compte. À son extrémité, il s'agit d'une fixation autoritaire de sa valeur externe. La politique de change entre aussi en jeu dans l'état relatif des richesses en interne.

Il remarque que ce niveau supérieur est composé de deux éléments liés à l'espace interne (pratiques monétaires internes et politique monétaire) et deux autres liés aux relations avec l'extérieur (politique de change et pratiques de conversion). De même, deux de ces éléments sont relatifs aux pratiques des personnes morales et physiques inscrites dans l'espace de la souveraineté (pratiques monétaires internes et de conversion) et les deux autres sont relatifs à l'action politique de l'autorité souveraine (politique monétaire et de change). Dans cet ordre politique apparaissent aussi les quatre éléments du niveau primaire de la souveraineté monétaire : existence d'une autorité se déclarant souveraine, définition d'une unité de compte, prélèvement d'un seigneuriage et diffusion d'une symbolique de la souveraineté. Cette forme hiérarchisée permet de représenter les deux niveaux de la souveraineté monétaire par deux cercles concentriques, le premier suffisant à définir la souveraineté monétaire, le second en constituant une extension logique, mais non nécessaire.

Figure 3 : les deux niveaux de la souveraineté monétaire par deux cercles concentriques

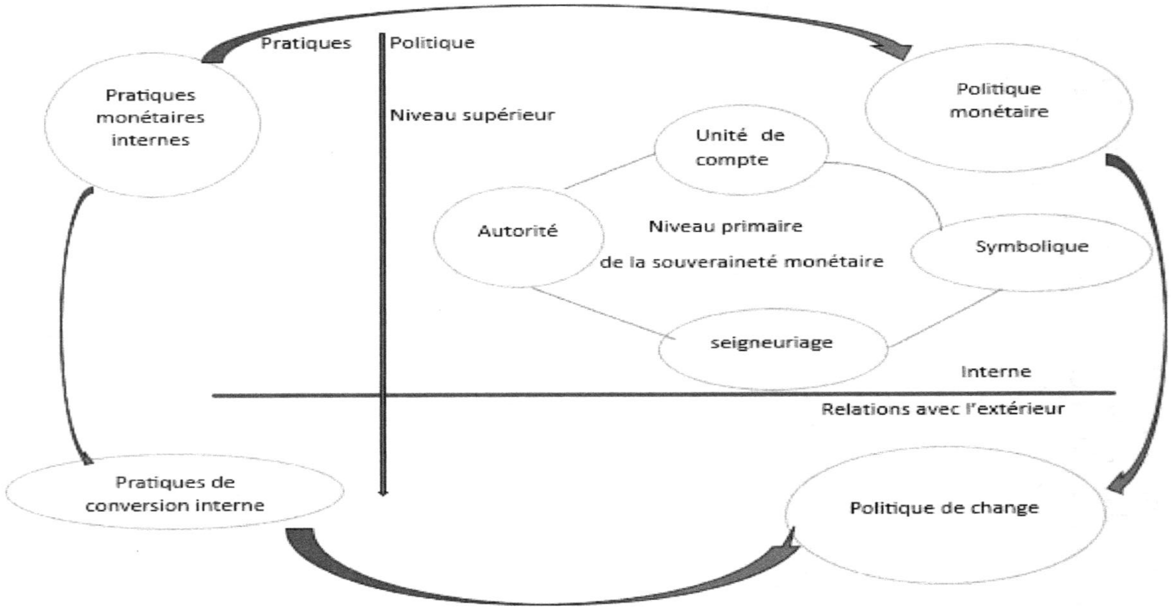

Source : Fait par l'auteur sur la base de l'analyse de Jérôme Blanc[85] dans son article '' Invariants et variantes de la souveraineté monétaire. Réflexions sur un cadre conceptuel compréhensif''

85 Maître de conférences en sciences économiques, Université Lumière Lyon 2 Chercheur au Centre Auguste et Léon Walras.

La souveraineté monétaire s'identifie ainsi à un double niveau. Basiquement, elle est le résultat de la déclaration de souveraineté d'une autorité se donnant la prérogative exclusive de définir l'unité de compte, de définir le revenu de souveraineté qu'elle souhaite prélever et de définir les marques de la souveraineté. Sur ces bases, la souveraineté monétaire apparaît comme une capacité : elle est une capacité à maîtriser l'émission monétaire, une capacité à maîtriser la valeur externe de la monnaie, une capacité à maîtriser le champ des pratiques monétaires internes, une capacité à maîtriser les flux externes. Cette "capacité " correspond à un principe de souveraineté ; dans l'exercice réel de cette souveraineté, il est possible que cette "capacité " ne puisse s'exprimer compte tenu de l'illégitimité perçue par les personnes morales et physiques de l'autorité souveraine, et d'un ensemble de contraintes restreignant cet exercice. On comprend dès lors que l'exercice de la souveraineté monétaire peut prendre des formes très différentes selon les époques, selon les lieux, selon les formes de pouvoir politique, selon les contraintes perçues.

2.2 La question de la souveraineté monétaire des pays de la zone CFA

La question de la souveraineté monétaire des pays de la Zone franc va être abordée en faisant un rappel historique du FCFA. Comme rappelé dans le chapitre précédent, les pays africains en 1945 sont des colonies et c'est à partir de cette année-là que le FCFA a été créé ainsi que le taux change fixe de cette monnaie par rapport à la monnaie française le Franc français (FF). Cette parité a été refixée en 1948, puis en 1958. Entre 1958 et 1994, le taux de change est resté le même. Ce qui signifie que les Africains ont fonctionné avec les décisions qui ont été prises par la France à une époque où elle exerçait son empire africain. Il s'agit, comme le disait M. Martial Ze Belinga[86], d'une forme de génétique de la Zone franc qui était constituée de principes coloniaux. Il indique que *''La France avait un empire et des signes monétaires qui sont distribués au sein de l'empire avec une banque centrale qui va réguler la circulation monétaire aussi bien en métropole que dans les colonies''*. En réalité, Belinga considère que *les quatre principes cardinaux à savoir la centralisation des réserves de change,*

[86] Économiste et sociologue, expert associé au comité scientifique international de l'Organisation des Nations unies pour l'éducation, la science et la culture (UNESCO) pour l'histoire générale de l'Afrique.

l'arrimage au taux de change fixe, la libre transférabilité des fonds et la convertibilité illimitée comme des principes naturels à un empire et qui demeurent encore fonctionnels au sein de la zone. Ce qui entretient évidemment pour les Africains l'idée d'une « colonialité monétaire » c'est-à-dire le passage d'une situation de colonie à une indépendance avec les mêmes principes que ceux de la colonie. De plus, il n'y a pas eu de réelle consultation des parlementaires ou des peuples pour approuver ces transitions. Ce qui constitue un paradoxe majeur aujourd'hui, pour les Africains : le passage à l'euro a entraîné une perte de degrés de liberté. En lisant la décision du Conseil du 23 novembre 1998, on constate que l'Union européenne (UE) stipule clairement à la France, en substance : « *Je suis d'accord avec les unions monétaires que vous garantissez, mais à une condition. Vous ne pouvez apporter aucune modification substantielle sans que trois services au moins de l'Union européenne soient non seulement d'accord, mais également informés régulièrement de l'évolution de ces accords* ».

Dans cette décision, l'acceptation de la Zone franc s'est faite entre l'UE et la France sans la présence des africains laissant penser qu'on est passé d'une situation de tutelle monétaire vis-à-vis de la France à une situation de double tutelle, puisque désormais l'UE peut, si elle le souhaite, intervenir sur cet accord en estimant que, pour diverses raisons, il ne convient pas aux politiques européennes.

Le fait même de garder le nom de « franc » après la dévaluation de 1994, alors que l'ancienne métropole s'apprêtait cinq ans plus tard à entrer dans l'euro ou le fait que le billet CFA, est encore fabriqué à Chamalières, dans le Puy-de-Dôme – dont le maire fut Valéry Giscard d'Estaing) pose problème pour beaucoup d'africains.

Cette trajectoire fait penser à beaucoup d'experts et d'économistes que le FCFA n'est pas qu'une monnaie africaine. La démocratie du rejet va beaucoup plus loin que ce que l'on peut imaginer. Il ne s'agit pas d'un rejet limité seulement en Afrique francophone, mais un peu partout dans le monde. Les opposants du franc CFA plaident pour la fin de cette monnaie, épousant ainsi les vœux de la société civile d'une souveraineté monétaire.

Dans les faits, l'analyse économique invite à se questionner sur les contreparties de la masse monétaire dans ce système de la Zone franc. En effet les équivalents en monnaie nationale sont toujours perçus par les agents non financiers (entreprises et ménages) opérant en devises lorsque ces agents vendent ou investissent en biens et services à l'étranger. Ces agents non financiers peuvent réaliser des transactions qui sont comptabilisées en consommation, en épargne, en investissement sur place, s'ils le désirent… En 2019, Il n'y a plus de représentant de la France dans les organes de la BCEAO, les États africains ne sont plus obligés de déposer une partie de leurs réserves en France, et un changement de nom du CFA est également évoqué.

Comme le dit intelligemment Felwine Sarr (emedia.sn, itv, 2024), il est maintenant tout à fait possible de délocaliser complètement les avoirs extérieurs, tout en mutualisant cet acte, ce qui est le contraire de comportement de cavalier seul initié par exemple par le Bénin, pour lui donner puissance, et de les placer ailleurs soit à la Banque des Règlements internationaux, soit à la BCEAO… C'est une manière de sortir la France de ces accords de coopération de manière concertée et notamment par ne plus laisser une présence au Comité de Politique monétaire de la BCEAO et de limiter la transférabilité intégrale des capitaux et des gains des FMNs françaises vers leurs sociétés mères domiciliées à l'étranger et aux fins d'avoir des possibilités accrues d'investissement sur place de ces entreprises couplées à des taxations/incitations. Comment sédentariser les capitaux et les profits obtenus dans cette zone devient alors un impératif des politiques publiques ! Sans nul doute, la confiance, le niveau des déficits et des dettes publiques conditionneront cette exigence. Cette sédentarisation est également liée au retour des capitaux de la corruption transférés à l'étranger. La fuite des capitaux n'est pas le ressort uniquement des firmes étrangères, des Sénégalais et des Africains résidents peuvent en être à l'origine. Ce retour des capitaux viendrait renforcer le rôle moteur des rémittences de la Diaspora sénégalaise. Le ratio entre les transferts de fonds et le PIB est passé de 7.1 % à 10.5 % entre 2005 et 2020, une augmentation reflétant à la fois la croissance du poids des transferts dans l'économie sénégalaise et la formalisation progressive des transferts.

Le climat des affaires et la transparence de l'information des pouvoirs publics demeureront comme questions pertinentes. Un cadre prospectif pour gérer les déficits et la dette publique, basé sur l'économie d'ensemble et la découverte de ressources naturelles comme le pétrole et le gaz, donne des pistes intéressantes qui permettent d'espérer, mais à la condition que, le Sénégal ne succombe pas aux myriades de « la maladie hollandaise » grâce à une politique cohérente et finalisée de diversification de son économie et, mais aussi que, le Sénégal ne soit pas exposé aux risques internes d'instabilité politique, de prise de pouvoir par des groupes de « pression » inféodés ou non à des « forces exogènes » animées par des idéologies détestables instrumentalisant les religions et les appartenances identitaires.

Par rapport aux déficits publics et à la dette actuelle du Sénégal ? Des contributions récentes donnent des informations mobilisables par rapport aux niveaux atteints, par rapport à la soutenabilité de la dette, par rapport à la croissance (Sambou et Touré, 2023) et par rapport à la confiance des marchés financiers (Mbaye, Sène et Diagne, 2020 ; Sène, Ferry, Raffinot, 2020). Par rapport à ce dernier aspect du recours aux marchés financiers via les obligations émises, la tentation a été manifeste avec le dernier gouvernement de Macky Sall. À juste titre, Sène et alii (2020) en ont donné les limites, comme l'application éventuelle de Clause d'Action Collective (exclusion des marchés financiers, *downgrading* ou baisse des scores pays de la part des agences de notations, fonds vautours prêts à aggraver le niveau avec des taux variables en cas de demande de refinancements sur les marchés secondaires).

Le gouvernement du Sénégal entre 1981 et 2024 a bénéficié de plusieurs restructurations de sa dette au Club de Paris, avec une dette extérieure principalement d'origine publique. Il faut reconnaître que depuis les gouvernements successifs des Présidents Wade et Sall, le Sénégal a bénéficié de remises de dettes au titre du programme PPTE (2004), l'Initiative de l'Allègement de la Dette Multilatérale (2006) avec le deuxième Consensus de Washington et de Oro Preto et enfin dans les cadres des DSRP (2008, 2012). Ces remises intermédiaires avec des éléments de dons concessionnels contribuent à faire baisser le ratio dette publique/PIB de 70 % en 2000 à 20,9 % en 2006. Toutefois, à partir de 2007, la dette publique sénégalaise a pris une trajectoire ascendante, imputable à des chocs divers de l'économie sénégalaise (à la fluctuation de l'activité…), mais également à des facteurs exogènes (impacts des crises subprimes, Covid…), nécessitant le recours à l'emprunt maintenant privé et rampant sur les marchés financiers ou des demandes auprès des organismes multilatéraux, sous promesse de l'anticipation de l'exploitation future des ressources naturelles.

En 2023, les chiffres fournis par la Cour des comptes sont effarants (99,7 % du PIB contre 86,6 % du PIB en 2022). Le gouvernement actuel doit répondre à la demande sociale et dans son agenda devra tenir compte dans son budget de fonctionnement d'arriérés de paiements aux entreprises, d'arrières de salaires aux fonctionnaires et de reclassement de travailleurs de la fonction publique, consentis de manière douteuse, par le gouvernement précédent. De fait, ces cadeaux auront un impact sur le niveau des déficits via les dépenses de fonctionnement et peuvent s'analyser comme un « legs empoisonné » du point de vue de la théorie économique.

Figure 4 : Sénégal, encours de la dette de 2000-2023 (en pourcentage du PIB)

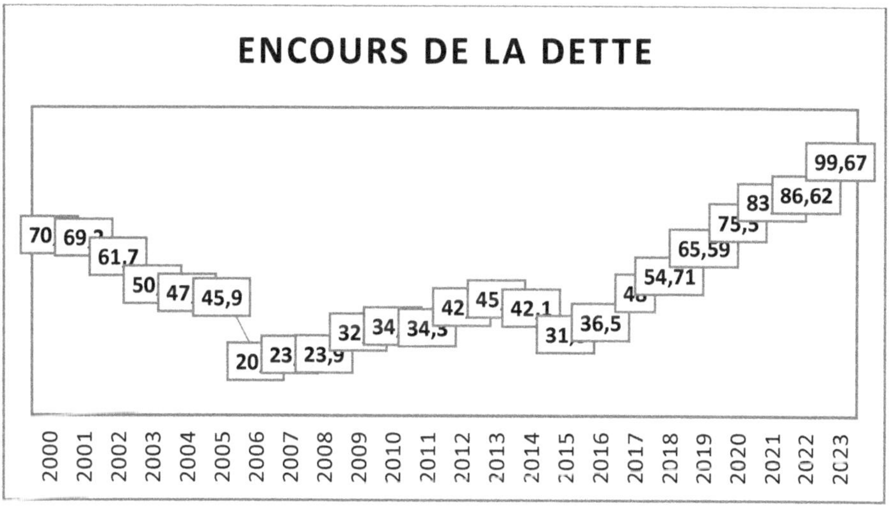

Source : calculs d'après les données de l'AMAO et de la Cour des comptes

2.2.1 Examen du contexte et de la rationalité du choix de la souveraineté monétaire

La population jeune africaine a appris que les jeux économiques ne doivent pas être des jeux à somme nulle,[87] mais gagnant-gagnant, car l'ultime but de l'activité économique est d'améliorer le niveau de vie des citoyens, leur niveau de bien-être. Pour y arriver, il faut de l'épargne, de l'investissement, des ressources, des entreprises, de la production locale, des capitaux sédentarisés et de la formation… Les jeunes Sénégalais comprennent l'importance d'institutions de bonne qualité, l'intérêt de la bonne gouvernance et le handicap de l'héritage

[87] Un jeu de somme nulle est un jeu où la somme des gains et des pertes de tous les participants est égale à zéro. Cela signifie donc que le gain de l'un constitue obligatoirement une perte pour l'autre.

colonial en tant que l'économie sénégalaise, comme le cas de nombreux pays africains, est une économie extractive, extravertie peu diversifiée. La croissance est peu inclusive dans ce pays et les institutions sociales, administratives restent défaillantes et/ou traversées par la corruption et les prédations financières. L'argument des dirigeants politiques est au besoin de jouer avec les sensibilités liées à la connexion historique et longue avec la France, encore qu'il est indéniable que sur une longue période la France a été gagnante dans ses relations avec l'Afrique francophone y compris avec le Sénégal comme l'a soutenu D. Cogneau (2023). De ce dernier, trois idées principales sont à retenir : l'empire constitué en Afrique et en Asie a relativement peu coûté à la France ; les ressources engrangées n'ont que peu profité aux pays colonisés africains sur longue période et enfin, la page de la Françafrique n'est pas totalement refermée en tant que jeu dynamique et dans un contexte géopolitique plein de retournements avec l'entrée de nouveaux acteurs (*newcomers*) comme la Chine, les USA, l'Inde, la Turquie, les pays arables. En effet, un empire bon marché pour le contribuable français ! Les États coloniaux militaro-policiers construits à la fin du XIXe et au début du XXe siècle en Afrique du Nord, en Afrique subsaharienne et en Indochine étaient très efficaces pour prélever la ressource fiscale, faire fonctionner ces États sans réclamer une subvention ou des transferts très importants de la métropole. Ni les capitaux publics ni les capitaux privés n'ont ruisselé vers les colonies. Ces espaces coloniaux étaient pauvres au sens de la valorisation de leurs ressources dans le cadre du capitalisme mondial dominant, et au départ sont assez déconnectés de la production de biens manufacturés requis pour le commerce international. Il y a eu, en outre, des retours de capitaux profitables à des catégories de population en France : les industriels, les riches colons agriculteurs établis dans les colonies, des capitalistes moyens, les missionnaires et des fonctionnaires qui, grâce à des salaires, bénéficient de grosses primes d'expatriation. Ils ont accéléré aussi leur carrière et leur mobilité sociale. Dans ce contexte, est-ce que l'Aide au développement a toujours progressé et en faveur des pays colonisés devenus indépendants ? Au début des guerres de conquête des pays africains, la France a procédé à des dépenses militaires coûteuses. Il faut construire les administrations coloniales au service de la France et des infrastructures adaptées pour acheminer les produits miniers et agricoles vers la métropole. Mais entre la fin du XIXe siècle et jusqu'à 1945, les États coloniaux sont largement autofinancés, c'est-à-dire qu'ils dépensent ce qu'ils sont capables de prélever sur place avec les impôts. De ce fait, les transferts métropolitains vers l'Afrique, sont très limités, mais le Sénégal important dans la stratégie française en Afrique de l'Ouest bénéficie de centre financier important pour traiter la mobilisation régionale de ressources fiscales (voir le Centre Peytavin). À partir de 1945, la France se dit qu'il faut faire un peu de développement pour avoir un minimum d'espoir de conserver une influence, sinon une dominance. L'aide métropolitaine aux colonies augmente. À l'époque, un débat houleux entre parlementaires en France est à noter. Pour caricaturer, la question suivante est posée : « faut-il que la Corrèze passe avant le Zambèze ? ». Quand on fait le bilan, la Corrèze a bien reçu plus que le Zambèze. Après la Seconde Guerre, il faut donc souligner des inflexions en faveur des pays francophones en termes de transferts nets. Ainsi, entre 1945 et 1962, on dépense pour garder les colonies face aux mouvements indépendantistes. Les transferts civils atteignent 0,5 % du PIB. On n'atteint jamais l'objectif de 0,7 % du PIB qui est l'objectif de l'OCDE aujourd'hui. Quel a été l'héritage légué : des États inégalitaires ou inclusifs ? En général, les élites de ces économies extraverties ont pris le pouvoir en reproduisant des États autoritaires et inégalitaires. Le Sénégal, avec Dakar, capitale de l'Afrique de l'Ouest, est un lieu de la centralisation de la formation de cette élite dans des domaines de la santé, de l'éducation, de l'ingénierie, des télécoms et dans les fonctions administratives de toutes catégories. Il s'agit, juste après les indépendances, d'une forme de reconduction dans les structures de l'État d'une élite politique et bureaucratique remplaçant les administrateurs coloniaux, les managers, les ingénieurs et techniciens. Ainsi se crée unc petite classe supérieure et moyenne autour de la fonction publique profitant des gains des FMN et du commerce de matières premières. Samir Amin (1960) décrit la reconstitution de cette bourgeoisie dite « compradore » du secteur public qui touche des salaires nettement plus élevés que le revenu moyen au service du capitalisme mondial. Il y a des difficultés pour redistribuer, pour inclure dans la croissance les plus pauvres souvent « l'immense majorité du monde rural » ! Le Sénégal, tout comme la plupart des pays ouest-africains, connaît un rythme de croissance appréciable tiré par les phosphates, l'arachide et les entreprises publiques créées du fait de la défaillance de marchés ; entreprises publiques et fonction publique absorbeurs du marché du travail caractérisé par un sous-emploi chronique. L'industrie manufacturière reste une industrie légère et la dépendance aux importations pour le capital physique et la consommation des ménages demeure élevée. Ce mode de production et de consommation s'épuise au milieu des années 80, après les multiples projets réalisés par l'État sur la base d'endettement public international entre 1973 et 1979 durant la période euphorique des pétrodollars et de l'envolée des cours de matières premières. Le coup d'arrêt est le PREF de 1979, puis le plan de stabilisation arrêté en 1984 au Club de Paris, montrant que la garantie de la France n'est pas illimitée, si tous les pays signataires de l'UMOA recensaient des avoirs extérieurs négatifs. La dette sénégalaise se multilatéralise, du moins dans les conditions de refinancement par le FMI, la Banque Mondiale et de nouveaux acteurs bilatéraux. L'illiquidité du CFA est ainsi évitée et les « billets déplacés » trouvent une conversion immédiate en dollars ou en francs ou autres devises. La politique de stabilisation (optique demande) est suivie de politiques d'ajustement structurel (optique offre). La participation financière de la France dite « aide à ces nouvelles politiques », à la fin des années 80, plus précisément en 1989, au sommet de la Baule, est conditionnelle à l'idée de démocratisation nécessaire de la vie publique. Mais en réalité, derrière ce credo de « meilleure gouvernance et de démocratie conditionnelle à l'aide », la France n'a plus les moyens financiers de sa politique africaine. Que faut-il retenir après la dévaluation du CFA en 1994 ? En 1995, les pays africains renouent avec la croissance et demandent des remises de dette avec le Consensus de Washington et jusqu'en 2015, le compte d'opérations redevient positif et la négociation amène à 50 % des avoirs détenus par le Trésor et avec les Documents stratégiques de réduction de la pauvreté dans le cadre des OMD et aujourd'hui des ODD, marquant une « valse en moyenne tous les cinq ans des politiques publiques expérimentées en Afrique francophone ». Toutefois, il y a eu des dissidences dans la Zone franc ouest-africaine avec les remous connus au Mali, au Niger, en Guinée et au Burkina Faso ; il y a une concurrence à l'hégémonie française ! La France diminue ses ressources destinées à l'Afrique et en contrepartie du rôle de parapluie militaire s'engage avec l'Europe de manière multilatérale à marquer sa présence ! Aujourd'hui depuis décembre 2021, les pays qui le réclament peuvent disposer de la totalité de leurs avoirs et la France n'a jamais atteint 0.7 % de l'objectif assorti à l'APD. Ces moyens dépendent des concours des autres États européens. Il est clair qu'il y a une dilution des intérêts français bilatéraux dans un espace élargi et multilatéral. Ainsi, la réalité est que depuis Abdou Diouf, Wade et Macky Sall, la France se propose d'être un parapluie militaire nécessaire à la stabilité de l'ensemble de l'espace ouest-africain et en retour, elle bénéficie pour sa présence d'un financement européen de sa politique africaine. Elle amortit ainsi sa contribution totale à l'APD destinée à l'Afrique. En réalité, la présence française a tendance à se réduire ; le capital financier français représente 1/3 des IDE en Afrique au profit de concours financiers d'autres puissances hégémoniques comme la Chine, la Turquie, les EU, l'Inde, les pays du Golfe. Si la présence française est moins marquée aujourd'hui, il ne faut pas alors mésestimer le rôle des politiciens et des élites africaines dans la mise en œuvre des politiques et que les échecs ne sont pas imputables uniquement à la coopération avec la France.

2.2.2 La rationalité des critiques

La première critique est liée à l'arrimage du change fixe avec la monnaie française puis avec l'euro sachant que les pays de la Zone franc échangent de plus en plus avec d'autres zones que la zone euro. La question de l'arrimage avec l'euro peut donc se poser avec acuité. Le 2e élément est le niveau de la parité (1 Euro=655,957 FCFA). Cette critique évoque une monnaie surévaluée, qui empêche les États africains d'être compétitifs. Actuellement, les travaux existants ne témoignent pas d'un niveau élevé de surévaluation (Plane, da Piedade, 2022, Coulibaly et Gnimassoun, 2013). À travers une étude[88] basée sur la sous-évaluation ou la surévaluation réelle du franc CFA réalisée sur la période de 2001-2011, les estimations économétriques ont montré une différence entre les Taux de Change Effectif Réel (TCER) et les TCER observés. Les résultats de cette étude ont confirmé le mésalignement du franc CFA en 2011 calculé pour chaque pays africain de la Zone franc suivant la méthode d'Elbadawi et Soto (1997). On a également constaté que le TCER était surévalué dans certains pays, par contre il était sous-évalué dans d'autres. Ce qui pousse à dire que les situations sont très différentes d'un pays à un autre même au sein de la CEMAC ou de l'UEMOA et donc les politiques devraient être différenciées.

Est-ce, la seule raison de leur manque de compétitivité ? Ces pays, pour l'essentiel, y compris le Sénégal, ne sont pas suffisamment diversifiés et c'est là la raison principale de leur manque de

---

[88] Gnansounou S. U. et Verdier-Chouchane A. (2012), « Mésalignement du taux de change effectif réel : Quand faudra-t-il de nouveau dévaluer le franc CFA ? », Banque Africaine de Développement, Working Paper séries, N° 166 – décembre 2012.

compétitivité et ne peuvent trouver en la monnaie un facteur de niveleur de prix par rapport à l'étranger en laissant déprécier leur monnaie ou en dévaluant (protectionnisme monétaire ; cela profiterait de peu aux entreprises domestiques en termes de protection des industries à moins de fixer autrement leur monnaie, par exemple par rapport à un panier de monnaies ajustables incluant les nouveaux et principaux partenaires de la période postcoloniale autre que la France : le dollar américain, le yuan chinois, le yen, mais il faudrait en contenir alors l'instabilité sous-jacente des prix. Cet exercice supplémentaire commande de revoir entièrement les compétences mobilisables au sein de la BCEAO et de les former pour s'adapter aux mécanismes complexes de gestion de taux de change. En outre, lorsqu'on restreint l'analyse à l'UEMOA, il faut reconnaître qu'il est difficile de dévaluer pour une autre raison : les pays ne peuvent pas dévaluer librement leur monnaie. Ils doivent trouver un accord avec tous les autres pays de l'union monétaire et avec la France, ce qui fait beaucoup, comme en 1994.

Le rationnement endogène du crédit qui représente que 23 % du PIB (crédits à l'économie rapportés au PIB) contre 100 % au sein de la zone euro constitue un frein au développement des pays membres de la Zone. Selon Baltensperger (1978), le rationnement de crédit est une situation de rejet de demande de financement de projet même si l'emprunteur est prêt à payer des taux d'intérêt élevés et fournir des garanties importantes. Et pourtant, les banques centrales sont supposées venir emprunter auprès du Trésor français en contrepartie des 50 % des réserves de change placées sur un compte d'opération en son sein comme le stipulent les termes de l'accord entre le Trésor et les Banques Centrales. D'ailleurs, pour Michel Abdelouhab, cette partie des réserves de change représente « autant de ressources en moins pour le financement du développement économique ».

Une deuxième critique qui apparaît souvent est que les pays africains auraient une politique monétaire contraignante, car obligés de suivre la politique économique de la BCE, sans relier cela à un objectif de croissance. Dans les faits, cette contrainte existe plus dans l'UEMOA que dans la Zone monétaire de l'Afrique de l'Ouest (ZMAO) avec leurs normes de convergence différenciée, encore que pour la ZMAO, les contrôles de capitaux et la flexibilité des taux de change laissent une certaine marge de manœuvre par rapport aux chocs externes, même si les taux d'inflation y sont plus élevés. En se privant du seigneuriage domestique, les pays de l'UEMOA renoncent à un instrument de politique économique, pouvant générer des recettes fiscales. En ciblant des taux d'inflation bas, est-ce que ces pays n'amputent-ils pas leur potentiel de croissance ? Cette question renvoie à la question du taux d'inflation optimal compatible avec des régimes de croissance. Globalement, il semble admis que des taux d'inflation trop bas (pays de l'UEMOA) avec ciblage monétaire, comme des taux d'inflation élevés provoquent des distorsions économiques notamment sur le taux de croissance. De ce fait, si les pays de l'UEMOA devraient adopter l'éco et en acceptant des taux plus élevés d'inflation dans la moyenne communautaire (au-delà de 5 % et jusqu'à 8 %), il n'y aurait pas d'impact négatif sur la croissance, plutôt des gains en termes de croissance et la variabilité des prix n'en serait pas affectée (Semedo et Tanimoune, 2013, p 265, sur les perceptions contradictoires de l'inflation). Un glissement du CFA à l'eco est donc possible dans ces conditions, mais la difficulté est le respect des divers critères de convergence qui ne sélectionne jamais à un instant t les mêmes pays par rapport à des périodes précédentes. Des inclus d'une période T deviennent des exclus à une période suivante. Les contraintes économiques découlant des accords avec la France sont de plus en diluées dans une préférence multilatérale avec l'Europe et conduisent de fait à « se lier les mains » avec la Banque mondiale ou le FMI, surtout si un ensemble des pays de l'UEMOA devenaient déficitaires comme en 1994 ».

Une troisième critique a été que l'attraction d'investisseurs étrangers dans la zone CFA, caractérisée par une faible volatilité des prix (effet d'adduction), est surestimée, car la BRVM révèle plutôt un sous-développement financier (sous-capitalisation) par rapport aux bourses des pays anglophones. Les entreprises locales, n'ayant pas accès à des fonds directs par les marchés financiers, se financent grâce aux marchés bancaires à des taux d'intérêt très élevés, voire usuriers, avec des primes de risques importants. « Symboliquement et politiquement, le franc CFA pose un vrai problème, mais la Monnaie n'est pas l'Alpha et l'Omega, au centre de tout ! Un pays souverain monétairement, avec une garantie comme l'or ou le pétrole, mais qui ne produit pas assez de biens et services, de la technologie et qui n'a pas un capital humain de haut niveau, ne sera pas pour autant développé ». Fondamentalement, l'eco est plus un choix politique qui dépendrait du Nigéria. Mais est-ce que le Nigéria a la possibilité d'être le pilote de cette nouvelle zone monétaire qui fédérerait des pays de la CEDEAO, connus jusqu'en 2023, ayant une certaine expérience monétaire dans le cadre d'une intégration avec monnaie commune (UEMOA) et des pays avec souveraineté monétaire ? Par le passé, Semedo, Gautier, Bensafta, 2012 avaient construit, sur la base des règles proches du traité de Maastricht et de la théorie des zones monétaires optimales combinées dans une approche en termes de clusters, une grille de lecture pour analyser l'hétérogénéité structurelle des pays de la Communauté des pays de l'Afrique de l'Ouest et ce travail demeure d'actualité, car les conclusions renvoient à la faisabilité politique d'un tel projet tournant autour de la volonté du Nigéria de devenir le « parapluie financier et militaire de l'édifice » dans un contexte où ce pays de grande taille, a des difficultés de contenir les mouvements djihadistes et les dérives de ses finances publiques. En utilisant la méthode de la classification ascendante hiérarchique (CAH), ils identifient des sous-groupes homogènes entre pays ou clusters désirant former une union monétaire ou des pôles de convergences. Dans la perspective de l'intégration monétaire, ces pôles peuvent tout d'abord s'entendre sur des accords de paiement et de compensation puis étendre l'expérience à une monnaie commune jusqu'à l'unification monétaire. Ce travail avait examiné tout d'abord le bien-fondé du regroupement économique et monétaire et identifie deux groupes : l'un relativement homogène — UEMOA, Cap-Vert, Ghana — et l'autre en voie de consolidation à plus long terme. Dans l'optique d'établir une monnaie unique, des recommandations de politiques économiques pour chacun des clusters identifiés étaient proposées. Il est indiscutable qu'il n'y a pas de risque de change et de coûts de couverture dans ce processus. Ensuite la synchronisation des cycles réels permettrait de mener des politiques de relance et il y aurait un accroissement du commerce bilatéral avec la thèse de l'endogénéité de la Monnaie (Glick et Rose, 2016), l'amélioration du cadre macroéconomique par des politiques de coordination.

Une autre critique à retenir est la présence d'une fixation du taux de change qui peut contribuer à des attaques spéculatives susceptibles de provoquer des perturbations importantes sur les marchés financiers, en particulier sur le marché des changes. Ces attaques se produisent lorsque des investisseurs, motivés par diverses motivations, vendent de manière agressive une devise particulière, provoquant ainsi une chute de sa valeur. Les attaques spéculatives sont souvent associées à des crises monétaires et peuvent avoir des conséquences considérables sur les économies et les systèmes financiers.

Plusieurs facteurs rendent une monnaie plus vulnérable aux attaques spéculatives. Les principaux facteurs sont la présence de vulnérabilités économiques au sein d'un pays qui peuvent se manifester sous diverses formes, telles que des taux d'inflation élevés, d'importants déficits budgétaires ou des niveaux de dette publique insoutenables, etc. Les attaques spéculatives peuvent également être influencées par des facteurs économiques et politiques mondiaux tels que les variations des taux d'intérêt mondiaux, les tensions commerciales ou les évènements géopolitiques qui peuvent créer un environnement propice à la spéculation monétaire. Certains pays ou zone monétaire ayant rattaché leur monnaie à une autre monnaie ou à une matière première peuvent également connaître ce phénomène. La crédibilité et la réputation de la banque centrale d'un pays influencent aussi la probabilité d'une attaque spéculative. Si les investisseurs estiment que la banque centrale dispose de ressources limitées ou d'un manque d'engagement dans la défense de la monnaie, ils peuvent être plus enclins à s'engager dans des activités spéculatives. Par exemple dans la crise anglaise du mercredi noir[89], les réserves de change limitées de la Banque d'Angleterre et le manque de détermination perçu pour défendre la livre sterling ont érodé la confiance du marché, rendant l'attaque plus susceptible de réussir. La conséquence immédiate de l'attaque spéculative a été une dévaluation significative de la livre sterling d'environ 15 % par rapport au Deutsche Mark allemand.

Le même phénomène s'est produit dans la Zone franc en 1992 et qui fut marqué par la décision (2 août 1993) des banques centrales (BCEAO et BEAC) de suspendre le rachat des billets émis par elles et exportés en dehors des pays africains de la Zone franc. Cette inconvertibilité[90] était motivée par l'importance des sorties de billets hors des zones d'émission, causées par les attaques spéculatives dont avait été victime le FCFA à l'époque et qui étaient préjudiciables aux économies des pays : elles étaient le véhicule d'activités frauduleuses et de fuites de capitaux importantes vers l'Europe et les pays ouest-africains non membres de la Zone franc.

Cette disposition – qui restreignait les facilités de transferts et surtout de conversion des francs CFA en Europe contre des dollars et des livres – créa une psychose dans les milieux cambistes nigérians qui se sont débarrassés précipitamment des francs CFA qu'ils détenaient comme le confirme l'évolution du taux de change enregistrée à Kano : de

[89] Cela s'est produit le 16 septembre 1992, lorsque les spéculateurs monétaires ont ciblé la livre sterling, forçant finalement le gouvernement britannique à se retirer du mécanisme de change européen (MCE).

[90] La convertibilité était maintenue pour les avoirs bancaires.

132 nairas pour 1 000 francs CFA, celui-ci était tombé à 85 nairas (4 août 1993) pour se stabiliser autour de 105 une dizaine de jours plus tard, soit une dépréciation du franc CFA d'environ 14 %. Toutefois, ce dernier retrouva rapidement son cours antérieur, une fois dissipé l'affolement qui avait saisi les opérateurs nigérians. Sans doute aussi, avaient-ils trouvé d'autres filières pour transformer les francs CFA en devises par le biais des circuits bancaires : l'accroissement des transferts opérés par les banques nigérianes et camerounaises[91] au cours du second semestre 1993 est à ce titre révélateur.

Si les mesures d'août 1993 n'ont finalement pas eu de grosses conséquences sur le taux de change lui-même, elles ont eu, par contre, un impact psychologique important auprès des hommes d'affaires nigérians qui avaient jusqu'alors une confiance illimitée dans le franc CFA du fait de sa stabilité et de sa convertibilité. Leur méfiance était renforcée par les rumeurs — bien que régulièrement démenties — d'une possible dévaluation.

Les représentants des quatorze États africains de la Zone franc, réunis les 10 et 11 janvier 1994 à Dakar, ont été contraints d'accepter une dévaluation massive de leur monnaie[92] — dont la parité avec le franc français était inchangée depuis 1948 — face à un double refus : celui du Fonds monétaire international, dont le directeur Michel Camdessus était présent à Dakar, de leur octroyer de nouveaux prêts et celui de la France, représentée par Michel Roussin, alors ministre de la Coopération, de continuer à soutenir financièrement l'ajustement structurel sans accord avec le FMI.

Au même moment, le 10 janvier, le général Sani Abacha[93] présentait le budget de la Fédération pour l'année 1994 et les grandes lignes de sa politique économique et monétaire où la stabilisation du taux de change du naira constituait une priorité. En fixant le taux de change à 22 nairas[94] pour un dollar, le chef de l'État entendait supprimer le marché noir ou, tout du moins, atténuer la spéculation sur ce marché en amenant les cambistes à se conformer à la nouvelle mesure. Pour cela,

---

[91] K. Bakie. J. Engola. A. Hahoua. J. Herrera. "L'impact des mesures relatives à la convertibilité restreinte du franc CFA de la zone BEAC sur les marchés parallèles des changes et sur les échanges commerciaux informels Cameroun-Nigéria "Échanges transfrontaliers Cameroun-Nigéria, Observatoires. OCISCA-ORSTOLI, novembre 1993.

[92] 50 % pour les pays continentaux. 33 % pour les Comores

[93] Ancien Président du Nigéria de 1993 à 1998.

[94] La monnaie nationale nigériane

les bureaux de change n'étaient plus autorisés à vendre des devises pour financer des importations et leur rôle était désormais limité à la vente de devises d'un montant inférieur à 2 500 dollars, une commission leur étant versée par la Banque centrale en guise de rémunération. Seules étaient désormais habilitées à vendre des devises aux importateurs dans les banques commerciales et de développement agréées par la Banque centrale du Nigéria (CBN).

Ces deux mesures entraînèrent un véritable " krach " monétaire sur l'ensemble des marchés des changes parallèles, que ce soit au Nigéria ou dans les pays limitrophes. De 138 nairas pour 1 000 francs CFA au 1er janvier 1994, le taux avait déjà un peu fléchi sur toutes les grandes places (il était à 128 au Niger le 7 janvier) face aux incertitudes qui planaient sur le franc CFA. Il s'était toutefois redressé à 136 le 10 janvier au matin. Les opérateurs, à l'écoute des informations diffusées par les radios internationales, pressentaient qu'une décision importante serait prise à Dakar et commencèrent à anticiper la dévaluation, le franc CFA s'échangeant contre 122 nairas le 11 janvier au matin. Le jour de la dévaluation, le 12 janvier, le taux à Zinder, proche du Nigéria, passa de 110 le matin à 70 le soir : le franc CFA s'était donc dévalué logiquement de près de 50 % par rapport au cours du naira du 10 janvier.

Après avoir cédé à la panique, les marchés reprirent leurs esprits quelques jours plus tard et le 16 janvier le franc CFA se stabilisait dans une fourchette de 85 à 90 nairas pour 1 000 francs CFA (soit une dévaluation de 37 % par rapport au 10 janvier 1994), fourchette dans laquelle il oscillera jusqu'en juillet. Le naira n'avait donc pas répercuté totalement le montant de la dévaluation du CFA.

À l'intronisation du Président Diomaye Diakhar Faye, les Présidents du Nigéria, du Ghana, de la Guinée, du Libéria, de la Sierra Leone, de la Gambie et du Cap-Vert et le Vice-président de Côte d'Ivoire étaient présents. Étaient-ils présents seulement en observateurs ou faisaient-ils leurs le discours entendu sur la Monnaie. Ainsi, à entendre le nouveau discours, le Sénégal privilégie l'intégration africaine à travers les ensembles sous-régionaux, d'abord, et si on ne parvient pas à faire bouger les lignes, le Sénégal se veut alors force de proposition de créer sa propre monnaie.

Conclusion du chapitre 2

La monnaie doit ses fonctions économiques à un consensus social. Avant l'intervention de la puissance publique, ce consensus reposait sur la confiance que les membres d'une communauté s'accordaient mutuellement. Une confiance fondée sur l'acceptation de règles et de normes communes. Au fur et à mesure que la communauté se développait et se complexifiait, la formalisation des consensus établis dans les différents domaines de la vie sociale s'est avérée nécessaire. Il faudra donc identifier les facteurs qui pourraient saper cette confiance jusqu'à la rendre vulnérable. Ces facteurs peuvent exacerber les ralentissements économiques, créer une instabilité financière et même conduire à des phénomènes d'hyperinflation et d'attaques spéculatives qui ont toujours été le résultat d'une crise économique grave où la confiance a fait défaut. Le manque de confiance à la monnaie peut également causer la dollarisation de l'économie qui est un phénomène très répandu dans les pays en développement où circule généralement un autre moyen de paiement légal – le dollar des États-Unis la plupart du temps. Le chapitre qui s'achève a tenu à poser d'abord la question de l'optimalité et de la viabilité du FCFA, ensuite les phénomènes qui peuvent provenir de la perte de confiance dans celle-ci et afin à aborder la question de la souveraineté monétaire des pays de la Zone franc.

Le niveau d'optimalité de la zone CFA a été analysé à l'aide de la théorie des ZMO. À travers cette analyse, la zone CFA n'est certes pas une ZMO au sens strict, mais aucun de ses membres n'a voulu la quitter démontrant ainsi sa viabilité. Cette monnaie toujours présente est continuellement utilisée tant sur le plan commercial que sur le plan financier. Les citoyens ouest-africains continuent de lui accorder une relative confiance tant comme intermédiaire aux échanges et unité de compte que comme réserve de valeur. Cette confiance à la monnaie de l'Afrique de l'Ouest est favorisée par sa garantie illimitée et par le niveau des réserves de la zone qui est toujours supérieur à la norme du FMI[95]. Quelles que soient les réformes qu'on souhaite mettre en place, si le niveau des réserves de change dont dispose la banque centrale n'est pas suffisant, la stabilité de la valeur de cette monnaie par rapport aux devises ne sera pas assurée. S'ensuivraient donc très rapidement des phénomènes d'inflation et de dévaluations en cascade qui

[95] La norme est de 3 mois d'importation

provoqueraient des pertes et des ralentissements de l'activité économique.

Le FCFA, malgré cette confiance que lui vouent les autorités de l'Union, fait l'objet de critiques récurrentes de la part des partisans de la souveraineté monétaire. Ces critiques ont essentiellement porté sur son arrimage fixe avec l'euro, sur la politique monétaire contraignante de la zone, sur le niveau de parité qui empêche, selon les détracteurs, les États membres d'être compétitifs, etc. En fin de compte, quelles que soient ses critiques, des scénarios jugés probables sont proposés dans le prochain chapitre qui vont servir de cadre référentiel pour les autorités du pays.

CHAPITRE 3

QUELS SCÉNARIOS POUR LE SÉNÉGAL FACE AU REJET DU FRANC CFA ?

Face aux débats de plus en plus récurrents sur le FCFA, à la volonté des autorités de s'en démarquer et à la perspective d'une monnaie unique pour les pays de la CEDEAO, trois scénarios sont proposés pour le Sénégal. Le premier scénario est celui du maintien du Sénégal dans la zone UEMOA (statut actuel) tout en demandant des réformes approfondies. Le deuxième scénario est relatif à l'adhésion du pays au projet d'intégration monétaire de la CEDEAO. Dans ce scénario, des réformes s'imposent pour se conformer au projet, notamment au niveau des pratiques monétaires et institutionnelles. Le troisième scénario suppose une sortie de l'UEMOA avec la création d'une nouvelle monnaie nationale. Ce scénario considéré comme un scénario extrême mérite une réflexion approfondie pour voir si le pays pourrait s'en sortir malgré les risques.

Scénario 1 : Poursuite de l'intégration régionale avec des arrangements institutionnels dans l'UEMOA

Étant donné que les avantages macroéconomiques seraient plus importants au sein d'une union monétaire réformée et modernisée, ce scénario peut être mis en exergue. Il suffit de poursuivre l'expérience régionale avec des modifications. Comme rappelé dans le chapitre 1, la zone a connu des réformes dont la dernière date de 2019, permettant ainsi à la BCEAO de disposer de la totalité de ses avoirs. Les décisions prises lors de la dernière réforme se résument autour de trois points clés à savoir le changement du nom de la monnaie, la fin de la centralisation des réserves de change de la BCEAO au Trésor français et le retrait de la France des instances de gouvernance dans lesquelles elle était présente. Toutefois, la parité fixe avec l'euro est maintenue et le rôle de la France est transformé en celui de garant financier.

Malgré ce nouvel accord entre la France et l'UEMOA, les critiques se sont amplifiées et intensifiées. Pour certains d'économistes, la réforme de 2019 n'est pas une réforme monétaire, mais une réforme des instances et du fonctionnement de la coopération monétaire. Est-ce que *rien n'a changé sous le soleil*, comme semble le dire PRAO Y.S (2024), avec l'affirmation associée à son ouvrage de la « pérennisation du néocolonialisme français ? Au-delà du discours militant, c'est dénier les arrangements institutionnels entre la France et ses anciennes colonies d'une part, la capacité des États et leur responsabilité par rapport aux choix de politiques économiques y compris leur coopération diversifiée avec d'autres puissances hégémoniques, mises en place dans cette zone !

L'auteur lui-même reconnaît des éléments contrefactuels à son argumentation :

1. Le Compte d'Opérations est supprimé. Désormais, la BCEAO est libre de placer ses réserves où elle le souhaite et cela n'est pas théorique, puisque tout pays peut disposer maintenant entièrement de ses réserves de change et les placer où il veut !

2. Les représentants français qui siégeaient dans trois différentes instances de la BCEAO laisseront leurs sièges.

3. Le commerce intrarégional ouest-africain n'est pas faible, comparativement à d'autres communautés économiques régionales africaines.

4. La réduction des coûts de transaction entre les pays découle de la monnaie unique avec ses avantages microéconomiques, comme la réduction des coûts en devises des échanges des résidents des pays membres…

Force est de reconnaître que la convertibilité du CFA est une assurance pour des pays majoritairement exportateurs de matières premières et donc exposés à de fortes variations des termes de l'échange. Un pays comme le Ghana, dont la structure économique est assez proche de celle de la Côte d'Ivoire avec une filière cacao prépondérante, connaît des variations de sa monnaie, le cedi, porteur de graves risques sociaux. La Côte d'Ivoire en a été prémunie même pendant les années 2002 à 2010 où le pays a été coupé en deux du fait de la crise politique qu'il a connue. Entre 2020 et 2024, le même scénario a été observé avec une forte attaque spéculative sur le cedi, amenant ce pays à demander urgemment aux instances multilatérales de structurer sa dette. Pour l'ensemble de la Zone CFA, il n'y a jamais eu de contraintes sévères de liquidités, à l'exception du milieu des années 80, privant les agents de réaliser des plans de consommation ou d'investissement à leur échelle de ressources tirées de leur production, de leur épargne. De même, il n'y a pas eu des épisodes d'hyperinflation notoires comme au Zimbabwe, se soldant par des conflits internes durables et des chocs d'offre spécifiquement de longs termes et persistant même dans la courte période avec le rationnement des demandeurs de biens et services ? L'inflation certes basse en Zone CFA n'a pas handicapé la croissance, tantôt soutenue sur certaines périodes ou avec absence de dépression (1995-2005 ; 2000–2005 ; 2020–2023 même avec la parenthèse Covid). Il faut donc une théorie plus conséquente de l'inflation dans cette zone pour ne pas la cantonner à des chocs de demande et à un comportement de la BCEAO violant la cause du contrôle de l'offre de monnaie. La question conséquente serait alors la transformation structurelle des économies qui relève plus de la mobilisation de recettes fiscales endogènes ! Cette transformation voudrait peut-être que des seuils endogènes d'inflation soient recherchés et que l'objectif de stabilité des prix soit rattaché à un autre objectif de variabilité relative des prix, tenant compte des hétérogénéités des économies en matière de composition sectorielle de leur valeur ajoutée.

Refuser l'UEMOA est un fait, mais la CEDEAO devient incompréhensible, surtout lorsqu'avec la France de tels éléments nouveaux se sont imposés. En effet, la CEDEAO est de plus grande taille ; le seul élément de crainte est alors le poids du Nigéria et les modalités de trouver un ancrage de la future monnaie tout en tenant compte de la diversité actuelle des partenaires ! Pourquoi subitement, le Nigéria n'est plus indépendant, mais un vassal de la France, « un parapluie masqué de la France » ? En quoi la BCEAO et les autres banques centrales des pays de la ZMAO deviendraient-elles des succursales de la BCE ? Les arguments fournis par Prao seraient alors discutables !

Les véritables questions qu'on devrait poser pour la zone UEMOA sont : quelles sont les réformes qui rendraient la zone optimale ? Quels sont les véritables problèmes auxquels la zone est confrontée afin d'y remédier. Comme nous l'avons rappelé dans les chapitres précédents, la zone UEMOA comporte plusieurs défauts et failles qu'il faut d'abord passer à la loupe, avant de lui donner des orientations claires qui lui seront bénéfiques.

1.1 Les défauts économiques de la zone UEMOA

Indépendamment du débat changes fixes et changes flexibles, l'UEMOA présente des défauts économiques qui en limitent les potentiels bienfaits.

- **Les limites au fonctionnement optimal de la zone FCFA**

La zone CFA vise la stabilité de la monnaie et non la croissance économique. Il ne s'agit donc pas d'une zone monétaire optimale. La stabilité concerne la maîtrise des risques pays, les risques prudentiels, et les risques d'inflation. Il en résulte que la marge de manœuvre des pays en matière d'arbitrage chômage/inflation, à travers la courbe de Phillips, est limitée.

La captation de la liquidité bancaire par les États conduit à un effet d'éviction des investissements privés par les investissements publics. Le marché interbancaire est dominé par les interventions publiques du fait des défaillances des politiques budgétaires ; par exemple, des défaillances en matière de collecte de la fiscalité.

L'hétérogénéité fiscale sur les services financiers intra-zone (commissions sur les services, dépôts à terme, bons de caisse) est contre-productive. La taxe sur les opérations bancaires en Côte d'Ivoire est de 10 % alors qu'elle est d'environ 17 % dans les autres États membres de l'UEMOA.

La rigidité du système des réserves dissuade parfois les États d'épargner. Il est interdit aux pays membres de la zone de constituer des fonds souverains en devises, même en période de vaches grasses pour les produits de base (ce serait une façon déguisée de rationaliser les réserves). En revanche, ils peuvent emprunter sur les marchés internationaux. Il y a donc dissymétrie entre leurs placements et leur endettement. Certes, l'Union incite ses membres à la prudence financière. Mais, ces États n'ont jamais eu à se souscrire directement de la convertibilité, conquête chèrement acquise ailleurs. Il en résulte parfois des comportements hasardeux en matière de dette extérieure et de risque de change. On peut considérer ce point comme une contrainte pour les pays comme le Sénégal qui vient d'entrer dans le cercle des pays producteurs d'hydrocarbures avec l'extraction de pétrole du champ de Sangomar au large de Dakar et qui va constituer un fonds de réserve pour les générations futures.

Malgré l'ampleur des variations de terme de l'échange, les modifications de parité sont quasi impossibles. La spécialisation des pays de l'Union dans les matières premières et les produits primaires peut entraîner des variations de grandes ampleurs dans les termes de l'échange. Or, au sein de l'Union, la parité n'est pas ajustable.

La perte du pouvoir d'ajustement de la valeur externe de la monnaie par le biais du taux de change, option qui peut être utilisée pour résister aux chocs économiques : dévaluer la monnaie par rapport à une monnaie de référence contribue par la suite à stimuler l'emploi et la demande pour les produits locaux, et ainsi à relancer l'économie[96]. Sans cette option, le gouvernement est contraint de se tourner vers des ajustements par dévaluation interne (autrement appelée une « politique d'austérité »), ce qui implique la réduction des salaires des fonctionnaires, la réduction des dépenses publiques dans des secteurs tels que l'éducation, la santé et l'agriculture, ainsi que la hausse des impôts. En conséquence, l'activité économique baisse[97].

Les pays de la Zone franc font face à de nombreux chocs économiques, dont plusieurs sont liés à la forte spécialisation primaire et agricole (variations dans les prix des matières premières, fluctuations climatiques, etc.). Les pays de la zone ne disposant d'un avantage comparatif que sur un nombre restreint de produits agricoles, peu complexes et soumis à une forte instabilité de prix, le taux de change ne jouerait qu'un rôle faible par rapport aux performances des économies. Notons que le franc CFA, arrimé à une monnaie forte, agit comme une taxe sur les exportations et une subvention sur les importations, rendant difficile l'obtention de l'équilibre de la balance commerciale. L'analyse de l'évolution du Taux de Change Effectif Réel (TCER) permet d'appuyer le constat précédent. De nombreuses études empiriques ont ainsi mis en évidence une surévaluation du franc CFA de l'ordre de 10 % (KIEMA et alii, 2011 ; Couharde et alii, 2011).

---

96 Frankel Jeffrey A. Experience of and Lessons from Exchange Rate Regimes in Emerging Economies. Working Paper n° 10032 [en ligne]. Cambridge, Massachusetts: National Bureau of Economic Research, 2003, p. 11. Disponible sur : https://www.nber.org/papers/w10032 (téléchargé le 12/05/2022)

97 Sylla Ndongo Samba. The Franc Zone, a Tool of French Neocolonialism in Africa [en ligne]. Jacobin, 01/06/2020. Disponible sur : https://jacobin.com/2020/01/franc-zone-french-neocolonialism-africa (consulté le 05/18/2022)

Encadré 6 : L'établissement de la condition de Marshall-Lerner[98]

On part de l'expression suivante de la balance commerciale en valeur :

$$(A1) \qquad BC = P \cdot Q_x - E \cdot P^* \cdot Q_M$$

P et P * sont respectivement l'indice des prix des produits exportés en monnaie locale et celui des produits importés, en monnaie étrangère ; E est le taux de change coté à l'incertain ; QX et QM sont respectivement les volumes exportés et importés. Si l'on divise les deux membres de l'égalité (A1) par P, on obtient l'expression de la balance commerciale en fonction du taux de change réel.

$$(A2) \qquad BC(\lambda_p) = \frac{BC}{P} = Q_x - E \cdot \frac{P^*}{P} \cdot Q_M = Q_x - \lambda_p \cdot Q_M$$

L'accroissement total de la balance commerciale dépend de celle des quantités exportées et importées et du taux de change réel :

$$\Delta BC(\lambda_p) = \Delta Q_x - \Delta\lambda_p \cdot Q_M - \lambda_p \cdot \Delta Q_M$$

On peut exprimer cet accroissement relativement aux quantités exportées. On obtient :

$$(A3) \qquad \frac{\Delta BC(\lambda_p)}{Q_x} = \frac{\Delta Q_x}{Q_x} - \frac{\Delta\lambda_p}{Q_x} \cdot Q_M - \lambda_p \cdot \frac{\Delta Q_M}{Q_x}$$

Si au départ, pour simplifier l'analyse, on suppose la balance commerciale équilibrée, alors :

98 Cette condition porte le nom des deux économistes qui l'ont formulée : Alfred Marshall et Abba Lerner.

$$BC(\lambda_p) = Q_x - \lambda_p \cdot Q_M = 0 \Rightarrow Q_x = \lambda_p \cdot Q_M$$

Remplaçons dans les deuxième et troisième membres de la partie droite de l'égalité (A3) Q_x et $\lambda_p \cdot Q_M$ on obtient maintenant la différentielle totale de la balance commerciale :

$$\text{(A4)} \quad \frac{\Delta BC(\lambda_p)}{Q_x} = -\frac{\Delta \lambda_p}{\lambda_p} + \left(\frac{\Delta Q_x}{Q_x} - \frac{\Delta Q_M}{Q_M} \right)$$

Selon la formule (A4), la balance commerciale est toujours affectée par deux effets différents : un effet-prix et un effet volume. L'effet prix est négatif ; il est donné par la variation relative du taux de change réel, $-\frac{\Delta \lambda_p}{\lambda_p}$. Comme une dépréciation réelle se traduit par $\frac{\Delta \lambda_p}{\lambda_p} \succ 0$, alors $-\frac{\Delta \lambda_p}{\lambda_p} \prec 0$. La dépréciation réelle de la monnaie locale engendre donc toujours une dégradation de la balance commerciale. L'effet-volume est donné par l'expression entre parenthèses du membre de droite ; elle précise les ajustements de la balance commerciale exprimée en volume. Toutes choses égales par ailleurs, une dégradation du solde commercial en volume dégrade la balance commerciale en valeur. Comme une dépréciation réelle de la monnaie locale doit normalement engendrer une amélioration du solde en volume, l'impact final sur la balance commerciale en valeur va dépendre de l'intensité relative de ces deux effets.

Une croissance du solde de la balance commerciale suppose que l'expression (A4) soit positive. Donc

$$\text{(A5)} \quad \frac{\Delta BC(\lambda_p)}{Q_x} \succ 0 \Rightarrow \left(\frac{\Delta Q_x}{Q_x} - \frac{\Delta Q_M}{Q_M} \right) \succ \frac{\Delta \lambda_p}{\lambda_p} \Rightarrow \frac{\Delta Q_x}{Q_x} - \frac{\Delta Q_M}{Q_M} \succ \frac{\Delta E}{E} - \left(\frac{\Delta P}{P} - \frac{\Delta P*}{P*} \right)$$

Une diminution de la valeur nominale de la monnaie locale, † DE E > 0, se traduit par une diminution de sa valeur réelle, $\frac{\Delta\lambda_p}{\lambda_p} \succ 0$, du moment que la sensibilité des prix locaux aux variations du taux de change reste faible, ce qui se traduit par le fait que le différentiel d'inflation varie dans des proportions moindres que le change : $\frac{\Delta P}{P} - \frac{\Delta P*}{P*} \prec \frac{\Delta E}{E}$. Comme il a été souligné précédemment, une dépréciation de la monnaie ne peut améliorer la balance commerciale en valeur qu'à la condition d'avoir un effet-volume positif qui surpasse l'effet-prix négatif. Pour estimer lequel de ces deux effets domine, il nous faut par conséquent établir une mesure de la sensibilité des volumes échangés aux variations des prix. Pour cela, divisons les deux membres de gauche de la seconde inégalité de (A5) par le membre de droite.

$$\frac{\Delta BC(\lambda_p)}{Q_x} \succ 0 \Rightarrow \frac{\frac{\Delta Q_x}{Q_x}}{\frac{\Delta\lambda_p}{\lambda_p}} - \frac{\frac{\Delta Q_M}{Q_M}}{\frac{\Delta\lambda_p}{\lambda_p}} \succ 1 \Rightarrow \varepsilon_X - \varepsilon_M \succ 1 \quad \varepsilon_M \prec 0$$

ε_X et ε_M sont respectivement les élasticités-prix (ici le prix est le taux de change réel) de l'offre d'exportation et de la demande d'importation du pays. Puisque $\varepsilon_X \succ 0$ et $\varepsilon_M \prec 0$, la condition $\varepsilon_X - \varepsilon_M \succ 1$ revient finalement à poser que :

$$|\varepsilon_X| - |\varepsilon_M| \succ 1 \qquad \text{(A6)}$$

La formule (A6) est appelée condition de Marshall-Lerner ou encore théorème des élasticités-critiques. Elle stipule qu'une dépréciation réelle de la monnaie améliore la balance commerciale à la condition que la somme des valeurs absolues des élasticités-prix de l'offre d'exportation et de la demande d'importation soit supérieure à l'unité. Ce qui revient à affirmer que l'effet-volume positif engendré par une dépréciation doit être suffisamment intense pour compenser l'effet-prix négatif.

La courbe en J s'explique généralement par le décalage dans le temps entre l'effet-prix et l'effet volume. L'effet prix négatif est un effet quasi immédiat, alors que l'effet volume nécessite du temps (mise en place de nouvelles capacités de production, réduction des importations partiellement remplacées par des produits substituts locaux, etc.). Une dépréciation réelle va donc entraîner au départ une dégradation de la balance commerciale et par voie de conséquence, de la balance courante. Ce n'est qu'au bout de quelques mois que l'influence positive de l'effet volume s'exercera pleinement.

Les progrès du solde de la balance commerciale vont dépendre de l'importance de l'effet-volume. Si la somme des valeurs absolues des élasticités-prix est très supérieure à l'unité, ce solde augmentera de façon conséquente. Si par contre cette somme est juste égale à l'unité, l'effet-volume compensera tout juste l'effet-prix, et le solde ne connaîtra aucune amélioration.

Notons pour terminer que le rétablissement durable de la compétitivité du pays va dépendre de sa capacité à contenir la poussée inflationniste que pourrait engendrer à court terme la hausse du prix des importations et à plus long terme la relance de l'activité économique, favorisée par le retour aux excédents commerciaux. Dans le cas contraire, la monnaie locale se réapprécierait et la balance commerciale finirait de nouveau par se dégrader.

Les déviations du TCER par rapport à sa tendance d'équilibre de long terme altèrent les signaux des marchés et induisent d'importants coûts d'ajustement. Qu'il soit positif ou négatif, un désalignement du TCER reflète une mauvaise politique de change et induit une mauvaise allocation des ressources productives, pouvant mener à une crise prolongée susceptible de plomber les efforts de développement et les dynamiques de croissance. Une perte de compétitivité est observée par rapport à tous les groupes de partenaires, à l'exception des pays environnants et pays de la CEMAC. En moyenne annuelle au cours de la décennie 2002-2023, une hausse de l'indice du taux de change effectif réel est enregistrée vis-à-vis des partenaires industrialisés (0.9 %), de la zone euro (0.5 %) et des pays asiatiques (0.0 %). Par contre, un gain de compétitivité de 0,1 % est noté à l'égard des pays environnants.

Figure 5 : Gains et pertes de compétitivité dans l'UEMOA vis-à-vis de l'ensemble des partenaires (en %) (2002-2023)

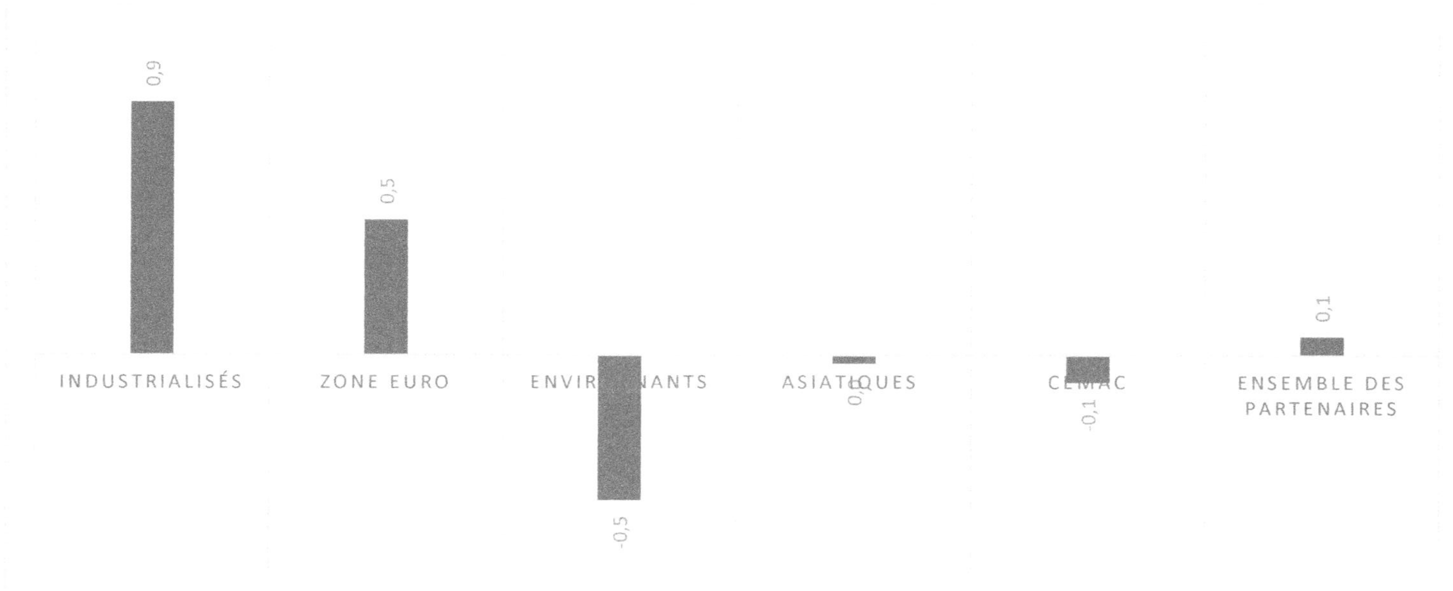

Source : calculs de l'auteur d'après les données de la BCEAO (-) pour le gain et (+) pour la perte de compétitivité

- **La gestion solitaire de la Zone UEMOA, ou le piège de la tête à tête franco-africain**

Ce tête-à-tête ne va pas de soi. Lors de la signature du Traité de Maastricht en 1991, la France avait esquivé le sujet constitué par les accords extérieurs de type Zone franc par crainte de fragiliser le processus d'Union économique et monétaire. En 1998, la netteté de sa qualification pour l'euro a permis au ministre français de l'époque d'arracher à la demande des pays africains, une validation sous condition.

Mais, ultérieurement, elle a agi derechef comme si la coopération monétaire en Afrique était une pure compétence nationale. Le passage à l'euro, l'une des deux plus grandes monnaies mondiales en lieu et place du franc français, n'a guère été valorisé auprès des opinions africaines surtout lorsque les flux commerciaux avec l'Union européenne représentaient l'écrasante majorité des échanges extérieurs de l'Afrique subsaharienne)[99]. Les obligations auxquelles est soumise la Zone franc vis-à-vis de l'Union européenne sont rarement évoquées et généralement sous-estimées. Il faut donc un accord ratifié par tous les pays européens en ce qui concerne le CFA ; ce qui, toutes choses égales, serait une coopération euro-africaine et une coopération franco-africaine.

La politique solitaire de la France s'explique par des préoccupations de court terme qui tendent à se pérenniser d'elles-mêmes. La principale réside dans les critiques exprimées par certains pays européens vis-à-vis de la Zone franc. N'ayant jamais été associés ni informés en profondeur sur cette coopération, ils se montrent souvent réservés et parfois sévères à son endroit (y compris dans les enceintes multilatérales). Les responsables africains voient dans ces réserves une possible menace. Ils sont spontanément enclins à privilégier le cadre bilatéral des relations avec la France auquel ils sont habitués.

Vis-à-vis de l'opinion africaine, le message est étrange : comment ne serait-il pas trouble de voir une France si attachée à l'UEMOA faire de sa coopération monétaire avec l'Afrique une affaire purement nationale ?

---

[99] Aujourd'hui encore, même avec une part de marché européen en déclin sur le continent africain, le fait que le FCFA soit indexé sur l'euro facilite la tâche des opérateurs internationaux.

1.2 Les failles préoccupantes de la zone

La fixité du régime de change : les régimes de change fixes supposent un engagement implicite ou explicite de la part des autorités publiques de ne pas autoriser les fluctuations du taux de change au-delà d'une marge donnée, de manière à ce que le taux de change constitue un ancrage nominal significatif pour les attentes du secteur privé concernant le comportement du taux de change, et la politique monétaire d'accompagnement qui s'impose. Avec la fixité du régime de change de la zone CFA, la politique monétaire est entièrement subordonnée à la politique de change. Un tel régime ne permet pas d'ajuster le taux de change réel en agissant sur le taux de change nominal. Il s'ensuit que l'ajustement économique doit se faire par d'autres canaux, notamment les prix et les coûts intérieurs, l'activité économique ainsi que l'emploi.

L'impossibilité de mener une politique monétaire autonome : l'un des principaux désavantages d'un régime de change fixe est l'impossibilité de mener une politique monétaire autonome, élaborée par les autorités monétaires nationales ou les autorités communautaires dans le cas d'une Union monétaire. En effet, dans un régime de change fixe, la politique monétaire est plutôt déterminée par le pays ou l'institution centrale de la monnaie d'ancrage. Ainsi, avec l'ancrage de l'euro, les pays de la Zone franc sont obligés de suivre des politiques monétaires conformes à celles de la BCE, en donnant la priorité à la lutte contre l'inflation. Une telle politique n'est-elle pas inappropriée pour des économics qui ont des besoins importants de financements pour développer et diversifier leurs capacités de production ? N'a-t-elle pas un effet anesthésiant, car même en gérant mal les économies, les gouvernants africains sont sûrs que Paris sera toujours là pour couvrir leurs éventuels errements ? Face à ces inconvénients majeurs, des propositions de réforme de la Zone franc devront assurément être solides au plan technique, argumentées au plan économique et fondées sur des mesures dont les impacts futurs seront préalablement évalués, afin d'être porteuses de changements véritables.

En tant que pays moins avancés, les priorités de la Zone franc devraient être axées sur le développement et la croissance économique. La création monétaire par les banques centrales constitue un des moyens visant à stimuler la croissance. Or, contraintes par leurs mandats actuels, la BCEAO et la BEAC ne peuvent pas s'en servir par peur de créer des excès de liquidité, induisant ainsi de l'inflation et l'augmentant au-delà d'un taux de 2 %. Plusieurs économistes affirment que ce taux est trop bas et rigide par rapport aux besoins de la zone, suggérant qu'un taux d'inflation de 8 % permettrait de générer plus de croissance. En effet, un tel taux stimulerait l'emploi, la production, et le marché des biens et services, composantes de la santé économique actuellement sacrifiées au nom de la stabilité monétaire imposée par une politique monétaire trop restrictive[100].

La diversification des activités : la Zone franc n'a pas permis de modifier substantiellement le régime des spécialisations primaires de ses membres. Les produits de base pèsent encore de manière considérable dans les exportations et surdéterminent l'axe Sud-Nord de leurs échanges. Le mécanisme de la Zone franc porte une responsabilité : la monnaie CFA trop forte au regard de la faiblesse des économies concernées stimule les importations, puisque les produits manufacturés étrangers sont relativement peu chers, à tel point que la transformation locale des matières premières et l'investissement ne sont pas encouragés. La réalité s'impose rudement, la participation de l'Afrique — hors et en Zone franc — aux chaînes de valeur mondiales reste marginale : 2,2 % de l'ensemble du commerce contre 51 % pour l'Europe, 23 % pour l'Asie et 12 % pour l'Amérique du Nord[101]. Pour le reste, le continent prend part à un certain nombre de chaînes de valeur, mais n'y est présent le plus souvent qu'en amont, en qualité de producteur de minerais, d'hydrocarbures, de coton, de cacao et d'autres matières premières agricoles. Ses exportations ne renferment qu'une faible part de valeur ajoutée.

Une Zone franc à faible inclusion financière : Étant donné que l'objectif fondamental de la politique monétaire en Zone franc soit la défense de la parité fixe, cela éloigne les différentes banques centrales de ce qu'elles devraient faire en réalité. Aujourd'hui, il ne suffira pas simplement de changer les mécanismes de la coopération monétaire, mais il faudra engager une politique publique en faveur de l'inclusion financière et bancaire. Les graphiques suivants montrent que la zone UEMOA présente un certain retard en matière d'inclusion bancaire par rapport à leurs voisins d'Afrique de l'Ouest.

---

[100] NUBUKPO Kako (2015), p. 77

[101] Conférence des Nations unies sur le commerce et le développement, 2016.

Figure 6 : Les États d'Afrique de l'Ouest et l'inclusion bancaire

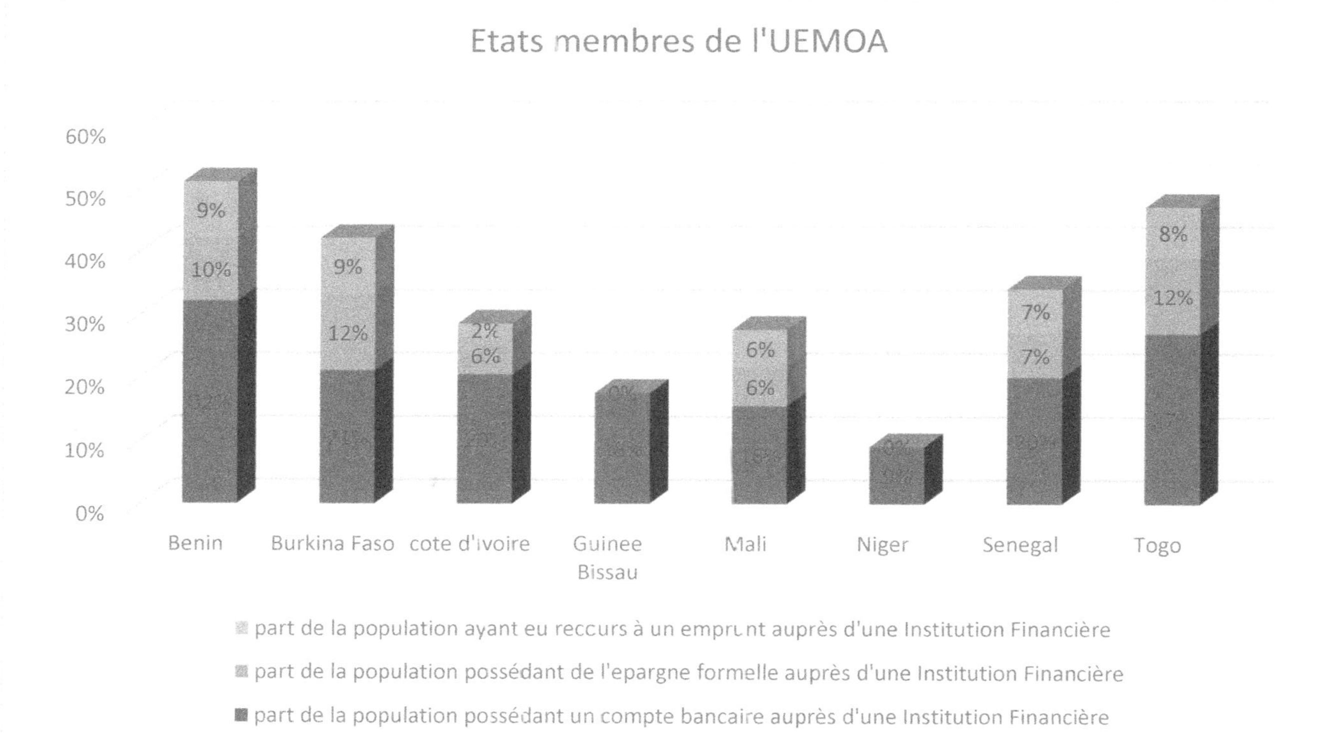

Source : calculs de l'auteur d'après les données de la BCEAO

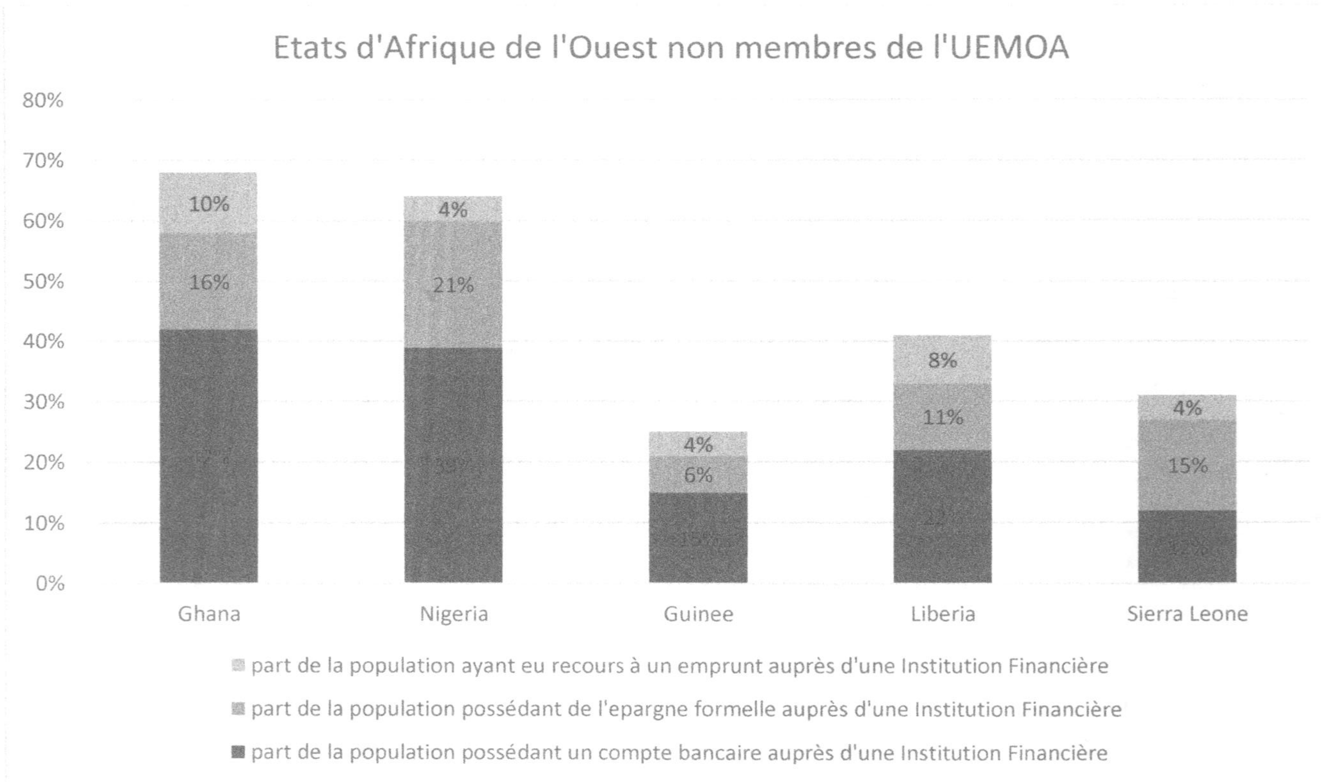

Source : calculs de l'auteur d'après les données de la BCEAO

La faiblesse de l'intégration régionale : la zone n'a pas permis le développement des échanges. Elle a longtemps vécu sans intégration régionale. Jusqu'à la décennie 1990, les tarifs douaniers et les accords commerciaux y sont demeurés des compétences nationales. Historiquement, la zone n'est pas issue d'un processus « à l'européenne » (rapprochement économique débouchant sur l'union monétaire). Tout comme la zone sterling, elle est née sous la forme d'une union des transferts de capitaux.

Ce n'est que dans les années 90 que la mise en place d'unions douanières et une coordination économique régionale ont été lancées en Zone franc notamment sous l'impulsion de la coordination européenne. C'est ainsi que naquit l'UEMOA.

Ce processus est précieux. Mais un quart de siècle après, le marché commun est encore inachevé en Afrique de l'Ouest (région dotée de traditions d'échanges). Le niveau des échanges intra-communautaires dans l'UMOA est très limité, principalement du fait de la faible diversification économique, de la faible intégration financière et des trajectoires économiques et macroéconomiques très diverses des huit pays de l'UMOA. La Côte d'Ivoire, le Sénégal ou encore le Bénin font partie des pays avec une bonne signature, tandis que le Burkina Faso et le Togo consentent à beaucoup d'efforts, dans un contexte sécuritaire et économique très difficile. Les mêmes difficultés se posent pour le Mali et la Guinée-Bissau.

En termes de PIB par habitant, il n'existe pas de « prime » aux pays appartenant à la Zone franc (Tableau 13). Les niveaux sont à la fois disparates au sein de l'UMOA. On voit un écart très net entre les États et la répartition du PNB par habitant. Cette situation n'encourage pas le développement dans une intégration qui suppose que l'écart de développement qui doit séparer les pays membres soit marginal. En 2019, la richesse par habitant était la plus faible au Niger et en Guinée-Bissau (moins de 700 $) et la plus forte en Côte d'Ivoire avec 1680 dollars US, suivie par le Sénégal (1447 USD) et le Bénin (1219 USD). La dispersion de cet indicateur réel montre que les pays de la sous-région ne convergent pratiquement pas.

Tableau 13 : Le PIB des huit États membres de l'Union monétaire ouest-africaine en 2019 (en milliards de dollars)

	En milliards de dollars	Part du PIB dans le PIB régional en %	PIB réel/habitant (dollars) en 2019
Bénin	14.39	9.87	1219,4
Burkina Faso	15.99	10.96	774,8
Côte d'Ivoire	58.54	40.14	1680
Guinée-Bissau	1.34	0.92	697,8
Mali	17.28	11.85	824
Niger	12.91	8.85	560
Sénégal	23.58	16.17	1446,8
Togo	1.83	1.25	554,6

Source : calculs d'après les données de la Banque mondiale et de la CNUCED (pour le PIB/Hbt), 2019

Figure 7 : Le PIB des huit États membres de l'Union monétaire ouest-africaine en 2019 (en % du PIB)

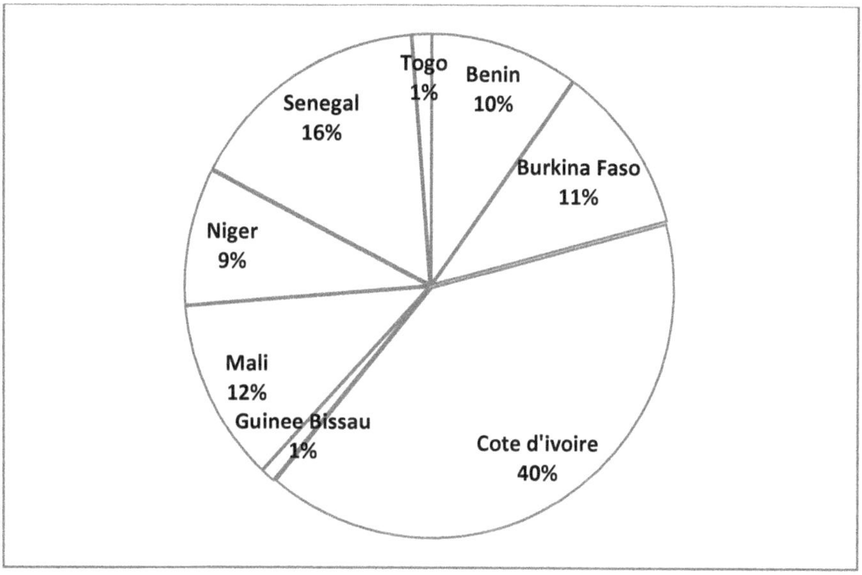

Source : calculs d'après les données de la Banque mondiale et de la CNUCED, 2019

Les différentiels macroéconomiques entre les pays membres de l'UEMOA observés dans le graphique ci-dessus sont un frein à la recherche d'un intérêt mutuellement avantageux intra-zone et l'éloignent des conditions de pareto-optimalité ; ce qui montre que l'UEMOA n'est pas une zone monétaire optimale. Le poids relatif des pays leaders associés aux différentiels macroéconomiques entre les pays fait qu'il ne peut pas y avoir un « jeu coopératif » (à l'instar de l'AELE, l'Association européenne de Libre Échange, Beitone et al. 2016). En effet, à l'initiative du Royaume-Uni, la convention de Stockholm, signée par les ministres des Affaires étrangères de la Grande-Bretagne, de la Suisse, de la Suède, de la Norvège, de l'Autriche, du Portugal et du Danemark a donné naissance à l'Association européenne de Libre-Echange le 4 janvier 1960. Cette Association qui incluait la Grande-Bretagne, la Norvège, le Portugal et la Suisse n'a pas pu fonctionner pour plusieurs raisons. D'abord il y avait, notamment, un pays leader, la Grande-Bretagne qui représentait environ 60 % du PIB de la zone (d'où l'absence de jeu coopératif spontané), le Portugal qui était un pays en voie de développement à cette période et il y avait en plus un « cas particulier », la Suisse, pays principalement financier. Il n'y avait pas d'intégration régionale, tant sur le plan économique (échanges commerciaux, partenariats économiques, etc.) que géographique (l'espace géographique intégré facilitant les échanges et les transactions par la proximité et la quasi-absence de coûts de transport, à l'origine de nombre de distorsions de prix). La zone était constituée de pays avec d'importants différentiels macroéconomiques, éclatés sur le plan géographique et qui n'avaient, a priori, aucun intérêt mutuellement avantageux. Nous voyons ainsi qu'en plus des différentiels macroéconomiques, il y a la question de l'intégration géographique régionale pour éviter les coûts de transactions pour le commerce intra-zone. Dans le cadre de la zone UEMOA, ces coûts de transactions ne dépendent pas de la géographie, car ces pays sont intégrés géographiquement. Toutefois, ils sont enclavés, car il n'y a quasiment pas d'infrastructures de transport communes (logistiques de transport ferroviaire ou routier). Le principe de la monnaie unique dans un cadre de différentiels macroéconomiques et de faiblesse du marché domestique ne fait qu'aggraver les différentiels macroéconomiques entre les pays les mieux exposés du point de vue de la concurrence internationale et les pays les moins bien exposés.

Cela permet au pays leader de conforter sa place de leader et aux pays suiveurs d'avoir, de manière endémique, un désavantage comparatif.

1.3 La rigidité du policy-mix de la zone

Le *policy-mix* actuel de la zone UEMOA traduit une séparation entre le pouvoir monétaire et les pouvoirs budgétaires. La politique monétaire est du ressort de la BCEAO avec comme principal objectif la recherche de la stabilité des prix dans un contexte de taux de change fixe avec l'euro. Les politiques budgétaires sont spécifiques à chaque État membre de l'Union, mais elles sont coordonnées par la Commission de l'UEMOA via les critères de convergence, de stabilité, de croissance et de solidarité.

L'avantage de cette configuration réside dans le fait qu'elle a permis à la zone de maîtriser l'inflation et d'assurer progressivement une convergence nominale des économies de l'Union (voir Tableaux ci-dessous). Cependant, elle induit : (i) un coût manifeste en termes de croissance économique, du fait notamment d'une réduction des marges de manœuvre de l'instrument monétaire compte tenu de l'ancrage rigide du FCFA à l'euro ; (ii) une perte de compétitivité-prix en cas d'appréciation de l'ancre (euro) ; (iii) des difficultés d'utilisation contra cyclique de l'instrument budgétaire, notamment en cas de survenance de chocs asymétriques.

Pour une zone économiquement faible comme l'UEMOA, soumise à de fréquents chocs symétriques et asymétriques (crise économique internationale, alimentaire, énergétique, politique, écologique, etc.) recelant en son sein une pluralité d'États « fragiles », cette structure du *policy-mix* pose un certain nombre de problèmes : la rigueur de la gestion au sein d'une union économique et monétaire se confond-elle forcément avec l'application d'une politique de désinflation compétitive ? Existe-t-il des marges de manœuvre conceptuelles et réelles permettant d'envisager une voie de croissance endogène à l'Union ? Si oui, quel serait le *policy-mix* optimal de la zone UEMOA ? Est-il possible d'envisager la création, à l'instar de la zone euro, d'un Fonds de stabilisation financière afin d'aider les États en délicatesse avec leurs finances publiques et, pourquoi pas, d'insuffler une dynamique nouvelle de financement régional de la croissance ?

Tableau 14 : Évolution du critère de convergence relatif à l’inflation (norme ($\leq$ 3 %)

	20 00	20 01	20 02	20 03	20 04	20 05	20 06	20 07	20 08	20 09	20 10	20 11	20 12	20 13	20 14	20 15	20 16	20 17	20 18	20 19	20 20	20 21	20 22
Zone UEMOA																							
Bénin	9.9	2.3	1.2	0.7	1	5.4	3.8	1.3	7.9	2.2	2.1	2.7	2	1	-1.1	0.3	-0.8	1.7	0.8	-0.9	3	1.7	1.4
Burkina Faso	-0.3	4.9	2.3	2	-0.4	6.4	2.4	2	10.7	0.9	-0.6	2.8	3.8	0.5	-0.3	0.9	-0.2	2.9	1.9	-3.2	1.9	3.9	14.1
Côte d’Ivoire	2.5	4.4	3.1	3.3	1.5	3.9	2.5	2.5	6.3	0.5	1.7	4.9	1.3	2.6	0.4	1.2	0.7	0.4	0.6	0.8	2.4	4.2	5.2
Guinée-Bissau	8.6	3.3	3.3	-3.5	0.8	3.4	2	3	7.9	-2.8	2.2	5.1	2.1	0.7	-1	1.5	1.4	1	1.4	0.2	1.5	3.3	7.9
Mali	2.9	4	2.7	-1.8	0.4	7.8	0.1	0	9.2	2.4	1.2	3	5.3	-0.6	0.9	1.4	-1.8	2.9	1.8	-3	0.5	3.9	9.7
Niger	2.9	4	2.7	-1.8	0.4	7.8	0.1	0	11.3	0.5	0.9	2.9	0.5	2.3	-0.9	1	0.2	0.2	2.7	-2.5	2.9	3.8	4.2
Sénégal	0.7	3	2.3	0	0.5	1.7	2.1	5.4	5.8	-2.2	1.2	3.4	1.4	0.7	-1.1	0.1	0.8	1.7	0.5	1	2.5	2.2	9.7
Togo	1.9	3.9	3.1	-0.9	0.4	6.8	2.2	3.2	8.7	3.7	1.4	3.6	2.6	1.8	0.2	1.8	0.9	-0.2	0.9	0.7	1.8	4.5	7.6
Nigéria	6.9	18	13.7	14	15	17.8	8.3	5.4	11.5	9.2	12.4	10.8	12.2	8.5	8	9	11.4	16.4	12.1	11.4	13.2	17	18.8
Ghana	40.5	32.9	14.8	23.7	12.6	15.4	11.7	10.7	16.5	19.3	10.7	8.7	9.1	11.7	17	17.2	17.5	14.5	9.8	9.5	9.9	10	31.5

Source : calculs d’après les données des Banques Centrales et des Ministères des Finances des Etats membres

Tableau 15 : Évolution du critère de convergence relatif au déficit budgétaire (norme (≤ 3 %)

	2000	2001	2002	2003	2004	2005	2006	2007	2008	2009	2010	2011	2012	2013	2014	2015	2016	2017	2018	2019	2020	2021	2022
Zone UEMOA																							
Bénin	2.1	0.6	2.3	2.6	1	2.5	0.9	-2.1	1.9	5.5	1.8	2	0.4	2.4	1.9	8	4.5	4.3	2.9	0.5	3.8	5.7	5.5
Burkina Faso	3.6	3.3	4.7	2.9	4.3	4.7	6	6.6	5.4	4.8	4.6	2.3	3.1	3.6	1.9	2	3.9	7.7	4.9	3.4	5.2	6.3	8.6
Côte d'Ivoire	1.2	-0.8	1.4	2.4	1.7	1.6	1.4	0.8	0.4	-0.9	1.7	4.1	3.2	2.2	2.2	2.8	4	3.3	2.9	2.3	5.4	4.9	6.8
Guinée-Bissau	5.4	5.4	5.7	6.6	7.7	6.3	2.7	2.6	4.1	-3	-0.2	0.5	2	2.4	2.3	3.9	3.5	1.4	4.3	3.6	9.3	7.7	6.6
Libéria	-0.1	-0.9	-1.6	0.4	-0.6	-0.5	4.2	-7.2	2	1.1	-6.7	4	0.1	0	0.1	1.6	-2.3	1.6	0.3	0.9	-2.2	0.8	2.1
Mali	3.6	5.1	3.8	0.7	2.9	3.2	-3.3	3.2	2.2	2.8	2.6	4.2	1.1	2.4	3.8	2.4	3.9	2.9	4.7	1.7	5.5	4.8	4.9
Niger	4.3	4.4	3.6	2.8	3.5	2	-4.3	0.9	-1.6	5.3	2.4	1.9	1.1	2.9	8.1	6.4	4.5	3.7	3	3.6	5.3	5.9	6.8
Sénégal	0.2	1.9	0.1	1.3	3.4	3	5.7	3.5	4.6	4.9	5.2	6.7	5.8	5.5	4	3.7	3.3	3	3.7	9.8	9.2	11.5	12.6
Togo	5.9	2	0.7	-1.7	-1.3	2.9	2.8	0.7	0.2	0.6	-0.3	1.1	5.8	4.6	3.4	6.2	8.2	0.2	0.6	1.3	7	5.1	8.3
Nigéria	3.1	3.2	3.9	2	1.2	1.3	0.6	0.6	0.2	3.3	3.8	1.8	1.4	1.4	0.9	1.7	2.1	1	0.7	3.3	3.8	3.9	4.2
Ghana	8	2.8	3.7	2.7	1.6	0.8	3.5	3.7	6.5	3.2	2.4	0.9	10.3	11.1	10.1	4.7	7.8	3.8	3.9	4.1	10.5	8.5	11.8

Source : calculs d'après les données des Banques Centrales et des Ministères des Finances des Etats membres

Tableau 16 : Évolution du critère de convergence relatif à la dette publique (norme (≤ 70 %)

	20 00	20 01	20 02	20 03	20 04	20 05	20 06	20 07	20 08	20 09	20 10	2011	20 12	20 13	20 14	20 15	20 16	20 17	20 18	20 19	20 20	20 21	2022
Zone UEMOA																							
Bénin	39.6	38	30.8	41.1	39.5	41.3	22	23.1	28.2	33.5	28.5	29.9	26.7	25.4	30.5	30.9	35.9	39.6	41.1	41.1	46.1	49.8	54
Burkina Faso	53.4	49.1	42.3	37.2	37	40.6	21.8	22.3	23.1	26.3	28.6	31.4	28	28.6	30.8	35	36.2	37.5	42.3	38.2	50.1	53.3	53.9
Côte d'Ivoire	141.3	129.9	82	68.8	65	60.6	58.7	51.8	46.5	58.4	60.2	65.8	34.2	32	34.5	40.4	43.1	33.5	36	38.8	47.6	50.9	56.7
Guinée-Bissau	197.7	195.4	177	190.5	217.5	194.8	196.6	197.4	158	158.5	167.7	56.5	56	58.5	48	51.7	51.5	52.7	52.7	40.1	63.3	76.4	81.4
Mali	101.7	81.5	79.5	67.4	63.9	61.3	39.9	39.7	20.3	25.3	29.2	29.1	24.3	26	27.1	30.7	35.9	35.5	36.9	40.6	47.3	51.6	49.9
Niger	86.7	82.6	78.5	63.7	71.6	65.7	23.3	23.4	22.7	24.1	24.2	18.6	21.2	23.1	25.6	29.9	29.4	30.6	35.4	41.5	43.6	50.8	50.8
Sénégal	70.1	69.2	61.7	50.9	47.7	45.9	20.9	23.7	23.9	32.5	34.9	34.3	42.4	45.6	42.1	31.8	36.5	48	54.7	65.6	75.5	83.6	86.6
Sierra Leone	180.7	180.7	158.8	160.3	120.5	113.6	97.6	26.4	28.7	34.5	35.9	37.9	33.2	28.4	35.2	45.1	54.3	56.4	57.4	61	76.2	79.8	95.1
Togo	93.4	97.3	87.1	85	103.3	98.2	94.3	96.2	82.4	83.3	46.7	47.1	46	53.8	60.8	70.6	78.7	54.4	55.5	51.9	58.6	63	65.8
Nigéria	57.6	60.8	62.4	54.8	53.9	28.6	11.9	12.6	11.5	15.4	9.4	8.8	9.1	8.9	10.7	11.5	14.1	14.6	15	15.6	17.5	22.5	22.9
Ghana	80.2	61.9	58	52.8	41.1	34	25.9	30.9	32	36.5	38.5	39	47.8	56.8	70.2	54.3	54.5	55.4	51.8	62.4	76.2	76.2	71.2

Source : calculs d'après les données des Banques Centrales et des Ministères des Finances des Etats membres

1.4 Orientations et propositions

À partir de ce constat, un ensemble d'orientations et de propositions s'imposent pour l'avenir.

La réforme de 2019 a proposé de remplacer le nom du FCFA par l'Eco, mais il reste d'autres éléments tels que le lieu de fabrication des billets et les formes pratiques de la garantie qui sont des enjeux identitaires. Un consensus peut facilement se dégager pour s'en remettre, sur ces aspects, aux choix de la partie africaine.

Le mécanisme de décision en matière de taux de change devrait être revu, car la plupart des pays de l'UEMOA sont des importateurs nets. Le régime de change optimal pour la zone de l'UEMOA pourrait être un régime à flexibilité limitée avec une monnaie arrimée à un panier de devises à pondération diverse comme le suggèrent Nubukpo et alii, 2015]. La flexibilité serait ainsi encadrée dans un corridor ou un « serpent » avec une fluctuation autour d'une parité centrale, comme ce fut le cas en Europe entre 1972 et 1978. Par la même occasion, devrait être organisé un rattachement de la monnaie rebaptisée non au seul euro, mais à un panier représentatif des véritables échanges des pays de la zone, avec le dollar américain, le yuan chinois, la livre sterling et le yen japonais. Ce rattachement permet qu'en cas de variation du cours de change de l'euro contre le dollar (ou d'autres monnaies du panier), la dépréciation ou l'appréciation du franc CFA à l'égard de ces monnaies serait automatiquement atténuée.

La coordination économique devrait impérativement être renforcée au sein de l'Union. L'exemple de la zone euro est, parmi d'autres, l'une des sources d'inspirations à la disposition des Africains. La crise qui a éclaté dans cette zone en 2009 prouve, s'il en était besoin, que l'on a souvent tendance à sous-estimer le besoin de convergence et de coordination inhérent aux unions monétaires. Un renforcement tangible reposerait sur les éléments suivants : la modernisation des critères de convergence, l'introduction (à terme, mais selon une date fixée à l'avance) de sanction en cas de non-respect d'engagements essentiels et une transparence vérifiée internationalement des comptes des États (autorité statistique indépendante et compétente aussi en matière de dettes publiques). Mais le contenu des critères et les modalités de contrôle doivent être avant tout conçus en fonction des réalités de la zone et en tenant compte des enjeux du développement et de son financement. Le niveau d'inflation visé semble très bas (2 %) au regard du seuil optimal d'inflation (8,1 %) issu de l'arbitrage inflation/croissance dans la zone UEMOA. En effet, à l'aide d'un modèle de panel non dynamique à effets de seuil (inspiré de Drukker, Gomis-Porqueras, Hernandez-Verme, 2005) et d'une procédure d'identification du seuil endogène à la Hansen, Combey et Nubukpo (2010) ont mis en évidence l'existence d'une relation non linéaire entre le taux d'inflation et le taux de croissance économique au sein de l'UEMOA et ont déterminé le seuil d'inflation (8,1 %) à partir duquel un arbitrage entre inflation et croissance est effectif. Il en est de même avec les critères relatifs au déficit budgétaire et à la dette publique. Les plafonds de 3 % du PIB (pour le déficit budgétaire) et de 70 % pour la dette publique n'ont pas de réelles justifications économiques, mais imposés dans les pays membres de l'Union.

Si l'objectif de limiter les déficits est généralement admis, l'équation reste très différente selon les causes du déficit. Celui-ci peut être dû à un bond ponctuel des investissements d'avenir comme à l'explosion de dépenses de fonctionnement accumulées décennie après décennie. Dans le premier cas, il est une promesse de bénéfices futurs. Dans le second, il pèse sur les finances publiques sans gain évident pour les années à venir. Enfin, au-delà de ces facteurs endogènes, la richesse d'un pays dépend en partie d'éléments extérieurs, comme la situation économique mondiale.

"*Fixer le projecteur sur le déficit d'une année donnée n'a guère de sens ; et le rapporter au PIB de cette même année lui en fait perdre un peu plus*", estime ainsi Guy Abeille[102]. "*Le ratio déficit/PIB peut au mieux servir d'indication, de jauge. Mais en aucun cas il n'a titre à servir de boussole ; il ne mesure rien : il n'est pas un critère. Seule la valeur a une analyse raisonnée de la capacité de remboursement, c'est-à-dire une analyse de solvabilité : n'importe quel banquier (ou n'importe quel marché, ce qui revient au même) vous le dira*".

Ainsi une dette élevée, comme celle du Japon (263 % du PIB en 2022), peut rester relativement soutenable, ou au contraire mener à la faillite, en fonction de la solidité du pays, des entités qui la détiennent, ou encore de la conjoncture. En Europe, le taux maximum de 60 % du PIB pour la dette publique a été établi lors d'une période de croissance, mais peut paraître moins pertinent dans un contexte de crise

[102] Guy Abeille est à l'origine de la règle des « 3 % » qui, française à son origine, est maintenant européenne. Elle fixe à 3 % du PIB le déficit annuel autorisé par chaque État.

économique. Le Fonds monétaire international (FMI) posait déjà la question en 2015[103].

Encadré 7 : Les critères de convergence et leurs sanctions

L'adoption du Pacte a entraîné la mise en œuvre de nouveaux critères de convergence permettant une meilleure appréciation de la maîtrise des finances publiques et de la convergence des politiques budgétaires. Une hiérarchisation est introduite entre des critères de premier rang, dont un critère clé, et des critères de second rang. Le critère clé est le solde budgétaire de base rapporté au PIB nominal. Le solde budgétaire de base permet de mesurer la capacité de l'État à couvrir ses dépenses courantes, y compris les charges d'intérêt et ses dépenses en capital sur ressources internes avec ses recettes budgétaires, à savoir les recettes fiscales et les recettes non fiscales. Le solde demeure inférieur ou égal à 3 %, mais à l'horizon de la convergence, il devra être supérieur ou égal à 0 %. Le non-respect de ce critère pourra alors faire l'objet de sanctions. Dans le cadre des récents changements apportés au Pacte, le mode de calcul de ce critère a été revu de manière à prendre en considération les dons budgétaires et les ressources PPTE. Les autres critères de premier rang comportent une norme en matière de taux d'inflation, lequel doit demeurer inférieur à 3 % par an, l'interdiction d'accumulation d'arriérés intérieurs et extérieurs en cours d'exercice, et un ratio d'endettement limitant l'encours de la dette intérieure et extérieure rapportée au PIB nominal à 70 % à l'horizon de la convergence. L'État membre qui ne satisfait pas à l'un de ces critères doit élaborer, en concertation avec la Commission, un programme de mesures rectificatives dans un délai de trente jours. En phase de convergence comme en phase de stabilité, toute dégradation d'un critère de premier rang, aboutissant au non-respect de la norme, appelle la mise en œuvre de mesures rectificatives. Toutefois, lorsque le critère est déjà respecté, comme c'est forcément le cas en phase de stabilité, toute dégradation susceptible de conduire au non-respect de la norme a pour conséquence la formulation d'une recommandation par le Conseil des ministres. Les critères de second rang qui sont des contraintes comportent quatre éléments : la masse salariale ne doit pas excéder 35 % des recettes fiscales, les investissements publics

[103] Reforming Fiscal Governance in the European Union, IMF, Mai 2015

financés sur ressources internes représenteront au moins 20 % des recettes fiscales, le déficit extérieur courant, hors dons rapportés au PIB nominal, n'excède pas 5 %, et les recettes fiscales sont supérieures ou égales à 17 % du PIB nominal. Ces critères sont traités comme des repères structurels indicatifs permettant de mieux apprécier la qualité de la convergence. Par conséquent, ils peuvent servir dans la formulation des recommandations de politique économique visant à assurer le respect des conditions de convergence.

Les mécanismes de convergence doivent être renforcés. L'Union est formée d'États nationaux détenant les principaux instruments non monétaires de la politique économique (en particulier, la politique budgétaire). Dans une telle configuration, la convergence économique est cruciale pour garantir la réussite de l'union monétaire. Cet aspect est toujours, initialement, sous-estimé. Malgré de réels efforts, les mécanismes de convergence souffrent de lacunes spécifiques à la Zone franc et de leur relation avec la France. Certains économistes considèrent que ceci engendre une logique perdant-perdant. Pour le pays garant, elle entraîne un risque financier mal contrôlé (et appelé à grandir dans le temps) ; pour la partie africaine, elle engendre une dépendance récurrente vis-à-vis du garant.

Concevoir des règles budgétaires plus efficaces. Les plafonds fixés à la dette publique et au déficit budgétaire sont généralement des niveaux dont les pays doivent essayer de ne pas s'approcher et non des niveaux optimaux à atteindre. Cela signifie en particulier que le déficit doit être sensiblement inférieur au plafond lorsque les conditions économiques sont favorables. En d'autres termes, les règles budgétaires fixant un plafond à la dette et au déficit n'indiquent guère comment la politique budgétaire doit être menée et peuvent être complétées par des règles additionnelles au niveau des pays. Donc, les États doivent privilégier une politique budgétaire permettant de promouvoir la croissance par sa contribution à la stabilité macroéconomique, à la composition et à la qualité des dépenses (par exemple en favorisant les dépenses d'investissement au détriment des transferts inefficaces, tels que les subventions de prix généralisées) et à la mise en place de régimes fiscaux plus efficients qui réduisent les distorsions. Étant donné que les chocs idiosyncratiques[104] restent fréquents dans la zone, un mécanisme centralisé de partage des risques budgétaires pourrait aider à lisser la volatilité macroéconomique. Le mécanisme devrait : i) être relativement simple ; ii) être automatique ; iii) être non régressif (c'est-à-dire que le niveau des transferts et contributions ne varie pas avec le revenu par habitant) ; et iv) consister en transferts temporaires qui sont fonction de chocs non corrélés en série et peuvent compenser en grande partie ces chocs. Dans une région où un certain nombre de chocs asymétriques ont été déclenchés par des évènements sociopolitiques, il faudra veiller en particulier à ce que le mécanisme serve essentiellement à lisser les chocs sans rapport avec les politiques et à réduire les problèmes d'aléa moral. Un tel mécanisme serait financé par des contributions qui seraient utilisées pour le financement des transferts aux pays touchés par les chocs. Le rapport du FMI de mars 2014 avait montré qu'une contribution relativement faible, d'environ ¾ % du PIB de chaque pays de l'UEMOA, permettrait un degré de lissage du revenu comparable à celui observé dans les États fédéraux existants. Une contribution d'environ 1–1 ¼ % du PIB pourrait assurer les pays de l'UEMOA contre des retournements à la baisse encore plus marqués. Les décaissements au titre des transferts seraient proportionnels à la taille du choc, à celle de chaque économie par rapport au reste de l'Union et aux ressources accumulées chaque année dans le fonds constitué par les contributions. Si aucun pays n'était touché par un choc négatif, il n'y aurait pas de décaissement et les contributions seraient économisées dans le fonds.

Un processus d'élargissement de l'UEMOA pourrait être envisagé. Il est hautement souhaitable. Une telle perspective serait hautement mobilisatrice pour les pays concernés, le continent africain et les bailleurs de fonds. Le cas échéant, elle serait une preuve tangible de dépassement du clivage entre Afrique francophone et anglophone (et, par conséquent de la France-Afrique). Les pays de la zone monétaire de l'Afrique de l'Ouest (ZMAO) (anglophone en général) pourraient intégrer l'Union et leur adhésion impliquerait que ceux-ci acceptent le principe de stabilité monétaire qui est en quelque sorte dans les fondements des deux Unions de la Zone franc. Or, les difficultés qui

---

104 Les chocs idiosyncratiques sont des chocs propres au pays qui ne sont pas expliqués par les chocs sur la croissance à l'échelle de l'UEMOA. Les chocs sur la croissance (à la fois pour l'UEMOA et les divers États membres) correspondent aux résidus d'une régression du taux de croissance du pays (par rapport à celui de l'UEMOA) sur deux retards.

ont empêché la ZMAO de se concrétiser résident dans le manque de convergence des politiques macroéconomiques. C'est pourquoi seule une adhésion État par État est réaliste (contrairement à une adhésion collective de l'ensemble des pays de la CEDEAO, hors UMOA)[105]. Les seuls pays de la ZMAO dont l'adhésion poserait un problème seraient donc le Nigéria et le Ghana, qui pourraient vouloir affirmer leur leadership dans la gouvernance de l'Union. Le PIB du Nigéria représente environ 60 % de la CEDEAO tandis que le PIB du Ghana est supérieur à celui de la Côte d'Ivoire (108 contre 75 milliards de dollars).

La coopération monétaire doit apporter aux pays concernés une plus grande ouverture au monde. La stabilité financière, la maîtrise de l'inflation et le lien avec une grande monnaie internationale sont des acquis de l'union qui doivent être mieux reconnus par l'Union européenne et le reste du monde. Or les relations de concertation organisées autour de la coopération monétaire sont étroitement confinées à la France. Il est normal qu'un lien institutionnel particulier soit établi entre le pays garant et ses partenaires de la zone. Mais, il est dommage qu'aucune relation organisée ne relie ces derniers à la BCE et aux pays de la zone euro. C'est la BCE (et non le Trésor français ou la Banque de France) qui fixe les taux appelés à représenter un plancher pour les taux directeurs africains de la Zone franc. De même, l'avantage que la stabilité du taux de change CFA-euro procure aux entreprises n'est en rien réservé aux entreprises françaises : il bénéficie, à égalité, à toutes les entreprises de la zone euro. Renoncer par avance à un soutien plus net à la Zone franc des autres pays européens constitue une autre perte d'opportunité.

---

105 La perspective d'une adhésion État par État serait une incitation plus efficace qu'une adhésion collective à la convergence macroéconomique (Masson, P.R.et Pattillo, C., The Monetary Geography of Africa, Washington, DC, Brookings Institution, 2004).

Scénario 2 : Élargissement de l'intégration monétaire au sein de la CEDEAO

Le Sénégal peut choisir de renforcer son ancrage au projet monétaire de la CEDEAO. Il faut rappeler que la CEDEAO nourrit depuis 1983[106] un projet d'intégration monétaire autour d'une monnaie unique, dénommée « Eco »[107].

Figure 8 : carte de la CEDEAO avec les pays de l'AES

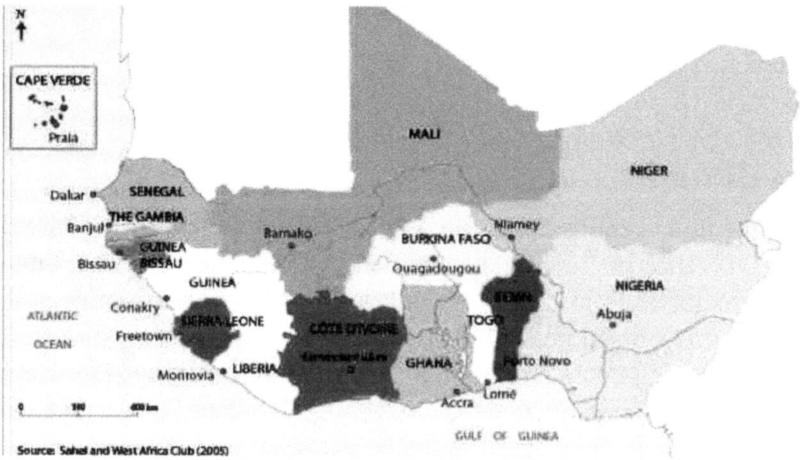

[106] Décision prise par les chefs d'État de la Cédéao le 1er juin 1983 à Conakry (Décision A/DEC/6/5/83). En 1987, lors du sommet à Abuja, est défini un programme de coopération monétaire devant in fine conduire à l'adoption d'une monnaie unique.

[107] En anglais, CEDEAO se traduit par Economic Community of West African States, ECOWAS.

Figure 9 : La nouvelle carte de la CEDEAO après la sortie des États de l'AES

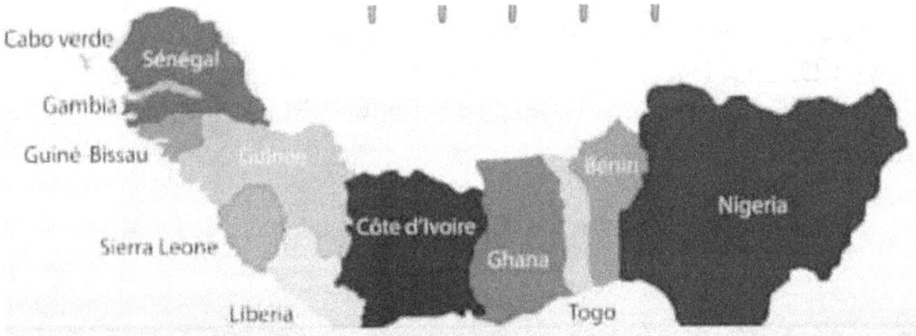

Source : Afrik.com

2.1 Développement du processus de monnaie unique de la CEDEAO

Comme nous venons de le dire, le projet d'intégration monétaire de la CEDEAO date de 1983, mais c'est en 1987 que les Chefs d'États et de gouvernement de la CEDEAO ont décidé d'accélérer le processus. Ce faisant, ils ont adopté un Programme de Coopération monétaire (PCMC) comme stratégie relative à la feuille de route pour la mise en œuvre de la monnaie unique de la CEDEAO. L'objectif à moyen terme du PCMC était de créer une monnaie unique et une Banque centrale commune pour la région de la CEDEAO. Les objectifs à court terme étaient de se conformer aux critères de convergence macroéconomiques prescrits (cf. Tableau 17) et d'harmoniser les politiques dans les secteurs budgétaires, monétaires et financiers, mais également les statistiques économiques et financières. Il visait aussi à court terme l'adoption d'un mécanisme de taux de change et d'un régime de taux de change de la CEDEAO avec un cadre de politique monétaire commun ainsi que la création d'un marché communautaire efficace grâce à la libéralisation des échanges, l'intégration des marchés de capitaux et la vulgarisation de l'utilisation d'une unité de compte pour la CEDEAO.

Compte tenu des défis tenant au respect des critères de convergence de manière durable et d'autres conditions préalables (questions d'harmonisation des politiques) avant la création de l'union monétaire, une approche en deux étapes connue sous le nom d'approche accélérée, a été adoptée par le sommet des chefs d'État et de gouvernement tenu à

Lomé en 1999. Aussi, dans une déclaration faite l'année suivante, en 2000, la Gambie, le Ghana, le Nigéria, la Guinée et la Sierra Leone ont convenu de former une seconde zone monétaire[108]. La date prévue pour le lancement de la monnaie de la seconde zone monétaire de l'Afrique de l'Ouest (ZMAO) a été initialement fixée à l'année 2004, et celle-ci devait fusionner plus tard avec l'UEMOA pour former l'Union monétaire de l'Afrique de l'Ouest en 2005. La seule motivation sous-tendant la création de la ZMAO était qu'il serait beaucoup plus facile de fusionner deux monnaies plutôt que huit dans la sous-région. Toutefois, les progrès réalisés dans le sens de l'union monétaire envisagée n'étaient pas si encourageants et les chances de voir émerger la zone monétaire de l'Afrique de l'Ouest en 2004 et en 2009 s'étaient amenuisées en raison du faible niveau de convergence macroéconomique, du non-respect des accords conclus conjointement et du manque d'engagement politique.

[108] Le Libéria a régularisé son statut, passant du statut d'observateur au statut de membre à part entière en 2010.

Tableau 17 : Critères de convergence de la CEDEAO
(* critères de premier rang, ** critères de second rang)

Critères	Normes
Indicateurs de premier rang	
Déficit budgétaire (dons compris)	<3 % PIB nominal (*)
Financement du déficit budgétaire par la Banque Centrale	10 % max des recettes fiscales de l'année précédente (*)
Taux d'inflation annuel moyen (TIAM)	≤5 % (*)
Réserves brutes	Couverture d'au moins 3 mois (*)
Indicateurs de second rang	
Pression fiscale	≥20 %
Ratio masse salariale/Recettes fiscales	≤35 %
Taux de change nominal	±10 % par rapport à l'Unité de Compte de l'Afrique de l'Ouest (UCAO) (**)
Dette publique en % du PIB	Max. 70 % du PIB nominal (**)

Source : Commission de la CEDEAO

Les pays membres avaient du mal à satisfaire à tous les quatre principaux critères de convergence. Les institutions pertinentes de la ZMAO n'ont pas été mises en place avec succès. Cet état de fait a certainement conduit à une situation qui nécessite que les pays et toutes les parties prenantes impliquées dans le processus agissent de façon proactive et s'engagent à former l'union monétaire. Ce qui a conduit la Conférence des chefs d'État et de gouvernement de la CEDEAO lors de son sommet tenu à Abuja le 15 juin 2007, à instruire la Commission de la CEDEAO de procéder à un examen de l'approche actuelle de l'intégration monétaire dans la région et d'envisager la possibilité d'adopter une approche commune pour la création d'une monnaie unique en Afrique de l'Ouest. En réponse à la directive donnée par la Conférence des chefs d'État et de gouvernement, la Commission de la

CEDEAO a convoqué une réunion technique à Accra du 25 au 27 septembre 2007 pour que les institutions régionales impliquées dans la mise en œuvre du Programme de coopération monétaire de la CEDEAO envisagent la possibilité d'élaborer une stratégie commune.

En outre, une retraite de ces institutions et banques centrales a été organisée par la Commission de la CEDEAO à Abuja du 16 au 18 février 2009 afin de définir une stratégie crédible et les cadres institutionnels nécessaires. Le groupe de travail a identifié 17 activités majeures réparties en diverses composantes qui seraient mises en œuvre de 2009 à 2020 et spécifié les délais d'exécution des activités et identifié les institutions responsables et celles qui collaboreront à la mise en œuvre desdites activités. Cette disposition a été désignée sous le nom de Feuille de route de la monnaie unique de la CEDEAO. Conformément à cette approche, le groupe de travail a souligné la nécessité d'une convergence macroéconomique, d'une solide harmonisation des politiques, du renforcement progressif des cadres institutionnels et juridiques, ainsi que de l'achèvement du marché commun comme éléments de base d'une union monétaire viable. Le groupe de travail a donc soutenu que la ZMAO serait lancée en 2015 tandis que la monnaie unique de la CEDEAO serait, quant à elle, mise en place en 2020. Pour accélérer ce processus, une approche en une étape a été adoptée avec la mise en place d'un autre Groupe de travail présidentiel composé des Présidents du Niger et du Ghana pour superviser le PCMC. Ce Groupe de travail présidentiel a, par la suite, été élargi à la Côte d'Ivoire et au Nigéria compte tenu de leur poids économique dans la région.

En 2018, la feuille de route a été révisée[109] et a prévu la création de l'Institut Monétaire de la CEDEAO (IMC) qui est supposé entreprendre les activités préparatoires pour la mise en place de la Banque Centrale Commune de la CEDEAO (BCC). Dans cette optique, les activités du PCMC menées par les institutions régionales existantes devaient être intégralement prises en charge par l'IMC une fois qu'il commence ces opérations. L'IMC devait également formuler des propositions sur le régime de change approprié, le cadre commun de politique monétaire

[109] La Task Force présidentielle a également adopté la feuille de route révisée une nouvelle fois, à sa cinquième réunion tenue le 21 février 2018 à Accra sur proposition du Comité ministériel.

et le modèle de la banque centrale commune[110]. De nouveaux critères de convergence ont été également adoptés. Les quatre critères de premier rang et les sept critères de second rang ont été modifiés en quatre et deux. Les critères de premier rang sont : (1) le Déficit budgétaire (dons compris) en % du PIB <3 % ; (2) le Financement du déficit budgétaire par la Banque Centrale = 10 % max des recettes fiscales de l'année précédente ; (3) le Taux d'inflation annuel moyen (TIAM) ≤5 % ; (4) la couverture des Réserves brutes en mois d'importation d'au moins 3 mois. Les critères de second rang comprennent : (1) la variabilité de +-10 % du taux de change nominal et (2) l'encourt de la dette publique en % du PIB ≤ 70 %.

En 2019, des avancées significatives ont été notées dans le cadre du projet de création de la zone monétaire unique de la CEDEAO, à savoir l'adoption d'un régime de change flexible, d'un cadre de politique monétaire axée sur le ciblage de l'inflation, d'un modèle fédéral pour la banque centrale de la CEDEAO, du nom ''Eco'' et du symbole ''Ec'' pour la monnaie unique de la CEDEAO et du nom ''Banque centrale de l'Afrique de l'Ouest (BCAO)'' pour la future Banque centrale.

- **Le futur système**

Le futur système sera construit comme nous l'avons évoqué précédemment sur une nouvelle monnaie qui est l'eco, distincte des monnaies existantes dans la Zone CEDEAO. La future Banque centrale BCAO serait chargée de conduire la politique monétaire et de change des pays membres de la Zone Éco-CEDEAO. La mutualisation des réserves de change sera le socle de la solidarité. Dans la période de transition, la solidarité sera confortée sur une base politique et institutionnelle. Un mécanisme de coopération sera mis en place pour atténuer les divergences de vues et faciliter les convergences économiques. Par ailleurs, la définition de la future monnaie Eco-CEDEAO se fera sur la base d'un panier de devises représentatif des principaux flux commerciaux de la Zone, avec quatre devises, l'Euro, le Dollar, le Yuan et la Livre sterling. Le taux de change de la monnaie commune sera flexible, mais administré par la Banque centrale. Un accord de taux de change sera conclu entre les parties pour l'ancrage de

---

[110] Lors du sommet des Chefs d'États et de gouvernement de la CEDEAO d'Abuja le 29 juin 2019, il a été adopté l'eco comme monnaie unique pour la sous-région et un régime de change flexible assorti d'un cadre de politique monétaire commune axé sur le ciblage de l'inflation et d'un système fédéral pour la banque centrale commune.

leur monnaie existante à la monnaie Eco- CEDEAO qui servira de pivot. Il sera adopté le principe d'un corridor à l'intérieur duquel, autour de la monnaie pivot, pourront flotter les monnaies existantes avec une marge de fluctuations fixée surveillée par l'autorité monétaire de la CEDEAO. Enfin, à terme, sera envisagé le passage de la monnaie commune à la monnaie unique.

- **Éléments institutionnels Clés**

La transition vers une Banque centrale commune pour la zone nécessitera un certain nombre de caractéristiques institutionnelles et opérationnelles à arrêter au préalable, notamment pour renforcer la crédibilité des opérations de politique monétaire de la nouvelle Banque centrale :

  - *Le modèle de la future Banque centrale*

Dans une union monétaire, les fonctions de banque centrale peuvent être exercées dans le cadre d'un arrangement « unitaire »[111] ou « fédéral ». Dans le cadre d'un arrangement unitaire, les Banques centrales nationales (BCN) cessent d'être des institutions juridiquement distinctes et deviennent des succursales de l'institution régionale nouvellement créée. Dans un arrangement fédéral (le modèle du « système fédéral des banques centrales »), les banques centrales nationales continuent d'exister et de travailler avec la banque centrale commune dans des conditions de responsabilité et d'indépendance réduites. Une particularité importante du modèle fédéral est la division et la répartition des pouvoirs entre la banque centrale commune et les banques centrales nationales. L'étendue de la division du travail dépend du niveau de décentralisation envisagé. Comme rappelé dans la partie précédente, le modèle adopté par la CEDEAO est celui du modèle fédéral.

[111] Les détails du modèle unitaire sont en annexe 1

Figure 10 : Modèle type d'une banque centrale fédérale

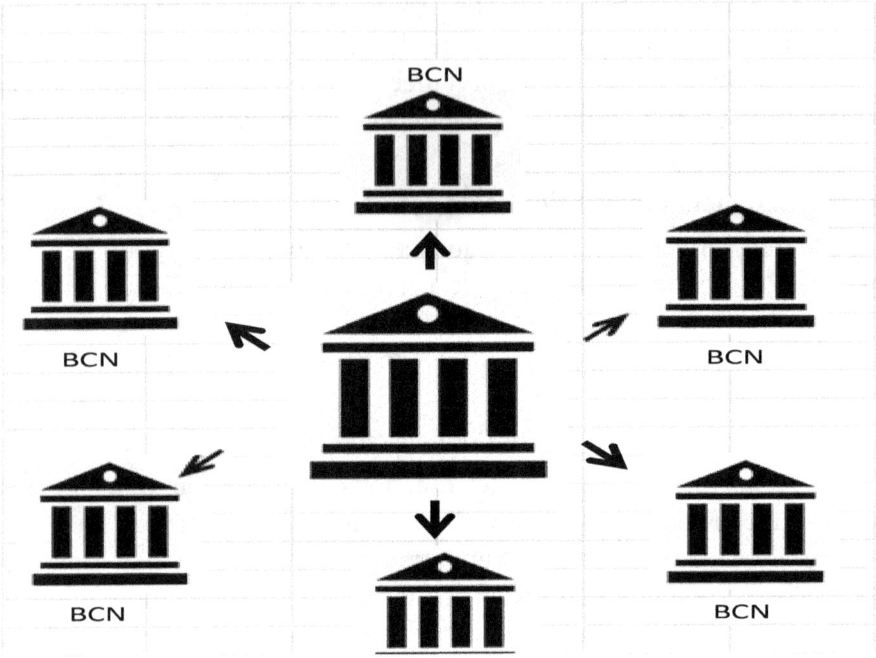

Source : Auteur, BCN= Banque Centrale Nationale

Le modèle fédéral est relativement plus complexe ; les banques centrales nationales conservent leur propre statut juridique en tant que personnes morales constituées séparément et dotées de leur propre législation. Ainsi, dans le modèle fédéral, l'autorité des banques centrales nationales est inhérente, elle n'est pas déléguée comme dans le modèle unitaire. Dans ce modèle, les banques centrales nationales renoncent à une partie, mais pas à la totalité, de leur indépendance en cédant à la banque centrale commune certains pouvoirs (par exemple, la prise de décisions de politique monétaire, la conception de la monnaie, etc.).

Les banques centrales nationales conservent leur rôle d'agents financiers et de conseillers des gouvernements nationaux. Elles sont également chargées de définir les relations et les modalités de financement avec leurs réseaux nationaux de succursales. La définition des fonctions de la banque centrale commune et des banques centrales nationales ferait l'objet de négociations et pourrait être modifiée au fil du temps. Ce partage des responsabilités dépendrait également du niveau d'autorité dont dispose l'organisme.

- *Cadre de politique monétaire*

Le cadre de politique monétaire de la CEDEAO va être accès sur le ciblage de l'inflation qui est de plus en plus utilisé dans le monde (cf. tableau 18), car il est présenté comme étant tourné vers l'avenir et ceci est important à cause des longs décalages en matière de politique monétaire. Il est une règle dite d'objectif qui vise à minimiser l'écart entre le niveau anticipé de la variable cible (le taux d'inflation anticipé) et le niveau objectif de la variable cible (le taux d'inflation cible). La cible d'inflation doit être quantifiée et les autorités monétaires doivent pouvoir prévoir le niveau futur du taux d'inflation à partir des informations économiques, financières et monétaires qu'elles collectent. Ces informations doivent être fiables, prévisibles et disponibles sur une base mensuelle ou trimestrielle.

La réussite du ciblage d'inflation repose sur un certain nombre de conditions préalables et sur certains choix stratégiques. La mise en œuvre d'un cadre de ciblage d'inflation nécessite au préalable, la satisfaction d'au moins cinq conditions à savoir l'*absence de dominance budgétaire, l'indépendance de la Banque centrale, un degré considérable de contrôle sur l'instrument de politique, la Prévision des variables macroéconomiques, des Institutions et marchés financiers robustes et une stratégie de la politique monétaire.*

Tableau 18 : Les pays à ciblage d'inflation

Pays	Date d'adoption	Type du mandat	Indice cible	Niveau de la cible	Ancrage précédent
Pays développés					
Angleterre	1992	Multiple	RPIX	2 %	Taux de change (TXC)
Australie	1993	Multiple	U-CPIX	2-3 %	Non
Canada	1991	Multiple	C-CPI	1-3%	Non
Corée de Sud	1998	Multiple	CPI	3% (±1%)	Agrégat monétaire (AM)
Islande	2001	Stabilité des prix	CPI	2.5% (±1.5%)	Taux de change
Israël	1992	Multiple	CPI	1-3%	Taux de change
Nouvelle-Zélande	1990	Stabilité des prix	U-CPIX	1-3 %	Non
Norvège	2001	Multiple	CPI	2.50%	Taux de change
Suède	1993	Stabilité des prix	CPI	2% (±1%)	Taux de change
République Tchèque	1998	Stabilité des prix	CPI	3%	TXC et AM
Slovaquie	2005	Stabilité des prix	HCPI	0-2 %	Taux de change
Suisse	2000	Multiple	IPC	0-2 %	Agrégat monétaire
Pays en développement					
Afrique de Sud	2000	Multiple	CPIX	3-6 %	Taux de change
Brésil	1999	Stabilité des prix	CPI	4.5% (±2%)	Taux de change
Chili	1990	Multiple	CPI	CPI 3% (±1%)	Taux de change
Colombie	1999	Multiple	C-CPI	2-4%	Taux de change

Ghana	2007	Stabilité des prix	CPI	0-10%	Agrégat monétaire
Turquie	2006	Stabilité des prix	CPI	4% (±2%)	Taux de change
Indonésie	2005	Stabilité des prix	CPI	6% (±1%)	Agrégat monétaire
Philippines	2002	Multiple	CPI	4-5%	TXC et AM
Thaïlande	2000	Multiple	C-CPIX	0-3.5 %	Agrégat monétaire

Source : Données compilées des rapports d'inflation des Banques Centrales des pays de l'échantillon

o *Définition de la cible d'inflation*

Il s'agit de déterminer un agrégat de prix approprié à l'échelle de la zone qui convient comme cible d'inflation. Les problèmes à résoudre ici sont : i) le choix de l'indice de prix (par exemple, IPC ou IPC de base)[112] ; ii) la détermination de la procédure de pondération de l'inflation dans différents pays afin d'obtenir une mesure de l'inflation à l'échelle de la zone ; iii) la fixation du niveau cible d'inflation, qui doit typiquement être défini en consultation avec les gouvernements nationaux ; iv) indiquer clairement si la cible est une cible ponctuelle, une bande ou un plafond ; et v) émettre des postulats quant à savoir si les réponses de la politique monétaire seront symétriques en réponse à des déviations positives et négatives de la cible (ou à des positions différentes dans la bande).

o *Mesure de l'activité économique, y compris du fléchissement de l'économie et sur les marchés du travail.*

---

112 Un résultat classique, reposant sur des modèles dans lesquels les rigidités des prix sont la principale friction, est que le ciblage de l'inflation de base constitue la stratégie optimale pour un ciblage de l'inflation par la Banque centrale. Anand, Prasad et Zhang (2015) montrent que, dans les modèles avec contraintes de crédit, le ciblage de l'IPC global améliore le bien-être par rapport au ciblage de base de l'IPC. Servant de mesure aux contraintes de crédit des ménages, l'inclusion financière limitée implique que ce nouveau résultat est hautement pertinent pour les pays émergents et en développement. Ce résultat est encore plus solide si l'on tient compte de la part élevée des dépenses alimentaires dans les dépenses de consommation moyenne des ménages dans les pays en développement, en particulier les pays à faible revenu (les prix des denrées alimentaires sont généralement exclus de l'IPC de base).

L'élaboration de mesures globales du fléchissement de l'économie, y compris la mesure des écarts de production et des déviations du chômage par rapport au taux naturel (ou le taux d'inflation non-accéléré du chômage), constitue un défi, même pour une seule économie avancée. Les défis pour les pays en développement et au niveau de la zone sont encore plus grands, d'autant plus qu'il semble exister des différences conceptuelles non négligeables dans la mesure et la déclaration des variables clés.[113] Il se pose aussi un risque pour la légitimité politique de l'union monétaire si les mesures de l'inflation et du fléchissement de l'économie sont dominées par deux ou trois grandes économies.

- *Les instruments de politique monétaire*

La stratégie de ciblage de l'inflation sera basée sur une analyse exhaustive des risques pesant sur la stabilité des prix. Ainsi, l'orientation de la politique monétaire dépendra donc de l'écart entre les prévisions à moyen terme de l'inflation et l'objectif d'inflation poursuivi. Les prévisions d'inflation seront généralement établies à partir d'un large éventail de données économiques et financières, ayant valeur de variables informatives. La mise en place d'un tel cadre nécessite la définition d'un modèle approprié pour chaque pays. Le modèle devra prendre en compte le rôle prépondérant des agrégats monétaires par rapport aux autres indicateurs dans certains pays. Afin d'atteindre en matière de stabilité des prix, la future banque centrale devra à l'instar des autres banques centrales disposer d'un large pouvoir discrétionnaire dans le choix de ses instruments de politique monétaire. Elle pourra, comme la BCE, recourir soit à la politique d'*open market*, soit à la politique de réserves obligatoires, soit utiliser des facilités permanentes.

[113] La nécessité d'une harmonisation des statistiques nationales est aussi pertinente dans d'autres domaines. Par exemple, tous les pays de la CEDEAO ne semblent pas avoir pleinement et systématiquement adopté les conventions du FMI relatives au Manuel de la balance des paiements 6 (MBP6) pour la communication des statistiques de la balance des paiements.

Tableau 19 : Récapitulatif des caractéristiques du cadre commun de politique monétaire – CEDEAO

	Cadre opérationnel	
1	**Objectif statutaire de la politique monétaire**	
	Objectif	Stabilité des prix
2	**Cible de politique monétaire**	
	Cible ultime	Inflation
3	**Instruments de politique monétaire**	
3.1	Réserves obligatoires statutaires	Oui
3.2	Opérations d'*open market*	Oui
3.3	Facilités permanentes	Oui
4	**Régime de change (politique de change)**	
4.1	Régime de jure	Flexible
4.2	Régime de facto	---

Source : Conçu par l'auteur

La monnaie unique de la CEDEAO devrait être lancée en 2020, mais l'avènement de la Covid-19, couplé à l'insuffisance des performances en matière de convergence macroéconomique au sein de la région, n'a pas favorisé son lancement. C'est ainsi, qu'une nouvelle Feuille de route pour le lancement de l'eco en 2027 a été adoptée par le Comité ministériel le 4 juin 2021. La Conférence des Chefs d'État et de gouvernement de la CEDEAO, lors de sa 59e session ordinaire tenue à Accra le 19 juin 2021, a pris note de cette Feuille de route et a adopté un nouveau Pacte de convergence et de stabilité macroéconomique entre les États membres de la CEDEAO. Le Pacte comporte deux phases : (i) la phase de convergence, couvrant la période de 2022 à 2026 et (ii) la phase de stabilité à partir de 1er janvier 2027. Selon les dispositions de ce Pacte, l'entrée en phase de stabilité en 2027 est subordonnée au respect, au 31 décembre 2026, par une majorité des États membres, sur une base durable, de tous les critères de convergence de premier rang durant les trois dernières années (2024-2026).

Le Sénégal, à l'instar des autres membres de la CEDEAO, devra se tenir prêt avant cette nouvelle échéance. Il s'agira de mettre en œuvre les politiques nécessaires pour atteindre les critères de convergence requis et de modifier d'importants paramètres monétaires dans le cadre de l'UMOA (régime de change, banque centrale unique, parité fixe avec l'euro, garantie de convertibilité de la France) pour se conformer au projet.

2.2 Les réformes à mener par l'UEMOA pour se conformer au projet de la monnaie unique de la CEDEAO

Comme nous l'avons rappelé au début de cette section, le projet de création de l'Union monétaire de la CEDEAO repose sur l'adoption du régime de change flexible, de la politique monétaire axée sur le ciblage de l'inflation et du modèle fédéral pour la banque centrale commune. Donc, pour être en phase avec ce projet, l'UEMOA dont le Sénégal est membre doit impérativement mener des réformes pour être en phase avec ce nouveau projet. Donc, pour être en phase avec ce projet, la BCEAO devrait se préparer et s'adapter au nouveau contexte c'est-à-dire disposer à adopter une nouvelle politique monétaire en situation de change flottant et de ciblage de l'inflation.

La BCEAO doit également remplacer son régime de change fixe par un régime de flottement du change avec une stratégie d'intervention de la Banque centrale pour atténuer les niveaux élevés de volatilité à court-terme sur les marchés des changes.

La BCEAO devrait se préparer aussi à transférer la responsabilité de la formulation et la mise en œuvre de sa politique monétaire. A cet effet, la BCEAO devrait se préparer d'abord à l'adoption de politiques et stratégies efficaces et opportunes. Ensuite, à un déplacement du centre de décision vers un niveau plus élargi. Il en est de même pour les nominations aux instances de décision. En outre, la Banque centrale devrait renforcer sa crédibilité auprès des agents économiques en général et adopter une stratégie de communication efficace.

2.2.1 Une nouvelle politique monétaire en situation de change flottant et de ciblage de l'inflation

Le régime de change flottant, adopté par la CEDEAO, ainsi que l'autonomie de la politique monétaire qui en découle pourraient constituer un mécanisme utile d'absorption des chocs pour les pays membres de la BCEAO/UEMOA qui, au même titre que les autres pays de la CEDEAO, sont exposés à un large éventail de chocs externes. Un ciblage de l'inflation servirait de meilleur point d'ancrage nominal là où la nouvelle autorité monétaire de la zone monétaire s'efforce de renforcer la crédibilité et de gérer la politique monétaire dans un environnement caractérisé par des incertitudes, surtout au niveau des relations entre les agrégats monétaires et l'inflation, la production, les flux commerciaux, etc. Le défi majeur est ainsi de déterminer le niveau d'intervention de la BCEAO pour assurer un mécanisme qui permet de prendre en compte les incertitudes ci-dessus, et de proposer également un schéma d'adaptation à la plateforme commune ainsi qu'au cadre législatif harmonisé. Il s'agira, plus précisément, de déterminer les fondements techniques et institutionnels idoines pour assurer l'efficacité de la politique monétaire, surtout durant la période de transition, et le succès de tout ancrage nominal, notamment du ciblage de l'inflation. Comme le fait remarquer Mishkin (2000) dans le contexte des économies de marché émergentes : « Contrairement au ciblage monétaire, le ciblage de l'inflation présente l'avantage qu'une relation stable entre la monnaie et l'inflation n'est pas essentielle à son succès ; la stratégie ne dépend pas de cette relation, mais utilise plutôt toutes les informations disponibles pour déterminer les meilleurs paramètres des instruments de la politique monétaire. Le ciblage de l'inflation présente également l'avantage clé d'être facile à comprendre par le public et d'être par conséquent hautement transparent. »

La politique de « ciblage » de l'inflation (à la place de la « stabilité » de l'inflation) a ses exigences en termes de choix du niveau de la cible ; de définition de l'indice de calcul de la cible ; du caractère fixe ou flexible de la cible ; de la détermination de la procédure de pondération de l'inflation dans différents pays pour mesurer l'inflation moyenne de la zone ; et de l'adéquation entre la réponse de la politique monétaire et les variations de la cible.

Le processus de création de l'Eco fait face à un certain nombre de contraintes à savoir, les difficultés de convergence macroéconomique et de coordination des politiques économiques, l'absence de marchés financiers bien intégrés et le manque de clarté et d'efficacité du mécanisme de transmission de la politique monétaire, en particulier en ce qui concerne l'influence des taux directeurs à court terme sur l'inflation et l'activité économique.

Ces mêmes considérations rendent le ciblage monétaire bien plus difficile, tant en termes de gestion de la politique monétaire que de maintien de sa crédibilité.

Une autre option pour un point d'ancrage nominal dans le cadre d'un régime de change flottant consisterait à cibler un agrégat monétaire à l'échelle régionale. Cependant, comme pour l'inflation et l'activité économique, la définition des mesures des agrégats monétaires pertinents à l'échelle de la CEDEAO pose des défis de taille si l'on s'en tient aux différences importantes entre les concepts et la qualité des données dans la zone.

2.2.2 Le transfert de la responsabilité de la formulation et la mise en œuvre de la politique monétaire

Il convient de souligner également qu'en dehors du changement de régime de change auquel la BCEAO devrait s'adapter, elle devrait aussi être prête à s'adapter à la politique de change unique qui sera sous la conduite de la Banque centrale de la CEDEAO. De ce fait, une question importante qui devrait être inscrite dans ses priorités est celle de savoir comment le transfert et la gestion des réserves de change de la BCEAO à la Banque centrale de la CEDEAO (BCAO), ainsi que l'organisation des interventions sur les marchés des changes, seront organisés. Cette question a été traitée par l'Agence monétaire de l'Afrique de l'Ouest (AMAO).

Au niveau de la BCEAO, il est également nécessaire de s'adapter, d'une part, à la législation adoptée au niveau de la CEDEAO, mais également aux règles juridiques définissant les relations entre la BCEAO et la BCAO et, d'autre part, aux autres programmes d'harmonisations relatives aux systèmes de paiement, à la règlementation et la supervision du secteur financier, aux statistiques, à la convergence macroéconomique, la stabilité financière, etc., mais aussi à un nouvel instrument de paiement comme les nouveaux billets et les pièces.

La BCEAO devrait par ailleurs se préparer à une nouvelle clé de répartition des réserves, mais aussi du capital dans le cadre de la contribution au capital de BCAO. Cette contribution[114] sera basée sur le PIB et le niveau de la population.

---

[114] La clé pour la contribution au capital de la future BCAO entre les États membres est la suivante : 50 % du capital à répartir de façon égalitaire, 25 % en fonction de

2.2.3 Un nouveau régime de change flottant au lieu d'un ancrage sur l'euro

Un taux de change fixe implique une absence d'autonomie pour la politique monétaire intérieure. Le passage d'un régime fixe à un régime de flottement du change oblige la BCEAO à adopter une stratégie d'intervention de la Banque centrale pour atténuer les niveaux élevés de volatilité à court terme sur les marchés des changes.

En réalité, le passage d'un taux de change fixe à un taux de change flottant pourrait amplifier les effets néfastes des chocs externes en cas de dépréciation de la monnaie, entraînant également des pressions budgétaires importantes (avec des menaces sur la stabilité des prix) pour les pays dont la facturation des échanges extérieurs est effectuée pour l'essentiel en devises étrangères, ou encore, ayant une dette extérieure importante libellée en monnaie étrangère, plutôt que dans la devise du pays d'origine ou de ses partenaires commerciaux. Par conséquent, une dépréciation de la monnaie stimulerait la compétitivité extérieure, augmenterait les exportations et aiderait à compenser une partie de la chute de l'activité économique intérieure. Cette dépréciation pourrait aussi alimenter l'inflation intérieure, ce qui rappelle l'importance de la politique de ciblage de l'inflation qui y est associée pour assurer la stabilité des prix à moyen et long terme.

Le mode opératoire et de décision : la BCEAO, dans son nouveau statut de banque centrale nationale/régionale, devrait se préparer d'abord à l'adoption de politiques et stratégies efficaces et opportunes. Ensuite, à un déplacement du centre de décision vers un niveau plus élargi édicté par la Banque centrale de la CEDEAO (BCAO). Il en est de même pour les nominations aux instances de décision.

Dans le cadre de l'Union monétaire de la CEDEAO, la compétence exclusive en matière de formulation et de mise en œuvre de la politique monétaire unique, ainsi que les autres décisions de fond reviendraient à la BCAO (CEDEAO) qui est l'organe de décision suprême. La BCEAO, représentant huit (8) États membres de la CEDEAO, devrait être traitée comme une seule Banque centrale nationale avec huit agences. De ce fait, la BCEAO pourrait, par exemple, se voir déléguer

la population et 25 % en fonction du PIB nominal (cf. rapport de la soixante-deuxième réunion ordinaire du Comité des Gouverneurs des Banques Centrales des États membres de la CEDEAO).

certains pouvoirs au même titre que les autres Banques centrales nationales des autres États membres.

2.2.4 Le renforcement de sa crédibilité auprès des agents économiques en général par l'adoption d'une stratégie de communication efficace

La BCEAO devra développer une stratégie de communication cohérente à tous les niveaux, au sein des États membres, en rapport avec le modèle adopté par la BCAO. Enfin, de ces réformes, la Banque centrale doit viser non seulement à stimuler l'activité économique, mais également à protéger les États par des taux directeurs relativement bas et d'inciter les banques à accroître les prêts. En effet, le système bancaire, caractérisé par une forte concentration de l'activité sur le court terme, devra désormais s'évertuer à proposer des financements de long terme et servir des taux d'intérêt bien moins élevés au profit de l'investissement productif.

2.3 L'énigme des pays de l'Alliance du Sahel (AES)

La question des pays de l'AES mérite une attention particulière pour le projet d'intégration de la CEDEAO, au regard du fait que ces trois pays ont annoncé le 28 janvier 2024 leur retrait de la CEDEAO, pouvant ainsi compromettre le projet d'intégration monétaire. En effet, leur sortie du processus serait un revers majeur pour l'intégration régionale en Afrique de l'Ouest. Cela affaiblirait le projet de la monnaie unique, fragmenterait davantage la région et pourrait réduire l'efficacité des politiques de coopération économique et politique.

Si le retrait est acté[115], le projet commun de la CEDEAO d'une monnaie unique aurait moins d'envergure politique et économique, car ces pays sont membres de l'UEMOA, entité actuellement plus avancée en termes de convergence macroéconomique. La sortie affecterait négativement les économies de la région à travers les mécanismes de solidarité régionale, rendant les économies individuelles plus

---

[115] En effet, selon l'article 91 du traité de la CEDEAO, révisé en 1993, tout État qui se retire de l'organisation doit notifier "par écrit, dans un délai, d'un an, sa décision au Secrétaire Exécutif qui en informe les États Membres. À l'expiration de ce délai, si sa notification n'est pas retirée, cet État cesse d'être membre de la Communauté". Par conséquent, le départ des trois pays de l'AES ne pouvait être effectif qu'en fin janvier 2025 puisque l'annonce du retrait avait été faite le 28 janvier 2024.

vulnérables aux chocs extérieurs. Elle pourrait pousser les autres États membres, eux aussi, à revoir leur engagement envers le projet de l'Eco. Des signes annonciateurs de comportements moutonniers ne sont pas à écarter, car la Guinée et le Togo ont indiqué tout récemment qu'ils apportaient un soutien politique indéfectible aux pays de l'AES, ce qui pourrait nuire le projet d'intégration monétaire avec les risques d'éclatement de la CEDEAO. L'incapacité à intégrer les pays sahéliens affaiblirait la crédibilité de la CEDEAO en tant qu'acteur régional unifié.

Sur le plan institutionnel, la sortie des trois États membres isolerait davantage la région et pourrait réduire l'efficacité des politiques de coopération économique et politique ; la capacité des États à gérer des conflits internes et à faire face aux pressions extérieures serait également atteinte.

On peut même assister à une fragmentation monétaire avec une coexistence de plusieurs blocs monétaires (CFA, Eco et monnaies nationales des pays non participants), rendant la coopération économique plus complexe. Cette réduction de l'échelle économique pourrait causer la perte en influence régionale et internationale de la monnaie unique en raison de la réduction de la taille de l'économie globale couverte par l'Eco. Ce retrait compromettrait la convergence macroéconomique si l'on sait que la participation de l'AES est cruciale pour la réussite de la monnaie unique, car ces pays représentent une grande part de la population et des échanges économiques de la région. L'AES couvre 2 758 000 km2, soit presque la moitié de la superficie de la CEDEAO (6,1 millions km2), et compte un peu plus de 70 millions d'habitants, soit seulement un tiers de la population de la communauté ouest-africaine (210 millions d'habitants). On enregistre donc une véritable amputation. Cependant, cela pourrait aussi offrir une opportunité pour repenser les priorités et les mécanismes de l'intégration régionale. La CEDEAO pourrait se restructurer pour répondre de manière plus ciblée aux besoins des autres États membres.

Lorsque les pays de l'AES sortent de la CEDEAO, ils ne vont plus participer à l'effort de coordination. Donc, leurs citoyens ne doivent plus profiter des externalités positives engendrées par la coalition. Ce que les autorités de l'AES ne souhaitent pas, car elles veulent toujours garder les mêmes avantages en matière de la libre circulation de leurs citoyens au sein de la CEDEAO[116]. Ceci n'est pas de l'avis de l'organisation communautaire qui considère que lorsque les citoyens de l'AES (les *outsiders*) continuent de bénéficier des mêmes avantages que les citoyens de la Communauté (les *insiders)*, ils n'auront aucune incitation à redevenir membres de la CEDEAO et pourront se comporter en passagers clandestins. Ces comportements de passager clandestin peuvent rendre hypothétique le projet d'intégration. C'est pourquoi, dans une Union économique et monétaire, les États membres imposent des restrictions avec la mise en place des politiques de visa ou des barrières administratives, rendant plus difficiles les déplacements pour les citoyens des pays tiers et les échanges humains et professionnels. Si l'on se réfère aux autorités de la Communauté, les principales conséquences du retrait seront d'abord, "*L'installation de barrières en termes de liberté de circulation des personnes et des biens entre les États de l'AES et la CEDEAO, la sortie des états de l'AES des institutions sous-régionales ; mais également les clivages au niveau des pays de la CEDEAO, qui opteront pour des coopérations directes avec ces états de l'AES, tout en respectant les règles établies au niveau de la CEDEAO pour le respect des normes démocratiques*".

Au niveau du commerce et de politiques sectorielles régionales, il y aurait une redéfinition des relations économiques en Afrique de l'Ouest, nécessitant des ajustements significatifs tant au niveau régional, qu'extra-régional. On va assister à la réintroduction de droits de douane ou de restrictions commerciales entre les États de l'AES et les autres membres de la CEDEAO, ralentissant les échanges intra-régionaux. Les corridors commerciaux reliant les États sahéliens aux ports d'Afrique de l'Ouest (notamment au Sénégal, au Bénin ou en Côte d'Ivoire) pourraient être affectés, entraînant une hausse des coûts logistiques et une baisse de la compétitivité régionale. Ceci limiterait les opportunités en affaiblissant les chaînes de valeur régionales. Il y aura moins d'accès aux ressources naturelles pour les autres États membres qui ne bénéficieraient plus des avantages d'une intégration dans leurs relations commerciales avec ces États du Sahel, riches en ressources naturelles (or, uranium, etc.), essentielles pour le commerce régional. Leur absence réduirait les bénéfices économiques potentiels pour la région.

---

[116] Voir la déclaration du 14 décembre à Bamako, du collège des chefs d'État de l'AES sur la libre circulation, le droit de résidence et d'établissement des ressortissants de la CEDEAO dans l'espace de la Confédération des États du Sahel.

En résumé, la sortie des États de l'AES du processus d'intégration monétaire de la CEDEAO aurait des effets négatifs significatifs sur la libre circulation des personnes et des biens. Elle saperait les efforts d'intégration, réduirait les avantages économiques et affaiblirait la coopération régionale. Cela mettrait également en péril l'objectif global de la CEDEAO de construire un marché commun et de renforcer sa résilience face aux défis globaux.

Scénario 3 : Sortie de la Zone franc et avènement d'une monnaie nationale sénégalaise

La sortie de l'UMOA[117] est prévue par l'Article 36 du Traité qui stipule que : « Tout État membre peut se retirer de l'Union Monétaire Ouest Africaine. Sa décision de retrait doit être notifiée à la Conférence des Chefs d'État et de gouvernement de l'UMOA. Elle entre en vigueur de plein droit cent quatre-vingts (180) jours après sa notification. Ce délai peut, cependant, être abrégé d'accord parties ». Cependant, cette sortie ne sera possible sans sortie de l'UEMOA comme le prévoit l'article 2 du traité de l'UEMOA qui précise en effet : « Par le Présent Traité, les Hautes Parties Contractantes complètent l'Union Monétaire Ouest-Africaine (UMOA) instituée entre elles, de manière à la transformer en Union Économique et Monétaire Ouest-Africaine (UEMOA)...) ». Une sortie de la Zone franc par retrait de l'UMOA-zone monétaire, sans retrait de l'UEMOA-zone de libre-échange et de libre établissement des personnes, afin de conserver des préférences commerciales et migratoires, est a priori impossible pour des raisons politiques, la Conférence des chefs de l'État et de Gouvernement et la Conférence des ministres étant des organes partagés. Cette sortie de l'UMOA uniquement est aussi impossible pour des raisons juridiques : l'article 62 du traité de l'UEMOA est sans ambiguïté. Il stipule : « La politique monétaire de l'Union est régie par les dispositions du Traité du 14 novembre 1973 constituant l'Union Monétaire Ouest africaine (UMOA) et par les textes subséquents. Sans préjudice des objectifs qui lui sont ainsi assignés, elle soutient l'intégration économique de l'Union ».

[117] La sortie du franc CFA est possible. Mais, seul un gouvernement peut renoncer au système. Pas un ministre, ni un parlement, ni une société civile, ni des opposants, ni une opinion publique, mais un chef d'État ou un Président de République.

La sortie du FCFA implique donc nécessairement la sortie de l'UEMOA et autoriserait les autorités du pays sortant à mettre en place une Banque centrale souveraine au niveau national avec une politique monétaire qui vise à émettre la nouvelle monnaie et qui serait garantie par un système bancaire et financier au niveau national. Il faudrait donc, en cas de sortie de l'Union, que le Sénégal mette en place une politique monétaire et une politique de change autonomes pour atteindre les objectifs économiques affichés de croissance économique inclusive, de stabilité des prix, de création d'emplois et de réduction de la pauvreté.

Donc, si le Sénégal quitte la zone, il doit disposer de sa propre monnaie, avoir sa propre politique monétaire et de change, une banque centrale nationale, adopter son propre régime de change, et disposer de ses propres réserves de change.

La première préoccupation réside dans la politique monétaire à adopter par la future banque centrale. Cette future banque centrale mènera-t-elle une politique monétaire indépendante et stable, capable de préserver la valeur de la monnaie et de faire face aux aléas conjoncturels ? En effet, les expériences de certains pays et la littérature économique ont montré qu'il y a un rapport direct entre l'indépendance de la banque centrale et la stabilité des prix qui est le principal objectif d'une banque centrale. C'est-à-dire, le pays où la banque centrale n'est pas totalement indépendante subirait constamment des pressions politiques lors de la prise des décisions et leur mise en application au moment de la conduite de la politique monétaire. Le Sénégal constituera-t-il l'exception ?

La deuxième préoccupation est de spécifier le type de régime de change à utiliser c'est-à-dire s'agira-t-il d'un régime de change fixe ou bien d'un régime flottant ou d'un régime intermédiaire mentionné dans le programme du nouveau Président sénégalais ?

La troisième préoccupation réside dans l'accumulation des réserves de change de la future banque centrale. Pour pouvoir défendre sa monnaie, il faut un niveau suffisant de réserves. Comme le note Vidon [2007][118], les réserves de change peuvent résulter d'une forme d'épargne de précaution permettant de se prémunir contre des risques macroéconomiques. La détention par les banques centrales de réserves est motivée par le besoin de se prévenir et d'affronter d'éventuels chocs

---

118 "L'accumulation de réserves de change est-elle un indicateur d'enrichissement d'une nation ?" Bulletin de la Banque de France, Banque de France, issue 161, pages 29-35.

de fluctuations économiques dans un contexte marqué par une mondialisation et une libéralisation des marchés de plus en plus poussée. Pour Jeanne et Rancière [2011][119], l'importance qu'accordent les pays aux réserves de change réside dans le fait qu'elles constituent des instruments de précaution contre la volatilité des flux de capitaux, mais aussi dans les enseignements tirés des crises des années 1990 (IMF, [2013]). Donc, le Sénégal doit avoir un niveau des réserves de change qui lui assure une stabilité de la valeur de sa nouvelle monnaie par rapport aux devises.

Autre préoccupation est de savoir si le Sénégal remplit actuellement les conditions pour gérer sa propre monnaie. Plusieurs éléments importants justifient les difficultés que rencontrent les pays dans la gestion de leurs monnaies. Parmi elles, l'assurance d'une stabilité macroéconomique, incluant une maîtrise de l'inflation, une limitation de la dette publique et un maintien de la balance courante positive ou équilibrée, etc.

3.1 Quelle politique monétaire à adopter

Lorsque le pays quitte la zone FCFA, il doit avoir sa propre monnaie, sa propre banque centrale et sa propre politique monétaire et de change. Après avoir réglé les conditions de sortie, la première chose à faire est de définir la dénomination, le sigle ainsi que sa parité de sa monnaie. Ensuite, il met en place une banque centrale qui devra adopter un cadre de politique monétaire basé sur une stratégie multicritère reposant sur une évaluation exhaustive (selon l'information totale disponible) des risques pesant sur la stabilité des prix et la contrainte d'avoirs extérieurs.

Cette évaluation devra être basée sur un cadre analytique intégré reposant sur une analyse économique et une analyse monétaire et financière. L'analyse économique repose sur l'utilisation d'une large gamme d'indicateurs économiques et financiers permettant d'anticiper l'évolution future des prix dans le pays : coûts salariaux unitaires, mesures de l'activité réelle, indicateurs de prix et de coûts, enquêtes auprès des entreprises et des ménages, indicateurs des conditions financières (taux de change effectif de la nouvelle monnaie, pente de la courbe d'intérêt, rendements obligataires, etc.). Quant à l'analyse

[119] The Optimal Level of International Reserves for Emerging Market Countries: A New Formula and Some Applications: The Economic Journal, Volume 121, Issue 555, September 2011, Pages 905–930.

monétaire et financière, elle vise à apprécier les tendances de l'inflation à moyen et long terme. Elle s'appuie sur une gamme d'indicateurs, notamment l'évolution de l'agrégat monétaire M1[120], M2[121] ou M3[122] — autrement dit la masse monétaire globale en circulation dans l'économie — dont la croissance doit rester compatible avec le maintien à moyen terme du pourcentage de hausse des prix.

Pour mener sa politique monétaire et de change, la banque centrale que le pays mettra en place doit être indépendante, c'est-à-dire ne doit être soumise à aucune contrainte – contraintes règlementaires internes, contraintes liées à des accords internationaux, contraintes perçues de fait. Dans le cas contraire, elle est pour partie dépendante comme rappelé en haut. Les contraintes de la politique monétaire sont en premier lieu des contraintes d'ordre interne : la perception d'une contrainte économique de fait limitant l'usage que l'on peut faire de la politique monétaire, l'établissement de règles qui limitent la capacité de mener une politique monétaire comme par exemple l'indépendance de la banque centrale ou la mise en œuvre d'une organisation de l'émission monétaire. Quant aux contraintes qui pèsent sur la politique de change, elles sont d'ordre externe lorsque la monnaie nationale s'inscrit dans un système monétaire international ou régional, ou d'ordre interne lorsque le régime de change choisi n'est pas un régime de change flottant.

3.2 Quel régime de change en cas de sortie du FCFA

Le choix d'un régime de change demeure une décision complexe pour tout pays, puisque chaque régime se dote d'un certain nombre de vertus et de limites. Il faut noter qu'il existe une très grande variété de

---

[120] M1 correspond aux formes de monnaie les plus liquides. Il comprend la monnaie fiduciaire (billets et pièces en circulation) ainsi que la monnaie scripturale (monnaie inscrite sous forme de chiffres sur un compte de dépôt à vue) qui peut être immédiatement utilisée grâce à différents moyens de paiement.

[121] M2 est formé de M1 auquel s'ajoutent des dépôts rémunérés (livrets A, comptes d'épargne-logement, livrets de développement durable et solidaire, dépôts à terme jusqu'à deux ans par exemple) considérés comme liquides c'est-à-dire très facilement transférables sur un compte de dépôt à vue pour être utilisés, et donc circuler dans l'économie.

[122] M3, l'agrégat large, c'est la masse monétaire qui recouvre, en plus de M2, des instruments financiers émis par les établissements financiers et souscrits par des épargnants et investisseurs pour une durée inférieure à deux ans. Ces actifs sont considérés comme pouvant être relativement disponibles et donc transférables assez rapidement sur un compte de dépôt à vue pour être utilisés par les agents économiques.

régimes de change, qui se distribuent entre deux extrêmes : changes fixes et changes flexibles. Entre ces deux extrêmes, on trouve des régimes intermédiaires, qui se distinguent selon les fluctuations que la banque centrale autorise autour de la parité de référence, et selon la fréquence des réalignements de cette parité (voir Tableau 20).

3.2.1 Un aperçu conceptuel

Depuis l'effondrement du système de Bretton Woods au début des années 70 et l'adoption du deuxième amendement aux statuts du FMI, les pays membres sont libres d'adopter le régime de change de leur choix. N'étant plus obligés d'arrimer leur monnaie dans un système surveillé par le FMI, les pays doivent déterminer le régime de change (fixe, flottant ou intermédiaire) le mieux adapté à leurs besoins sur la base de critères solides. De ce fait, la réponse à la question du choix de régime de change soulève de grands défis, du fait de sa complexité croissante et de son instabilité.

En fait, de ces développements, aucune solution analytique adaptée au contexte réel ne s'est dégagée de façon définitive par contre, les travaux empiriques suggèrent des solutions conventionnelles idoines à des conjonctures appropriées. En effet, J. Frankel (1999) affirme qu'aucun régime de change n'est meilleur pour tous les pays et, pour un pays donné, aucun régime de change n'est meilleur à tous les temps. En fait, cette citation n'est pas une affirmation ; corollaire aux enseignements de la théorie des impossibilités de Mundell (1960), mais un précepte qui traduit un constat établissant une instabilité des conditions économiques structurelles et conjoncturelles dans le temps et l'espace et qui remet systématiquement en question les choix des régimes de change.

Dans ce contexte, la question des déterminants du choix de régime de change suscite constamment un grand intérêt. Théoriquement, la question du choix de régime de change est entamée dans le cadre de la théorie des zones monétaires optimales des années 1960, où plusieurs déterminants du choix de régime de change sont définis ; tels que l'ouverture économique, le degré de diversification de production, etc. Cette théorie tient compte, dans la détermination d'un système de change adéquat, des caractéristiques structurelles d'une économie.

Les travaux empiriques ont aussitôt tenté de vérifier les critères de choix suggérés par cette théorie. Certaines études ont même dépassé ces fondements théoriques, en introduisant d'autres déterminants empiriques, telles que des variables de stabilisation macroéconomique ; et les plus récentes incorporent même des variables politiques et institutionnelles.

Rizzo (1998) étudie le choix du régime de change par l'estimation d'un *probit* pour les pays en développement (1977-1995). De même, Von Hagen et al. (2002) analysent le choix du régime de change, pour 25 économies en transition après 1990 ; moyennant l'estimation d'un *logit* multinomial ordonné. Ils aboutissent à un résultat conforme aux prévisions macroéconomiques internationales au cours de la période considérée. Ils arrivent à la conclusion que les pays, dont la production est diversifiée et le commerce extérieur spécialisé, adoptent des régimes de change fixes ; alors que les pays financièrement développés optent pour des régimes de change flexibles.

Ainsi, globalement, les auteurs s'accordent sur les bonnes orientations de la théorie des zones monétaires optimales dans le choix de régime de change. À l'exception près de la variable taille de l'économie qui ne semble pas jouer le rôle que lui réserve cette théorie. En fait, ils ont établi empiriquement que les grands pays de leur échantillon adoptent des régimes de change fixes. Levy-Yeyati et al. (2002) soulèvent la question de la pertinence des trois approches qui permettent de déterminer le régime de change : la théorie des zones monétaires optimales, la théorie financière et la théorie politique. Leurs résultats indiquent que ces théories sont bien soutenues empiriquement. Par ailleurs, les auteurs trouvent que l'impact de l'aspect financier et politique diffère des pays développés aux pays en voie de développement.

Une autre étude sur un modèle *probit* ordonné, réalisée par Kato et Uctum (2008), pour différentes zones monétaires et géographiques, indique que certaines variables explicatives, à savoir l'ouverture économique, la volatilité des taux de change et les variables institutionnelles influencent largement le choix du régime de change d'un pays. À travers une analyse en *probit* binaire pour 65 pays de l'OCDE sur la période 1980-1994, Helge Berger et al. (2000) rejoignent totalement la thèse de Frankel (1999) qui stipule qu'aucun régime de change n'est optimal à tous les temps. Par ailleurs, ceci diffère des conjonctures d'une période à une autre. En revanche, Stockman (1999) avance que, dans la plupart des cas et pour la plupart des pays, un régime de change flexible pur est le meilleur choix par rapport au régime fixe.

L'influence idéologique, les institutions politiques et la globalisation sont les variables utilisées par Berdiaev et al. (2012) pour étudier la question du choix de régime de change à l'aide d'un modèle *logit*. Ils établissent que ces trois variables constituent des déterminants importants du choix de régime de change. Ainsi, une indépendance de la banque centrale et des institutions démocratiques favorise un régime de change flexible.

La majorité des analyses traitant de la question du choix de régime de change sont réalisées pour des pools de pays sans pour autant proposer des solutions précises à chaque pays. Dans cette partie, nous allons insister sur les déterminants du choix optimal du régime de change et voir lequel des régimes est plus favorable pour le Sénégal.

Tableau 20 : Les principaux régimes de change

	Principales caractéristiques	**Circonstances du pays**	**Principaux avantages**	**Principaux inconvénients**
		RÉGIMES FLOTTANTS		
Flottement pur	Le taux de change est déterminé librement sur le marché par l'offre et la demande. L'autorité monétaire n'intervient pas sur le marché des changes. La politique monétaire est indépendante du régime de change et peut être utilisée librement pour piloter l'économie nationale.	Convient aux pays industrialisés de moyenne et de grande taille et à certaines économies de marché émergentes qui sont relativement fermées au commerce international, mais pleinement intégrées aux marchés de capitaux mondiaux, et qui ont une production et un commerce diversifiés, un secteur financier profond	Dévier ou absorber plus facilement les chocs indésirables. Pas sujette aux crises monétaires. Des réserves internationales élevées ne sont pas requises.	Forte volatilité à court terme (des fluctuations excessives peuvent être atténuées en cas de flottement peu géré). Les grandes fluctuations à moyen terme ne sont que

Flottement administré	Le taux de change est essentiellement déterminé librement sur le marché par l'offre et la demande. Des interventions occasionnelles (directes ou indirectes par la politique monétaire) visent à modérer les fluctuations excessives. La politique monétaire est largement libre d'être utilisée pour diriger l'économie nationale.	et vaste et des normes prudentielles strictes.		faiblement liées aux fondamentaux économiques. Forte possibilité de désalignement. Le pouvoir discrétionnaire de la politique monétaire peut créer un biais inflationniste.

Régimes intermédiaires				
Flottement fortement administré	L'autorité monétaire intervient activement sur le marché des changes sans spécifier ni s'engager au préalable sur une trajectoire annoncée à l'avance pour le taux de change. L'intervention peut être directe (stérilisée et non stérilisée) ou indirecte par le biais de modifications des taux d'intérêt, etc. Elle peut fonctionner comme une large bande rampante non annoncée. La politique monétaire est relativement libre			

	d'être utilisée pour diriger l'économie nationale.			
Large bande glissante	Le taux de change est maintenu dans une large bande autour d'un taux central qui est ajusté périodiquement à un taux fixe annoncé à l'avance pour maintenir le taux de change effectif compétitif. Une règle d'ajustement courante est l'exploration prospective (basée sur les écarts entre l'inflation cible et l'inflation attendue chez	Convient aux économies de marché émergentes et à certains autres pays en développement dotés d'un secteur financier relativement plus solide et d'un historique de politique macroéconomique disciplinée.	Une flexibilité limitée permet une absorption partielle des chocs défavorables. Peut maintenir la stabilité et la compétitivité si le régime est crédible. Faible vulnérabilité à la crise monétaire si les bords de la	Manque de transparence, car les critères d'intervention ne sont pas divulgués dans le flottement géré et les régimes à large bande ne sont pas immédiatement identifiables. Cela peut conduire à

	les principaux partenaires commerciaux). Elle impose des contraintes à la politique monétaire, le degré d'indépendance politique étant fonction de la largeur de bande.		bande sont souples.	l'incertitude et au manque de crédibilité. Des réserves internationales élevées sont nécessaires.

Tableau 20 : Les principaux régimes de change (Suite)

	Principales caractéristiques	**Circonstances du pays**	**Principaux avantages**	**Principaux inconvénients**
		Les régimes de change à ancrage souple		
Bande étroite glissante	Le taux de change est maintenu dans une bande étroite autour d'un taux central qui est ajusté périodiquement à un taux fixe annoncé à l'avance pour maintenir le taux de change effectif compétitif. La règle commune d'ajustement est une exploration prospective (basé sur les écarts entre la cible d'inflation et l'inflation attendue dans les principaux partenaires commerciaux). Le pouvoir discrétionnaire est limité			

	pour la politique monétaire en fonction de la largeur de la bande.			
Parité glissante	Le taux de change est ajusté périodiquement en fonction d'un ensemble d'indicateurs. La parité peut être fixée à un taux fixe annoncé à l'avance, égal ou inférieur aux différentiels d'inflation projetés (*forward-looking*). Le maintien d'une parité glissante crédible impose des	Convient aux pays en développement ayant des liens limités avec les marchés financiers mondiaux, une structure de production et d'exportation moins diversifiée, des marchés financiers peu profonds et manquant de discipline	Peut maintenir la stabilité et la compétitivité si l'ancrage est crédible. Des taux d'intérêt plus bas. Fournit une ancre nominale claire et facilement contrôlable. Permet aux pays à forte inflation de réduire	Sujette à une crise monétaire si le pays est ouvert aux marchés internationaux des capitaux. Encourage la dette extérieure. Des réserves internationales élevées sont nécessaires. Peu

	contraintes à la politique monétaire.	monétaire et de crédibilité.	l'inflation en modérant les attentes inflationnistes.	de capacité d'absorption des chocs. Les chocs sont largement absorbés par les changements dans le secteur réel.
Ancrage dans une bande	Le taux de change est autorisé à fluctuer dans une bande étroite autour d'un ancrage central fixe, formel ou de facto. Le cours pivot est fixé en fonction d'une monnaie unique ou d'un panier de monnaies. Ce régime peut être le résultat d'accords de coopération ou être unilatéral. Il existe un certain degré limité de discrétion en matière de			

	politique monétaire en fonction de la bande passante.			
Parité fixe	Le taux de change est rattaché à un taux fixe à une devise principale ou à un panier de devises (ou au DTS). L'autorité monétaire ne s'engage pas indéfiniment sur l'ancrage. L'ancrage est ajusté (dévaluation) lorsque le désalignement devient insoutenable. L'autorité monétaire est prête à défendre l'ancrage par une intervention directe et une politique monétaire. Les			

	fonctions traditionnelles des banques centrales sont possibles, mais le degré de discrétion en matière de politique monétaire est limité.			

Tableau 20 : Les principaux régimes de change (Suite)

	Principales caractéristiques	Circonstances du pays	Principaux avantages	Principaux inconvénients
		Les régimes de change à ancrage rigide		
Les *Currency boards* (caisses d'émission ou conseils monétaires)	Régime de change strict soutenu par un système monétaire basé sur l'engagement législatif d'échanger la monnaie nationale contre une devise étrangère spécifiée à un taux fixe. La monnaie nationale est émise uniquement contre des devises. Il n'y a pratiquement	Convient aux pays ayant des antécédents de désordre monétaire, d'inflation élevée et de faible crédibilité des décideurs politiques et qui ont besoin d'un ancrage solide pour la stabilisation monétaire.	Fournit une crédibilité maximale au régime de politique économique. Peut faciliter la désinflation. Pas sujette aux crises monétaires. Faibles coûts de transaction, taux d'intérêt bas et stables. Le manque de discrétion monétaire élimine les	La banque centrale perd son rôle de prêteur en dernier ressort. Probabilité plus élevée de crise de liquidité. Faible seigneuriage en régime de caisse d'émission, pas de siège en cas de dollarisation. Aucune

	aucune marge pour une politique monétaire indépendante.		préjugés inflationnistes.	capacité d'absorption des chocs. Les chocs doivent être entièrement absorbés par les changements dans l'activité économique. La sortie de la dollarisation est très difficile.

Dollarisation/Union monétaire	La monnaie d'un autre pays est utilisée comme seule monnaie ayant cours légal, ou le pays appartient à une union monétaire dans laquelle la même monnaie ayant cours légal est partagée par tous les membres de l'union. L'autonomie monétaire est totalement abandonnée. Il n'y a pas de place pour une politique monétaire indépendante.	Convient aux pays qui ont déjà développé de nombreux liens commerciaux et autres liens économiques (UEM). Petits pays déjà intégrés dans des pays voisins plus grands (dollarisation)		

Source : Auteur

L'un des principaux arguments avancés pour justifier le recours à des régimes flottants, est l'autonomie qu'ils confèrent à la politique monétaire en présence d'une mobilité internationale des capitaux de plus en plus forte. Dornbusch et Giovannini (1990) ont exposé cet argument sous deux formes : la flexibilité du taux de change autorise un pays à choisir son taux d'inflation de long terme[123] et la politique monétaire va permettre de poursuivre la stabilisation intérieure de l'économie. De surcroît, la flexibilité du taux de change facilite la réaction de la politique économique aux chocs extérieurs en initiant un début d'ajustement automatique de l'économie domestique aux variations de la balance des paiements. Outre la politique monétaire, les régimes de change flexible peuvent assouplir les contraintes qui s'exercent sur les instruments de politique disponibles (Johnson, 1969). En effet, la contrainte imposée par la fixité du taux de change aux politiques monétaire et budgétaire (voir Canzoneri, Cumby et Diba, 2001 ; Aghevli, Khan et Montiel, 1991) peut entraver la capacité des autorités à influencer les conditions économiques domestiques. L'ajustement reposera alors essentiellement sur l'économie réelle.

Les régimes de change à ancrage souple ou rigide permettent d'introduire une certaine discipline dans la conduite de la politique économique en jouant le rôle d'ancre nominale. Il est largement démontré que les régimes de parité fixe vont de pair avec de meilleurs résultats en matière d'inflation dans les pays en développement ou émergents, sauf dans ceux où le taux fixé est sous-évalué et dont les autorités ne peuvent neutraliser la croissance excessive de la monnaie provoquée par des excédents courants persistants et une accumulation parallèle de réserves. Ces avantages en termes d'inflation tiennent pour beaucoup à la crédibilité de l'engagement formel pris par la banque centrale de défendre la parité (et pas seulement à ses interventions de fait sur le marché des changes ou au comportement du taux de change).

---

[123] Dans un régime de change fixe, l'autorité monétaire peut également isoler l'économie de l'inflation du pays d'ancrage en procédant à des modifications régulières de la parité nominale de sa monnaie ou en recourant à des restrictions sur les mouvements de capitaux. Par ailleurs, Sargent et Wallace (1981) réfutent l'idée que la politique monétaire permet de contrôler l'inflation de long terme dans le cadre d'une économie monétariste. Leur conclusion est basée sur l'hypothèse que l'économie croît moins vite que le taux d'intérêt réel sur la dette publique et l'hypothèse de prépondérance budgétaire ; la démarche des auteurs est critiquée par Buiter (1982).

En revanche, ces régimes sont toujours confrontés aux problèmes des attaques spéculatives autoréalisatrices. Si les investisseurs pensent que la banque centrale dévaluera sa monnaie ou s'ils veulent seulement tester l'engagement des autorités monétaires concernant le change, ils vont échanger les actifs libellés en monnaie nationale contre des actifs libellés en devise ce qui réduit les réserves de la banque centrale et la menace à terme de dévaluer. Les régimes de fixité rigide tels que les *currency boards* tendent de ce fait à avoir un effet plus crédibilisant que les régimes de change intermédiaires (ancrage par rapport à une ou plusieurs monnaies). Ces régimes sont attrayants par leur simplicité grâce à une règle monétaire fixée au préalable, mais aussi par leur rigueur puisqu'ils impliquent un engagement solennel inscrit dans le cadre d'une loi, parfois institutionnelle[124], de la part de la banque centrale à maintenir le taux de change fixe entre la monnaie nationale et une autre devise étrangère et à assurer une convertibilité systémique, inconditionnelle et intemporelle de la monnaie nationale. Cet engagement formel rend de ce fait, les éventuelles dévaluations brusques, les réajustements dans les parités ou encore l'abandon total du régime de change très peu probables. Les autorités monétaires ne peuvent par exemple dévaluer la monnaie ou procéder à un réajustement de la parité que dans le cas où cette mesure est approuvée par une majorité parlementaire, mesure qui prend souvent la forme d'un amendement de la constitution. Cet engagement explicite se trouve aussi concrétisé par les restrictions sur l'autorité émettrice puisque la masse monétaire fiduciaire en circulation doit être couverte entièrement ou en grande partie par les réserves de change.

La crédibilité amenée par les *currency board* est non seulement obtenue grâce à la simplicité administrative et opérationnelle de ce type de régime, mais aussi parce que le financement monétaire du déficit budgétaire est prohibé. En ôtant aux autorités monétaires toute possibilité de seigneuriage, les régimes de *currency board* permettent, comme le préconisent leurs fervents défenseurs, d'instaurer une discipline budgétaire qui renforce la confiance du public. Cette rigueur budgétaire est aussi un préalable à l'établissement du *currency board*, faute de quoi il devient insoutenable et les autorités monétaires seront dans ce cas obligées de dévaluer voir de changer de régime monétaire. Cela peut être perçu au regard du régime monétaire mis en place en

[124] Telle que la loi n° 23.929 sur la convertibilité du Peso qui fut adoptée par le congrès de l'Argentine le 1er avril1991.

Argentine en avril 1991, qui présentait les principaux traits caractéristiques des *currency board* (ancrage ferme par rapport au Dollar, adossement de toute émission monétaire sur des actifs libellés en Dollars et interdiction pour la banque centrale de financer le déficit budgétaire et les agents domestiques) et qui a permis de contracter le déficit budgétaire argentin de 7 points de PIB environ en l'espace de seulement deux ans Edwards (2002).

Les régimes de *currency board* permettent aussi d'améliorer la crédibilité des autorités monétaires en contraignant la politique monétaire nationale en faisant réduire l'inflation à des niveaux acceptables. Comme le montre l'expérience dans la zone UEMOA, ce régime a permis de maintenir l'inflation à niveau tolérable contrairement aux autres pays de la CEDEAO.

Les autres formes d'ancrage rigide, telles que la dollarisation intégrale et quasi irréversible, permettent aussi en principe de renforcer la crédibilité des autorités monétaires[125]. Les différences entre les régimes de dollarisation et de caisse d'émission sont en fait peu nombreuses puisque les dispositifs des deux régimes doivent être étayés par des fondements juridiques et institutionnels formalisés indiquant un engagement fort à l'égard du régime de change. La dollarisation se distingue cependant, par son caractère irréversible, quasi définitif, qui représente le principal gage de sa crédibilité, et qui repose sur trois faits. D'abord et dans un contexte de dollarisation officielle, les pratiques sont telles que le gouvernement peut difficilement empêcher les agents de se défaire du dollar, à moins de mettre en place une règlementation draconienne. La dollarisation officielle représente ensuite un régime monétaire difficile à renverser, et ce principalement à cause des difficultés et autres complications logistiques et opérationnelles entraînées par l'introduction d'une nouvelle monnaie. Les coûts de sortie de la dollarisation sont de ce fait très élevés de sorte que cette sortie reste improbable. Enfin un traité international avec les États-Unis peut interdire explicitement la réintroduction d'une autre monnaie. La crédibilité des régimes de dollarisation officielle repose donc, et contrairement aux régimes de caisse d'émission, sur des contrats qui ne

[125] Parmi les économies émergentes ayant officiellement adopté un régime de dollarisation, on trouve le Panama, El Salvador ou encore l'Équateur.

relèvent pas des décisions du gouvernement, mais de plusieurs agents économiques[126].

À côté des régimes flottants et des régimes d'ancrage figurent les régimes intermédiaires qui permettaient de combiner le meilleur des deux pôles de la fixité rigide et de la flexibilité pure. Ces régimes à mi-chemin autorisent alors les autorités monétaires à contrecarrer les fluctuations nocives du taux de change susceptibles d'entamer la compétitivité des entreprises exportatrices ou d'augmenter la charge de la dette contractée en devise, d'où l'arbitrage subtil entre ces deux objectifs. La relative flexibilité de ces régimes et l'absence d'un engagement explicite en faveur de la fixité permettaient au même moment aux autorités de politique économique de jouir d'un certain degré d'indépendance dans la conduite de la politique monétaire pour s'accommoder face aux chocs. Le réel enjeu est alors pour les économies qui l'ont adopté de déterminer le degré optimal de flexibilité du taux de change qui permettrait une certaine autonomie de la politique monétaire et qui confère au taux de change le rôle d'une ancre nominale.

3.2.2 Les déterminants du choix de régime de change

Comme annoncé au début de la section, c'est à la suite d'un changement majeur dans le système monétaire international (SMI) marqué par l'effritement de Bretton Woods que la liberté de choix d'un régime de change s'est trouvée au cœur des politiques économiques des pays en voie de développement, donnant lieu par conséquent à une problématique de choix optimal de régimes de change pour ces derniers. Ainsi, les différents travaux qui se sont mis à égrener les critères qui entrent dans le choix d'un régime de change ont abouti finalement à fonder trois cadres théoriques : la théorie traditionnelle des zones monétaires optimales (ZMO), la théorie de l'économie politique et la théorie de la peur du flottement. Parfois, d'autres facteurs macroéconomiques et monétaires peuvent s'introduire.

Le choix d'un régime de change optimal pour les pays en voie de développement a été souvent fondé sur des mécanismes et des arguments techniques relatifs à la structure et la situation économique des pays. En effet, malgré l'abondance de la littérature en la matière, le

[126] Une discussion exhaustive des avantages et inconvénients des régimes de *currency board* et de dollarisation est celle de Goldstein (2002)

choix optimal reste dominé par l'analyse des variables économiques quantitatives mettant en évidence l'avantage du régime de change fixe à réduire l'inflation par rapport au régime de change flexible réputé pour son avantage d'indépendance de la politique monétaire, mais n'arrivant toujours pas à trancher définitivement sur les effets macroéconomiques des régimes de change. Ainsi, au-delà de la rivalité macroéconomique entre la fixité et la flexibilité des régimes de change, la question du choix optimal pour un pays doit intégrer d'autres composantes qui sont moins confuses que celles avancées dans la littérature que l'on qualifie d'unidimensionnelles. Au fur et à mesure que la théorie économique progressait pour considérer d'autres implications des différents régimes de change, la panoplie des variables utilisées dans les analyses empiriques a été élargie pour inclure d'autres indicateurs macroéconomiques et politiques.

Les premiers articles de recherche empirique sur le choix du régime de change dans l'ère moderne ont été publiés dans la fin des années 70 : Heller (1978), Dreyer (1978) et Holden et Suss (1979). Chacune de ces études analyse le rôle des variables suggérées par la théorie de la ZMO dans le choix du régime de change.

Heller (1978) trouve que le PNB (produit national brut), les importations par rapport au PNB et la concentration des échanges commerciaux jouent le plus grand rôle dans la détermination du régime de change. Dreyer (1978) fait état du fait qu'un degré d'ouverture économique plus élevé et une plus grande diversification des échanges sont associés à la tendance d'une plus grande fixité du taux de change. Holden et Suss (1979) trouvent également un effet similaire d'ouverture. Ces trois études ont fourni efficacement une certaine base de départ pour que la théorie de la ZMO soit servie de cadre conceptuel approprié pour comprendre le choix d'un régime de change.

Trois études ultérieures, de Collins (1996), Rizzo (1998) et Bayoumi et Eichengreen (1998), soutiennent certaines prédictions de la théorie de la ZMO sur une période plus longue. Ces trois documents se distinguent des trois précédents par leur utilisation d'une dimension temporelle ainsi que d'une dimension transversale (cross-sectional). Rizzo estime un modèle pour la période entre 1977 et 1995 et trouve qu'une plus grande flexibilité du taux de change est associée à une plus grande taille (mesurée par le PIB), un plus grand développement économique (mesuré par le PIB par habitant), une plus grande ouverture économique (mesurée par le ratio des exportations par rapport au PIB), une inflation plus élevée et une diversification géographique faible (mesurée en pourcentage des trois principales destinations d'exportation). Collins analyse les données annuelles de 24 pays d'Amérique latine et des Caraïbes pour la période 1978-1992 et trouve que la flexibilité du taux de change est beaucoup plus associée à un PIB plus élevé, à une plus grande ouverture, à une inflation plus élevée, à des comptes courants plus importants par rapport au PIB et à la participation à un programme de stabilisation du FMI. Meissner et Oomes (2009) constatent récemment que le volume des échanges entre pays, critère clé de la théorie de la ZMO, est un déterminant important dans le choix d'un pays d'ancrage pour les pays qui fixent leur monnaie. Mais Poirson (2001) constate que les variables standards de la ZMO, y compris le PIB par habitant, la concentration géographique du commerce et l'ouverture commerciale ne sont pas significatives dans son analyse faite sur 93 pays industrialisés et en voie de développement.

La théorie de la zone monétaire optimale est l'un des nombreux cadres disponibles pour comprendre le choix du régime de change. Une autre branche de la théorie met l'accent sur les différences de performance macroéconomique à court terme entre les régimes de change. Comme avancé largement dans la littérature, un taux de change fixe tend à mieux isoler une économie des chocs monétaires, tandis qu'un taux de change flexible sert mieux les chocs des marchés de biens (chocs réels). Melvin (1985) trouve, comme le prédit la théorie, une relation négative entre les chocs du marché monétaire domestique et une plus grande flexibilité du taux de change, et une relation positive entre les chocs des prix étrangers et une plus grande flexibilité du taux de change même si les variables de la ZMO, à savoir le différentiel d'inflation et le PNB, ont été incluses dans la régression *Logit*.

L'autre volet de recherche empirique sur les déterminants du choix du régime de change porte sur le rôle des facteurs politiques. La première étude dans ce domaine, réalisée par Edwards (1996), considère les effets d'un indicateur d'instabilité politique et un indicateur de la force du gouvernement, tout en contrôlant les variables associées à la théorie de la ZMO. Ses résultats suggèrent que les pays plus instables ont une probabilité significativement plus faible de choisir un taux de change fixe et qu'il existe une relation significative entre un pays ayant un gouvernement plus fort et un taux de change fixe. Edwards attribue cela au coût politique d'une dépréciation facilement supportable dans un pays plus instable politiquement ou caractérisé par un gouvernement plus faible. Il est possible, cependant, que l'instabilité et la force du gouvernement dépendent des conditions économiques qui peuvent, à leur tour, être liées aux effets d'un régime de change. Ainsi, d'autres recherches se sont concentrées sur les institutions politiques d'un pays, car celles-ci affectent les incitations politiques et sont relativement stables dans le temps. Bernhard et Leblang (1999) soutiennent que, dans les pays industrialisés, un système majoritaire tend à produire un gouvernement à parti unique qui ne favorise pas les contraintes imposées à la politique par un taux de change fixe. En revanche, un système de représentation proportionnelle favorise les contraintes imposées à la majorité pour adopter un taux de change fixe et, par conséquent, permet ce type de contrainte. Pour une raison similaire, les règles qui permettent une opposition plus forte, dans un système majoritaire ou proportionnel, peuvent être associées à un taux de change fixe, car c'est une contrainte que l'opposition peut imposer au parti qui se trouve au pouvoir. Leurs résultats empiriques par conséquent soutiennent fortement cette hypothèse. Les systèmes d'opposition proportionnelle-forte étaient les plus fortement associés aux taux de change fixes, et les systèmes d'opposition majoritaire-faible étaient les plus fortement associés aux taux de change flexibles, et ces différences ont été statistiquement très significatives. Bernhard et Leblang ont également examiné si un calendrier électoral prédéterminé (par exemple, le premier mardi de novembre tous les quatre ans) influe sur le choix du régime de taux de change, car une partie de la théorie politique du cycle économique veut qu'un parti en place stimule l'économie juste avant les élections pour maximiser ses chances de conserver le pouvoir. Si c'est le cas, le parti au pouvoir serait favorable à un taux de change flexible, car cela lui donne plus de latitude dans les efforts visant à stimuler l'économie à court terme avant le jour du scrutin par contre, si le taux de change fixe lui permet d'exprimer son engagement pour de quelconques raisons, alors l'annonce de la fixité peut apparaître avantageuse.

Mais il faut noter que la structure politique des pays en voie de développement diffère de celle des pays industrialisés. Par conséquent, les variables utilisées dans une étude sur les déterminants politiques du choix du régime de change dans les pays en voie de développement peuvent différer de celles utilisées dans une étude concernant les pays industrialisés. Cela est évident dans l'étude de Leblang (1999) sur les choix de régime de change des pays en développement sur la période 1994-1974, dans laquelle l'indicateur utilisé est le degré de démocratie dans un pays, variable qui varie beaucoup plus dans les pays en voie de développement que dans les démocraties industrielles. Leblang présente des résultats montrant que la probabilité d'un régime de change flottant augmente significativement avec une augmentation de l'indicateur de la démocratie. L'explication qu'il avance est qu'une faible démocratie se mêle de faire face à l'insatisfaction de ses citoyens avec une mauvaise performance économique qui pourrait survenir en raison des contraintes imposées par un régime de change fixe. En fait, d'autres études, comme celle de Broz (2002), démontrent que les régimes autoritaires choisissent des régimes de change fixe parce que la considération d'une indépendance de la banque centrale qui remplace l'ancrage pour réduire l'inflation est inefficace vu l'opacité qui marque le régime politique de ces pays.

Carmignani et al. (2008) présentent des approches des déterminants politiques différentes, mais suggèrent qu'un contexte politique instable réduit la possibilité d'adopter un régime de change fixe et qu'une pression politique peut annuler l'adoption d'un régime de change flexible. Plus récemment, Hall (2008) confirme la relation entre la démocratie et la flexibilité des régimes de change en se basant sur les travaux de Broz (2002). Ainsi Levy-Yeyati et al. (2010) supportent l'importance du facteur politique dans le choix d'un régime de change et avancent qu'une faible qualité institutionnelle est associée à un régime de change fixe. Bearce et Hallerberg (2011) soutiennent que les pays les plus démocratiques auraient une tendance à privilégier les régimes de change plus flexibles, car, faisant face à un arbitrage entre stabilité des taux de change et autonomie de la politique monétaire dans un contexte de parfaite mobilité de capitaux. Ils sont alors poussés à opter pour la seconde option sous la pression de l'électeur moyen dont les préférences sont portées vers l'autonomie de la politique économique domestique. Enfin, Berdiev et al. (2012) prouvent également que les institutions démocratiques dans les pays développés et ceux en voie de développement augmentent la probabilité d'adopter un régime de change flexible et diminuent la probabilité d'adopter un régime de change fixe. Raymond *et al.* (2017) montrent que les régimes les plus flexibles permettent de limiter les désajustements causés par les chocs des termes de l'échange temporaires dans les PED exportateurs de gaz et de pétrole. Ils adoptent une approche similaire en incluant à la fois le régime de change et la qualité des institutions comme déterminants de l'ampleur des désajustements. Leurs résultats montrent que ces désajustements sont moins importants à mesure que l'indice de démocratisation s'accroît, mais les catégories de régimes de change ne sont pas distinguées[127], la qualité des institutions est seulement considérée comme une variable de contrôle en fin d'analyse, et les mécanismes de transmission ne sont pas explicités.

Ce bref aperçu de la littérature démontre que la théorie de la ZMO sert de cadre conceptuel dans le choix du régime de change même si ce choix dépend en grande partie des caractéristiques spécifiques à chaque pays. Le Sénégal devra donc choisir, en cas de sortie de la zone CFA, un système de change optimal en lien avec les variables associées à la théorie de la ZMO. Parmi ces variables figurent le niveau de développement économique et financier, le degré d'insertion dans le commerce mondial, le degré de diversification de l'économie et la capacité à absorber les chocs négatifs, entre autres.

[127] La variable « Régime de Change » est considérée comme une variable continue, plutôt que comme une variable catégorielle.

Tableau 21 : les variables associées à la théorie de la ZMO

	DOUV	DEV	DFINPUB	DVFINAN	ID	IVE	DC_COURANT
Mean	63.87	3.17	-5.71	43.42	0.76	5.09	-10.21
Median	61.79	3.17	-5.71	41.51	0.76	5.00	-8.80
Maximum	80.03	3.24	-4.83	52.24	0.78	5.50	-4.20
Minimum	54.11	3.09	-6.40	35.29	0.73	4.80	-19.90
Std. Dev.	7.97	0.05	0.52	6.36	0.02	0.26	4.93
Skewness	0.82	-0.12	0.27	0.25	-0.94	0.41	-0.76
Kurtosis	2.86	2.10	2.02	1.63	3.30	1.78	2.68
Jarque-Bera	1.02	0.32	0.47	0.80	1.35	0.81	0.90
Probability	0.60	0.85	0.79	0.67	0.51	0.67	0.64
Sum	574.84	28.51	-51.37	390.83	6.87	45.80	-91.90
Sum Sq. Dev.	508.11	0.02	2.19	323.70	0.00	0.53	194.11

Source : calculs à partir des données de la Banque mondiale de 2018-2023

DOUV : degré d'insertion dans le commerce mondial ; **DVFINAN** : niveau de développement financier ; **DvE** : niveau de développement économique ; **ID** : degré de diversification de l'économie ; **IVE** : Indice de Vulnérabilité économique ; **DFINPUB** : déficit des finances publiques ; et **DC_courant** : déficit courant en % du PIB.

Comme vous pouvez le constater, le Sénégal a un indice de vulnérabilité au-dessus de la moyenne. Ce qui implique son exposition plus élevée aux chocs, qu'ils soient commerciaux (termes de l'échange) ou naturels liés aux changements climatiques. L'indice d'ouverture montre que le Sénégal est un pays largement ouvert sur le commerce international, conséquence de son histoire et de sa position géographique : il présente un degré d'ouverture de l'ordre de 63 %, se situant légèrement au-dessus du degré d'ouverture moyen de l'UEMOA qui tourne autour de 55 %. Plus une économie s'ouvre aux échanges internationaux, plus le régime de taux de change fixe devient attrayant (McKinnon, 1963). Cela est dû au fait que des niveaux accrus d'exportations et d'importations engendrent une forte volatilité du taux de change. Cette volatilité, à son tour, entraîne une instabilité des prix, rendant ainsi moins propice l'adoption de régimes de change flexibles.

L'indice de diversification moyen est également de 0,76 sur les cinq dernières années, témoignant ainsi d'une base d'exportation de biens relativement large, dominée par les huiles et combustibles minéraux, les produits halieutiques, les pierres et métaux précieux et semi-précieux, ainsi que les produits chimiques organiques et inorganiques. Les exportations de services sont dominées par les services de transport, les technologies de l'information et de la communication (TIC) et le tourisme. Dans ce contexte, un régime de change flexible est vivement recommandé.

L'indice du développement financier moyen (43,4 %) est en dessous du niveau requis. Même si des réformes ont modifié la sphère financière dans le temps, elles n'ont pas pu atteindre les résultats escomptés, car la structure du système financier demeure presque inchangée. Le système financier du pays s'appuie beaucoup plus sur les intermédiaires que sur les marchés financiers développés. Les pays dont le secteur financier est relativement peu développé optent souvent pour des régimes de taux de change fixes, parce qu'ils ne disposent pas des instruments de marché nécessaires pour mener des opérations d'*open market* au niveau national et parce qu'ils souhaitent protéger leurs industries bancaires naissantes contre d'importants mouvements de taux de change. Ainsi, un faible développement financier devrait augmenter la probabilité d'adopter des taux de change fixes.

Les soldes budgétaires et du compte courant affichent des contre-performances au cours des dernières années. Entre la période 2000 et 2023, le Sénégal a toujours affiché un déficit budgétaire au-dessus de la norme communautaire, à l'exception de l'année 2017 (cf. tableau 15). Il en est de même avec le solde courant qui a connu un déficit structurel, expliqué principalement par la hausse du déficit commercial. Cette contre-performance au niveau de la balance commerciale reflète une progression des exportations de biens et services moins prononcée que celle des importations. Bénéficiant d'une évolution des prix favorable, les principaux contributeurs à l'augmentation des exportations sont l'or non monétaire, les produits alimentaires, l'acide phosphorique, et les produits pétroliers raffinés. Quant aux importations, l'augmentation est due en grande partie à i) la hausse des importations des services dans l'industrie extractive ainsi qu'à ii) la hausse de la facture des importations de pétrole et de produits alimentaires. Les résultats budgétaires observés remettent en cause l'hypothèse de discipline budgétaire consacrée aux régimes de change fixes, bien que ces derniers soient associés à de meilleures performances budgétaires globales. Si le choix d'un régime de change flexible conduit à de moins bonnes performances budgétaires globales, il laisse des possibilités au pays de corriger plus rapidement les chocs négatifs auxquels il fait face. Cela explique sans doute le fait que les déficits budgétaires sont plus réduits sous ces régimes. En effet, l'un des arguments les plus répandus dans la littérature sur les régimes de change flexibles concerne leur aptitude à favoriser un ajustement rapide des déséquilibres économiques auxquels les pays sont confrontés. Friedman [1953] est le pionnier de cette théorie et à sa suite, plusieurs études empiriques ont confirmé cette thèse. Elles soutiennent en particulier que les régimes de change flexibles sont plus efficaces pour accélérer l'ajustement des déséquilibres de compte courant (voir notamment Martin [2016] et Ghosh, Qureshi et Tsangarides [2018]). En effet, si le choix du régime de change flexible permet aux pays d'ajuster plus facilement les chocs négatifs auxquels ils sont confrontés, ils sont plus susceptibles d'éviter des déficits budgétaires importants. Cela est d'autant plus important pour les pays en développement qui sont grandement exposés aux fluctuations des termes de l'échange.

Tableau 22 : Choix d'un régime de change basé sur la théorie des zones monétaires optimales (ZMO)

	Sénégal	**ZMO**	**Choix**
	Niveau	Régime	Régime
Degré d'ouverture de l'économie	Élevé	Fixe	Fixe
Niveau du développement économique	Moyen	Fixe	Fixe
Déficit budgétaire	Élevé	Flottant	Flottant
Degré de développement financier	Moyen	Fixe	Fixe
Indice de diversification	Élevé	Flottant	Flottant
Indice de vulnérabilité	Élevé	Fixe	Fixe
Déficit du compte courant	Élevé	Flottant	Flottant

Source : Auteur

Les principales variables liées à la ZMO analysées ci-dessus montrent que le régime de change fixe ou flottant, mais encadré est approprié et recommandé pour le Sénégal.

Si le pays adopte un régime fixe[128], il va falloir détenir un important niveau de réserves pour faire face aux chocs externes contrairement au régime flexible qui peut conserver sa viabilité même en présence d'un niveau de réserves de change relativement faible. Avec la découverte du pétrole et du gaz au Sénégal et le début de leur exploitation, le pays pourra engranger d'énormes quantités de réserves pour défendre sa monnaie. En matière d'inflation, le pays pourrait avoir un niveau faible et moins variable que les pays adoptant des régimes de changes flottants [Ghosh, Gulde, Ostry et Wolf (1997)]. En matière de croissance économique, seules quelques rares études ont abouti à la conclusion que les régimes de change plus rigides sont associés à une croissance plus faible. Dans les économies en développement, et dans les économies industrialisées, le type de régime n'a pas d'effet sensible sur la croissance [Levy Yeyati et Sturzenegger (2003)]. En réalité, la plupart des études n'arrivent pas à trouver de relation significative (robuste)

[128] La future monnaie du pays peut être ancrée dans une devise ou un panier de devises à l'instar de certains pays dans le monde.

entre régime de change et croissance économique [FMI (1997) ; Ghosh, Gulde et Wolf (2003) ; Rogoff, Husain, Mody, Brooks et Oomes (2003)]. Il faut noter qu'aucune différence systématique n'a été décelée dans les taux de croissance et la variabilité de la production qui soit attribuable au régime de change.

Il faut également signaler qu'il est impossible, dans un contexte de mobilité parfaite des capitaux, d'avoir à la fois un régime de change totalement fixe et une politique monétaire parfaitement autonome.

Figure 11 : Triangle d'incompatibilité de Mundell

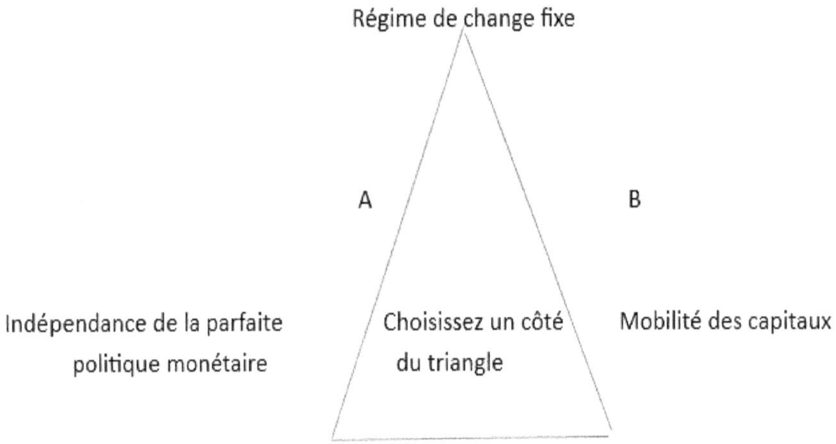

Source : Auteur

D'après le triangle d'incompatibilité de Mundell développé par Robert Mundell et Marcus Fleming dans les années 1960 (« *A Theory of Optimum Currency Area* », *American Economic Review*, 1961), il est impossible d'avoir à la fois (A) une politique monétaire[129] indépendante, (C) un régime de change fixe et (B) une libre circulation des capitaux. Le Sénégal doit choisir deux de ces trois objectifs parmi ces trois.

En adoptant le régime fixe, le pays ne peut avoir à la fois la libre circulation des capitaux et la maîtrise du taux d'intérêt directeur. En revanche, l'abandon d'une des trois conditions permet la possibilité des

---

[129] Il existe quatre catégories de politique monétaire : ❖La politique d'ancrage du taux de change ❖ La politique de ciblage d'un agrégat monétaire ❖ La politique de ciblage de l'inflation ❖ La politique monétaire discrétionnaire.

deux autres. Donc, le Sénégal, en fixant son régime de changes, pourra conduire une politique monétaire autonome à condition que le contrôle des changes empêche les mouvements de capitaux. L'avantage de cette mesure est qu'elle permettra de maintenir la valeur de la monnaie nationale. Mais ceci pourra avoir des conséquences sur les IDE, sur les importations ou la sélectivité des importations entre biens d'équipement, biens alimentaires, sur les motifs de voyage entre autres. Le pays devra d'abord étudier les risques associés aux contrôles des capitaux et de change et voir s'il est autosuffisant pour appliquer la mesure. Le contrôle des capitaux peut entraîner :

- Une détérioration de la liquidité du marché, car il crée des restrictions sur les mouvements de capitaux qui peuvent limiter la capacité des investisseurs à entrer ou sortir de positions, entraînant une diminution des volumes de transactions et potentiellement des écarts acheteur-vendeur plus larges. Ce manque de liquidité peut rendre difficile pour les investisseurs de portefeuille d'ajuster efficacement leurs positions, augmentant ainsi les coûts de transaction et pouvant nuire à la performance du portefeuille.

- Un risque de change accru, car il limite les sorties de capitaux et crée un déséquilibre entre l'offre et la demande de devises étrangères. Cela peut exposer les investisseurs de portefeuille à un risque de change accru, surtout s'ils détiennent des actifs libellés dans la monnaie locale. Par exemple, si un gouvernement impose des contrôles de capitaux et restreint le rapatriement des bénéfices, un investisseur de portefeuille peut avoir des difficultés à reconvertir les bénéfices en monnaie locale dans la devise de son choix.

- Une tarification faussée des actifs, en particulier sur les marchés où les investisseurs étrangers jouent un rôle important. Lorsque les flux de capitaux sont restreints, la demande d'actifs locaux peut diminuer, entraînant une baisse de leurs prix. D'un autre côté, les restrictions sur les sorties de capitaux peuvent créer une demande artificielle d'actifs nationaux, augmentant ainsi leurs prix. Ces distorsions peuvent rendre difficile pour les investisseurs de portefeuille d'évaluer avec précision leurs avoirs et peuvent introduire des inefficacités dans le processus d'investissement.

Parmi les pays qui ont mis en œuvre avec succès des contrôles de capitaux, on peut citer la Chine qui a commencé à mettre en œuvre des contrôles stricts des capitaux à la fin des années 1990 pour empêcher des sorties excessives et maintenir la stabilité. Ces contrôles comprenaient des restrictions sur les investissements directs étrangers, des limites sur les investissements individuels à l'étranger et des règlementations strictes sur les flux de capitaux transfrontaliers. Les contrôles des capitaux de la Chine l'ont aidée à maintenir la stabilité en période d'incertitude économique, comme la crise financière mondiale de 2008. En contrôlant les sorties de capitaux, la Chine a pu empêcher une dépréciation excessive de sa monnaie et garder le contrôle de sa politique monétaire.

L'Islande a également mis en œuvre les contrôles de capitaux après la crise financière de 2008. Le pays a été confronté à de graves troubles économiques et pour stabiliser son économie et empêcher une nouvelle fuite des capitaux, le gouvernement a mis en place des contrôles des capitaux en 2008. Ces contrôles comprenaient des restrictions sur les transactions en devises, des limitations sur le rapatriement des actifs étrangers et un gel du marché offshore de la couronne. Le contrôle des capitaux en Islande a réussi à empêcher un effondrement complet de sa monnaie et à stabiliser son économie. Ils ont permis au gouvernement de lever progressivement les contrôles de manière contrôlée, minimisant ainsi les perturbations potentielles de l'économie.

La Malaisie, confrontée à une crise monétaire qui menaçait son économie à la fin des années 1990, a mis en place des contrôles de capitaux pour freiner les attaques spéculatives contre sa monnaie et restaurer la stabilité. Ces contrôles comprenaient des restrictions sur les sorties de capitaux, des limitations de l'accès des investisseurs étrangers au marché boursier local et des mesures visant à décourager les investissements spéculatifs à court terme. Le contrôle des capitaux en Malaisie a contribué à stabiliser sa monnaie, à attirer les investissements étrangers à long terme et à promouvoir la croissance économique. Les contrôles ont été progressivement levés au fur et à mesure de la reprise économique, démontrant leur capacité à gérer une situation de crise.

L'expérience du Brésil en matière de contrôle des capitaux offre des indications précieuses sur leur efficacité en période d'incertitude économique. En 2010, le gouvernement a mis en œuvre des mesures pour freiner l'appréciation de sa monnaie, le réal, qui nuisait à sa compétitivité à l'exportation. Ces contrôles comprenaient des taxes sur les investissements étrangers en titres à revenu fixe et des restrictions sur les entrées de capitaux. Les contrôles de capitaux du Brésil ont contribué à stabiliser sa monnaie et à protéger ses exportateurs, leur permettant ainsi de rester compétitifs sur les marchés mondiaux. Il convient toutefois de noter que le contrôle des capitaux à lui seul pourrait ne pas suffire à assurer la stabilité à long terme, dans la mesure où le Brésil est confronté à des difficultés dans la gestion de sa politique budgétaire et à des problèmes économiques structurels.

Au Nigéria, les autorités avaient l'habitude de prendre des mesures de contrôle des capitaux pour stabiliser la monnaie nationale. Par exemple en 2016, pour lutter contre la forte dépréciation du Naira, une réforme règlementaire a été introduite par les autorités nigérianes pour lutter contre la fuite des capitaux, soutenir le cours de la monnaie, contenir l'inflation et consolider la balance commerciale du pays. Les mesures prises portaient notamment sur les restrictions sur l'accès aux devises, par exemple l'interdiction de voyager avec des devises à partir d'un certain montant, l'obligation de certificat d'importation de capital[130], les restrictions à l'importation et licences d'importation de certaines marchandises, etc.

Il est toutefois important de noter que les contrôles de capitaux doivent être mis en œuvre dans le cadre d'une stratégie économique globale et en tenant compte de l'environnement macroéconomique plus large. Étant donné que le Sénégal, à l'instar des autres pays de la sous-région, devra appliquer le contrôle des capitaux de façon progressive par exemple en commençant par limiter les importations de certains biens alimentaires ou en appliquant des restrictions sur l'accès aux devises. Ce contrôle progressif permet non seulement à la future banque centrale du pays d'éviter des sorties de capitaux, mais de laisser les entrées de capitaux provenant des IDE et des exportations. En revanche, si le contrôle des changes est levé, il faut qu'il renonce à la politique monétaire autonome.

En cas de choix d'un régime flottant impur (c'est-à-dire flottement contrôlé), le Sénégal pourra garder son taux de change à l'intérieur d'une marge de fluctuations relativement large pour garantir à la banque centrale un degré d'autonomie dans la conduite de sa politique monétaire, mais aussi de tenir compte des incertitudes dans les mesures du taux de change d'équilibre et enfin d'ajuster le taux de change en fonction des fondamentaux et principalement en fonction du

[130] Un Certificat d'Importation de Capital (CCI) est un Certificat délivré à un investisseur étranger comme preuve d'un afflux d'investissements directs étrangers, soit sous forme de capitaux propres, soit sous forme de dette ; de l'argent ou des biens. Un CCI est délivré par un revendeur agréé au nom de la Banque centrale du Nigéria (CBN).

différentiel d'inflation par rapport à l'étranger afin d'assurer une certaine compétitivité à l'économie. Cependant, la véritable question est de savoir si les banquiers centraux sénégalais ont été formés à intervenir sur le marché des changes. Si non, qu'elles sont les pays dans lesquels, ils peuvent se former aujourd'hui ? Nigéria ? Ghana ? Inde ? Maroc, Israël ? Kenya ? Le choix reviendra aux autorités d'en décider. Le réel avantage que procure ce régime au pays est qu'il lui permet d'avoir des conditions monétaires différentes de celles des autres pays ; on entend par là des conditions adaptées à sa propre situation économique, même si l'objectif recherché, c'est-à-dire un niveau d'inflation bas et stable, est grosso modo le même. Grâce au flottement de la future monnaie, les autorités sénégalaises demeureront capables de réagir aux chocs externes et de tenir compte des différences entre les politiques économiques menées chez elles et chez leurs voisins de la région. À la différence d'un flottement pur, ce régime que nous proposons permet à la future banque centrale de pouvoir intervenir occasionnellement sur le marché des changes pour modérer les fluctuations de la valeur de la monnaie nationale. Toutefois, cette proposition comporte toutefois deux réserves importantes. Premièrement, la combinaison d'un taux de change plus flexible et d'un compte de capital ouvert peut rendre l'économie plus vulnérable aux cycles financiers mondiaux, y compris les retombées des politiques monétaires des économies avancées qui peuvent déclencher la volatilité des flux de capitaux. Deuxièmement, le degré d'absorption des chocs est conditionné par la dénomination monétaire du commerce extérieur du pays. Étant donné que le pays dispose de plusieurs partenaires commerciaux et que l'environnement commercial international change en fonction des caprices du marché, le régime de change à adopter sera adossé sur un panier composé de devises des principaux partenaires du pays.

Encadré 8 : Les quatre catégories de politique monétaire

a. La politique d'ancrage du taux de change

Elle consiste à vendre et acheter des devises étrangères à un taux donné dans le but de maintenir le taux de change à un niveau prédéterminé ou dans une bande d'une amplitude donnée. Le taux de change sert de point d'ancrage nominal ou d'objectif intermédiaire de la politique monétaire.

Exemple : Au Libéria, le dollar américain sert d'ancrage.

b. La politique de ciblage d'un agrégat monétaire

Les autorités monétaires utilisent leurs instruments afin d'atteindre le taux de croissance cible d'un agrégat monétaire qui est le plus souvent $M\ 1$ ou $M\ 2$. Les agrégats monétaires deviennent ainsi le point d'ancrage nominal ou objectif intermédiaire de la politique monétaire. Le taux de change s'ajuste à l'évolution des agrégats monétaires.

La Banque centrale de la République de Guinée (BCRG) pratique un régime de ciblage des agrégats monétaires.

c. La politique de ciblage de l'inflation

C'est un cadre de la politique monétaire qui amène les autorités monétaires à fixer la cible de l'inflation à moyen terme qu'elles annoncent au public et aux marchés, avec un engagement officiel de l'atteindre. Les autorités fondent leurs décisions sur l'écart entre les prévisions d'inflation et les objectifs annoncés, les prévisions d'inflation jouant le rôle d'objectifs intermédiaires de la politique monétaire. Le pays qui pratique le ciblage de l'inflation en Afrique de l'Ouest est le Ghana.

d. La politique monétaire discrétionnaire

Elle ne repose sur aucune règle ou aucune base d'ancrage nominal explicite. La banque centrale utilise dans ce cas un ensemble d'indicateurs pour définir et atteindre ses objectifs.

3.2.3 Les options du taux de change adossées sur un panier de devises

Un panier multi-devises fixe et ajustable est un régime d'ancrage à plusieurs devises étrangères ; il offre une protection contre les fluctuations des taux de change et des taux d'intérêt. Cette propriété découle du fait que les devises incluses dans le panier peuvent évoluer dans des directions contraires : lorsque l'une s'apprécie en réponse à un évènement économique ou financier, une autre peut se déprécier et compenser le changement de valeur, en fonction des écarts de taux d'intérêt moyen des différentes monnaies supports du panier et pour une des monnaies prises comme référence. La monnaie de référence est souvent le dollar pour des raisons liées à la puissance américaine héritée du système de Bretton Woods ou une monnaie dont sont libellés la plupart des échanges du pays ou des principaux partenaires. Ainsi, Albouy et Dumontier (1987) montrent qu'exprimer le prix du pétrole en DTS (Droit de Tirage Spécial) plutôt qu'en dollar américain permet de stabiliser les fluctuations de son prix. Il permet de stabiliser la compétitivité de l'économie nationale, de diminuer la volatilité des taux de change bilatéraux, de stabiliser les flux de capitaux et enfin de réduire la variabilité de la production. Zamiti (1998) à la suite de Lipschitz et Sundarajan (1980), considère que le panier optimal est celui qui réduit les fluctuations du taux de change effectif réel autour de son niveau d'équilibre. Pour Frankel (2017), l'argument en faveur de l'ancrage à un panier incluant le produit de base (le prix du pétrole), encore une fois, est que cela rendrait la politique monétaire automatiquement anticyclique plutôt pro-cyclique.

Yoshino et al. (2004) expliquent les avantages et les inconvénients d'une politique de panier de devises fixe et ajustable. Ils notent deux aspects positifs. Premièrement, les fluctuations des taux de change sont généralement moins importantes que sous un « *hard-peg* » puisque le risque de change étant plus dispersé sous ce régime de panier. Afin de concrétiser les avantages d'un panier de devises, le pays doit libeller le commerce dans les différentes devises. Même si les effets sur les taux de change sont plus dispersés, les pays ne profiteront pas du panier si leur utilisation des devises dans le commerce n'est pas aussi diversifiée.

Deuxièmement, les pondérations dans le panier peuvent être utilisées comme un outil politique supplémentaire pour atteindre un objectif de taux de change donné ; c'est en ce sens que le régime est ajustable. En conséquence, les autorités peuvent minimiser les écarts par rapport à leur objectif de politique de taux de change cible en choisissant les valeurs de ces pondérations. Ce besoin de réajustements fréquents, voire constants, peut être positif ou négatif. Il est positif si la composition du panier évolue dans le sens souhaité par les autorités monétaires, celles-ci n'ayant alors plus besoin d'intervenir sur le marché et pouvant économiser les réserves de change en déployant un effort minimal pour stabiliser la valeur de la monnaie. Cependant, si le mouvement va dans le sens opposé, les autorités monétaires doivent alors ajuster les pondérations des devises du panier, ce qui peut être coûteux en termes de renonciation de réserves de change.

Selon Bouoiyour et al. (2005), l'ancrage à un panier de devises permet de conserver une certaine flexibilité du taux de change sans renoncer à toute possibilité d'intervention. Cela constitue un avantage important lorsque l'économie est plus sensible aux chocs réels que nominaux. Par conséquent, l'ancrage à un panier minimise, par construction, les variations ou la volatilité du taux de change. Certains auteurs, dont Williamson (2001), préconisent l'adoption d'un « *band basket crawl* » (BBC). Ce panier composé des devises des principaux partenaires commerciaux, principales sources d'inflation importée, fluctue dans des bandes prédéterminées qui sont ajustables pour tenir compte des différentiels d'inflation. Ce système assez complexe permet de gérer simultanément le taux de change nominal (indicateur de l'inflation interne) et le taux de change réel (facteur de compétitivité externe). La détermination de la largeur des bandes détermine le degré global de flexibilité. En cas de risque de dépassement automatique ou discrétionnaire des marges autorisées, l'intervention de la banque centrale peut être à la marge ou exercée préventivement contre les attaques spéculatives.

Un panier monétaire présente également l'avantage de neutralité dans la mesure où son évolution va tendre à être indépendante de celles des devises nationales individuelles qui le composent. Cette neutralité est fonction du nombre de devises composant le panier. En effet, plus le nombre de devises dans le panier augmente, plus l'évolution d'une devise individuelle sera indépendante par rapport à celle du panier. En d'autres termes, plus le nombre de devises nationales dans le panier est grand, moins un pays en particulier peut avoir une influence sur celui-ci.

Les paniers monétaires présentent donc des avantages importants et non négligeables. Cependant, force est de constater que ces derniers n'ont pas connu le succès escompté. En effet, il existe également d'importants inconvénients relatifs à l'utilisation des devises composites : la complexité à la fois dans le calcul du panier et dans son utilisation, son manque de flexibilité et leur manque de liquidité.

3.2.3.1 Avantages des paniers monétaires

L'apparition des premiers paniers monétaires a coïncidé avec la généralisation des systèmes de taux de change flottants et l'ouverture des marchés internationaux des capitaux, suite aux accords de la Jamaïque de 1976 qui mettaient fin au système de Bretton Woods. C'est dans ce contexte de nouveau système monétaire international que les fonctions bénéfiques des paniers monétaires peuvent être appréciées. En effet, les trois principaux avantages de ces derniers sont la protection contre les fluctuations des taux de change, la neutralité et la diversification. Dans le cas où un panier monétaire est utilisé dans le but d'y rattacher une devise, il présente également une fonction stabilisatrice.

3.2.3.1.1 Instrument de protection

Premièrement, les paniers monétaires offrent une protection contre les fluctuations des taux de change et des taux d'intérêt. Cette propriété découle du fait que les devises incluses dans le panier peuvent évoluer dans des directions contraires : lorsque l'une s'apprécie en réponse à un évènement économique ou financier, une autre peut se déprécier et compenser le changement de valeur.

Le degré de protection contre le risque de taux de change dépend de la nationalité de l'agent économique qui l'utilise. En effet, l'évolution des taux de change d'une même devise peut varier selon sa devise de référence (taux de change par rapport au dollar américain, par rapport à l'euro, au yen, etc.). Étant donné que les taux de change sont relativement difficiles à prédire, l'utilisation d'un instrument qui minimise les fluctuations n'est pas dénuée de sens et peut donc s'avérer très bénéfique dans le contexte de couverture.

Étant donné que les taux de change sont relativement difficiles à prédire, l'utilisation d'un instrument qui minimise les fluctuations n'est pas dénuée de sens et peut donc s'avérer très bénéfique dans le contexte de couverture.

3.2.3.1.2 Neutralité « politique » de l'instrument

Un panier monétaire présente l'avantage de neutralité dans la mesure où son évolution va tendre à être indépendante de celles des devises nationales individuelles qui le composent. Cette neutralité est fonction du nombre de devises composant le panier. En effet, plus le nombre de devises dans le panier augmente, plus l'évolution d'une devise individuelle sera indépendante par rapport à celle du panier. En d'autres termes, plus le nombre de devises nationales dans le panier est grand, moins un pays en particulier peut avoir une influence sur celui-ci.

Un panier monétaire ne peut toutefois pas être parfaitement neutre et indépendant des monnaies nationales qui le composent.

3.2.3.1.3 Véhicule de diversification internationale

Un grand avantage que confère l'utilisation de paniers monétaires est la diversification. Au sens de la gestion de portefeuille, la diversification internationale présente un intérêt, car il s'agit d'une manière de réduire non seulement le risque de taux de change, mais également le risque spécifique, au même titre que la diversification sur plusieurs secteurs d'activités. La diversification internationale est, en effet, une forme de diversification sur plusieurs marchés.

Dans notre économie mondialisée, les investisseurs manifestent généralement un certain intérêt à opérer dans des devises autres que la leur. Cet outil est alors adéquat. Il permet également à l'investisseur de diversifier ses positions sur plusieurs devises en une seule et unique transaction.

3.2.3.1.4 Instrument de stabilisation

Ces trois premiers avantages se manifestent particulièrement lorsque les paniers monétaires sont utilisés dans le secteur privé par des opérateurs sur les marchés. Un avantage supplémentaire existe si le panier est utilisé dans le but d'un ancrage de la devise nationale au panier.

En effet, une certaine forme de stabilité découle de la stabilisation des fluctuations des taux de change de la devise nationale, notamment en ce qui concerne la balance commerciale, les flux de capitaux et le produit intérieur brut (PIB) du pays. En théorie, cet effet stabilisateur serait d'autant plus prononcé si les devises composant le panier d'ancrage sont des devises des partenaires commerciaux de la devise ancrée au panier.

3.2.3.2 Inconvénients des paniers monétaires

Les paniers monétaires présentent donc des avantages importants et non négligeables. Cependant, force est de constater que ces derniers n'ont pas connu le succès escompté. En effet, il existe également d'importants inconvénients relatifs à l'utilisation des devises composites : la complexité à la fois dans le calcul du panier et dans son utilisation, son manque de flexibilité et leur manque de liquidité.

3.2.3.2.1 Complexité

Bien qu'un panier monétaire ne représente, en fait, qu'une simple somme pondérée de devises, les méthodes de calcul des pondérations peuvent être perçues comme étant complexes. En effet, il est difficile de concevoir un panier monétaire dont les pondérations seraient fixes dans le temps puisque les devises ont des valeurs qui fluctuent de manière continue. Par exemple, si une devise dans le panier se dévalue sensiblement, alors son poids dans le panier va finir par devenir négligeable et ne reflètera plus les pondérations initiales. Par conséquent, il est souvent nécessaire de recalculer les pondérations. Ceci est généralement fait de manière quotidienne ou hebdomadaire. Notons, par ailleurs, que des pondérations variables soulèvent le problème de la pérennité du panier monétaire : si les pondérations changent constamment, peut-on toujours dire qu'il s'agit du même panier ? Il peut être argumenté que malgré la variabilité des pondérations, il existe une certaine forme de pérennité, tant que les devises incluses restent inchangées. De plus, ce problème se pose pour tout opérateur sur le marché transigeant dans différentes devises et n'est pas unique au concept de panier monétaire.

De plus, une certaine forme de complexité peut être reprochée aux paniers monétaires en ce qui concerne la documentation extensive requise et les clauses qui entourent leur utilisation. Cette critique est relativement marginale puisqu'au fil du temps et avec l'expérience grandissante des avocats internationaux, ces clauses ont fini par s'uniformiser et se standardiser.

3.2.3.2.2 Manque de flexibilité

Un panier standard aura une formule unique qui ne peut satisfaire tous les investisseurs. C'est pourquoi les gestionnaires de firmes multinationales auront souvent bien plus à gagner en composant eux-mêmes un portefeuille de devises ou d'actifs libellés en devises étrangères, dont la composition réduira de manière optimale leur exposition au risque de change. Ils pourront, à leur guise, modifier sa composition ou ses pondérations en fonction de la conjoncture économique ou de leurs stratégies d'internationalisation.

Les paniers monétaires, au contraire, sont caractérisés par une certaine forme de rigidité. Les pondérations sont, certes, recalculées de manière périodique, mais la formule mathématique ou la méthodologie employée reste la même. La composition en termes de devises ou la méthode de calcul des pondérations sont généralement révisées de manière quinquennale seulement.

3.2.3.2.3 Manque de liquidité

Une autre critique importante adressée aux paniers monétaires est l'étroitesse du marché et le manque de liquidité des paniers. Le fait que les paniers ne sont généralement pas cotés (marché de gré à gré) ne fait qu'amplifier ce phénomène.

Cependant, la relation de causalité n'est pas tout à fait claire. Le marché pourrait être étroit en raison du fait que les paniers ne sont pas souvent utilisés, ou bien c'est en raison de l'étroitesse du marché que les paniers n'ont pas rencontré un grand succès. De même, l'absence de chambre de compensation (clearing house) pour ce type d'instrument a longtemps été expliquée par le faible volume de transaction des paniers. Parallèlement, il va sans dire que cette absence ne promeut pas non plus leur utilisation.

3.2.3.3 Les principaux paniers monétaires

Les paniers officiels, généralement mis en place par des organisations supranationales, peuvent être distingués des paniers privés, conçus par des agents économiques (généralement des banques).

3.2.3.3.1 Le Droit de Tirage Spécial (DTS) ou Special Drawing Right (SDR)

Le DTS est probablement le panier monétaire le plus amplement utilisé. Il a été créé en 1969 par le Fonds Monétaire International (FMI), dans l'objectif de remplacer l'or dans les grandes transactions internationales, dans un système monétaire alors fondé sur ce métal précieux et le dollar américain (*Gold Exchange Standard*). La quantité d'or étant fixe et les économies prospères durant cette période, la nécessité d'augmenter la quantité de l'unité de base standard s'est fait sentir.

Ses utilisations sont multiples. À l'époque où l'or avait un rôle central dans le commerce international, il permettait d'éviter les mouvements physiques de l'or entre les frontières nationales. Le DTS remplissait alors le rôle d'intermédiaire dans les échanges. Le DTS a aussi été utilisé comme référence dans le cadre de Caisses d'Émission (*Currency Board*). Aujourd'hui, il est également utilisé pour libeller certains instruments financiers privés internationaux et occupe une fonction d'unité de compte. La Banque des Règlements Internationaux (BRI ou BIS Bank of International Settlement), ainsi qu'un certain nombre de banques commerciales ont également accepté des dépôts en DTS[131]. Celui-ci remplit alors la fonction de réserve de valeur. Ce panier remplit donc les trois fonctions de la monnaie (intermédiaire dans les échanges, unité de compte et unité de réserve).

A. Composition

La composition du DTS n'a pas été constante depuis sa création. La valeur de celui-ci avait initialement été fixée pour qu'une unité de DTS vaille un dollar américain (ou bien, à l'époque, 0,888 671 gramme d'or). C'est en 1974, avec la fin du système de Bretton Woods et le début de l'ère des taux de changes flottants, que le DTS est devenu un panier de 16 devises provenant de pays dont le commerce international représentait plus de 1 % du commerce mondial. Sa composition (devises incluses et pondérations) était la suivante :

[131] Des cotations apparaissent régulièrement dans le Financial Times pour des dépôts à Londres.

DTS de 1974[132]

1DTS = 0.4 Dollar US + 0.38 D-Mark + 0.045 Livres Sterling + 0.44 Franc français + 26 Yens + 0.071 Dollar canadien + 47 Lires + 0.14 Florin néerlandais + 1.6 Franc belge + 0.13 Couronne suédoise + 0.012 Dollar australien + 0.11 Couronne danoise + 0.009 Couronne norvégienne + 1.1 Peseta + 0.22 Schilling autrichien + 0,008 2 Rand sud-africain

Quelques années plus tard, en 1980, il a été réduit à un panier de 5 devises (pays du G5).

DTS de 1980[133]

1 DTS = 0,54 Dollar US + 0,46 D-Mark + 0,071 Livre sterling + 0,74 Franc français + 34 Yens

Depuis la création de l'Euro en 1999 et, par conséquent, la disparition du franc français et du deutsche mark, le DTS est maintenant composé de quatre devises. La composition du DTS, en termes de devises à inclure et de pondérations, est révisée de manière quinquennale. Depuis le 1er octobre 2016, le yuan est inclus dans les droits de tirage spéciaux (DTS) du Fonds monétaire international (FMI) dont la composition est la suivante :

DTS de 2016

1 DTS = 41,73% Dollar US + 30,93% Euro + 10,92% Yuan + 8,33% Yen + 8,09% Livre Sterling

Les montants en devises respectives des cinq monnaies sont donc 0,58252, 0,38671, 1,0174, 11,900 et 0,085946. C'est ce montant qui est

[132] Leroux F. (1982) « Are present currency cocktail formulas of benefit to Canadian users? » [document inédit], Montréal, HEC Montréal.

[133] Leroux F. (1982) « Are present currency cocktail formulas of benefit to Canadian users? » [document inédit], Montréal, HEC Montréal.

multiplié avec le taux de change du dollar pour obtenir l'équivalent en dollar du DTS.

Par exemple, le lundi 24 octobre 2016, un DTS valait **1,373610 dollar** des États-Unis.

La valeur du DTS est calculée chaque jour ouvrable. Elle est importante pour les pays membres du Fonds qui achètent des DTS lorsqu'ils doivent s'acquitter de leurs obligations envers le FMI (cf. remboursement de prêts) ou lorsqu'ils vendent/achètent des DTS à des fins d'ajustement de la composition de leurs réserves de change.

B. Méthodologie de calcul[134]

L'élaboration d'un panier se fait en deux étapes : d'une part le choix des devises à inclure, d'autre part, le calcul des pondérations de chaque devise.

b.1 Sélection des devises à inclure

Le panier inclut les devises des pays qui ont le plus grand poids dans le commerce international (en termes d'exportation de biens et de services) pendant la période de cinq ans qui se termine douze mois avant la date effective de révision. Le seuil minimal est fixé à 1 % du commerce mondial.

Ces devises doivent également être définies comme étant des devises couramment utilisées (« *freely usable* ») selon l'Article XXX (f) :

« Une devise couramment utilisée (« *freely usable* ») est une monnaie d'un pays membre que le Fonds estime comme étant :

i. Utilisée de manière répandue comme instrument de paiement dans les transactions internationales ;

ii. Transigée dans des volumes importants sur les principaux marchés des changes ».

[134] "Review of the Method of Valuation of the SDR", International Monetary Fund, Department of Finance, October 26th 2010, http://www.imf.org/external/np/pp/eng/2010/102610.pdf

b.2 Détermination des pondérations

Les pondérations reflètent deux critères :

(i) Les réserves, c'est-à-dire le montant total de la devise, détenue par les autorités monétaires des autres pays membres à la fin de chaque année de la période de cinq ans, se terminant douze mois avant la date effective de révision du panier ;

(ii) Les exportations (la valeur des exportations de biens et services du pays).

Ainsi, l'équation utilisée pour calculer les pondérations du DTS est la suivante :

$$\omega_i = \frac{X_i + R_i}{X + R}$$

Avec

ω_i = pondération de la devise i dans le DTS

X_i = : exportations du pays i

R_i = réserves du pays i exprimées en DTS

$X = \sum_i X_i$, les exportations mondiales

$R = \sum_i R_i$, les réserves mondiales

3.2.3.3.2 Les paniers européens

a. L'Unité de Compte Européenne (UCE)

La fin de la Deuxième Guerre mondiale a marqué le déploiement de l'effort européen vers une certaine forme d'intégration. De cette initiative sont nées la CECA (Communauté européenne du Charbon et de l'Acier) et la CEE (Communauté Économique européenne). Dans les années 1950 s'est créée l'unité de compte officielle de la CEE : l'Unité de Compte Européenne (UCE). Avec l'instauration du régime de taux de change flottant au milieu des années 1970, cette dernière a pris de l'importance et est devenue un panier monétaire composé des devises des pays membres. Sa composition était la suivante :

UCE de 1975[135]

1UCE = 0.828 D-Mark + 1.150 Franc français + 0,088 5 Livre sterling + 0.286 Florin néerlandais + 109 Lires + 3.660 Francs belges + 0.217 Couronne danoise + 0,007 59 Livre irlandaise + 0.140 Franc luxembourgeois

b. L'European Currency Unit (ECU)

À partir de 1979, l'UCE devient l'ECU. Ce panier sert alors de référence pour l'ancrage des devises européennes : ces dernières ont donc une parité fixe avec l'ECU. Ce panier est souvent considéré comme un précurseur de la monnaie unique européenne : l'euro.

b1. Méthodologie de calcul

Les pondérations étaient déterminées en fonction du Produit national brut (PNB) et de la participation des pays au commerce intra-zone (particulièrement en fonction de la part de chaque pays dans le total des PNB et du commerce). La composition en termes de quantités de chaque devise nationale dans le panier était calculée de la manière suivante[136] :

$$S_i = Ecu(0) \times \left[\omega_i(0) \times FX_i(0) \right]$$

Et donc $Ecu_t = \sum S_i \times \frac{1}{FX_i}$

S_i = Quantité de la devise i dans l'ECU

ω_i = poids de la devise i en pourcentage

$FX_i(0)$ = taux de change de la devise i par rapport au dollar américain

$Ecu(0)$ = taux de change dollar/ECU

135 Leroux F. (1988). Marchés Internationaux des Capitaux. Presses de l'Université du Québec, 378 p.

136 Edison H. (1987) "Is the ECU an Optimal Currency Basket?" dans The ECU Market Current Developments and Future Prospects of the European Currency Unit, Lexington Books.

Ces quantités étaient fixes, mais cela ne signifie pas que les pondérations de chaque devise l'étaient. Elles fluctuaient, en réalité, autant que le taux de change des devises nationales. Par exemple, une appréciation du deutsche mark vis-à-vis des autres devises du système monétaire européen se traduisait par une augmentation de sa pondération.

b2. Pondérations officielles

Les pondérations des devises dans l'ECU en 1998 sont résumées dans le tableau suivant :

Tableau 23 : Pondérations de devises de l'ECU en 1998

	Poids du panier	**Poids des devises au premier trimestre 1998**
Deutsche mark	0,624 2	31.57
Franc français	1.332	20.1
Livre sterling	0,087 84	13.32
Florin néerlandais	0,219 8	9.86
Lire italienne	151.8	7.8
Franc belge	3.301	8.41
Franc luxembourgeois	0.13	0.33
Peseta espagnole	6.885	4.11
Couronne danoise	0,197 6	2.62
Lire irlandaise	0,008 552	1.08
Drachme grecque	1.44	0.44
Escudo portugais	1,349 3	0.69
	1=ECU	100 %

Source : Calculs à partir des données Eurostat

Les devises ayant les poids les plus importants étaient naturellement le Deutsche mark, le franc français, la livre sterling et le florin néerlandais.

3.2.3.3.3 Les paniers privés

La deuxième catégorie de paniers monétaires concerne les paniers privés, mis en place par des institutions financières (principalement par des banques). Le premier véritable panier monétaire aurait été créé en 1973 par la banque d'affaires londonienne Rothschild & Son Ltd. Il s'agit de l'EURCO. Sa composition est la suivante :

> EURCO de 1973[137]
>
> EURCO = 0.9 D-Mark + 1.2 Franc français + 0.075 Livre sterling + 80 Lires italiennes + 0.350 Florin néerlandais + 4.5 Francs belges + 0.2 Couronne danoise + 0.005 Livre irlandaise + 0.050 Franc luxembourgeois

Les pondérations de ce panier reflétaient l'importance relative des pays dans le commerce européen. Le DTS et l'ECU incluent également ce paramètre dans leur méthodologie de calcul.

La Barclay's Bank International a également mis en place un panier en 1974 : la B-Unit. Sa composition était la suivante :

> B-Unit de 1974[138]
>
> 1 B-Unit = 2.4 Dollars US + 1 Livre sterling + 6 D-Mark + 11.5 Francs français + 7 Francs suisses

D'autres « cocktails de devises » privés ont été formulés, comme par exemple l'Unité financière Internationale (UFI) conçue par le Crédit Lyonnais, l'Arab Related Currency Unit (ARCU) par la Banque Hambros ou un panier de la Svenska Handel Banken proposant un panier composé du dollar américain, mark allemand, franc français, livre sterling, couronne norvégienne et florin.

Par ailleurs, il a été vu dans les paragraphes précédents que certains pays ancraient leurs devises au DTS. D'autres États ont conçu leurs propres paniers dans ce même but. Ceci permet une plus grande

---

137 Leroux F. (1982) "Are present currency cocktail formulas of benefit to Canadian users?" [Document inédit], Montréal, HEC Montréal.

138 Leroux F. (1982) « Are present currency cocktail formulas of benefit to Canadian users? » [document inédit], Montréal, HEC Montréal.

flexibilité et, donc, de contourner un inconvénient des paniers monétaires qui a été discuté dans la partie précédente. Ce fut, par exemple, pendant une certaine période, le cas de l'Australie, d'Israël[139], de la Tunisie[140] ainsi que celui de la Chine[141] entre 2005 et 2008. Toutefois, les compositions (devises et méthode de calcul des pondérations) sont rarement dévoilées.

3.2.3.4 Élaboration de paniers de devises

La construction d'un panier se fait toujours en deux étapes. Premièrement, il convient de choisir les devises à inclure. Deuxièmement, les pondérations de ces dernières sont calculées selon un certain nombre de contraintes.

3.2.3.4.1 Critères de sélection des devises

Quatre critères de sélection ont été retenus : l'importance des devises, la convertibilité, la facilité d'accès et le poids des pays dans le commerce international.

- *Les devises incontournables*

Il existe des devises historiquement importantes sur les marchés des changes. Les plus en vue sont le dollar, l'euro, le yuan, le yen et la livre sterling.

- *La convertibilité des devises*

En économie, la convertibilité est la possibilité d'échanger une devise nationale contre une monnaie étrangère à tout moment. Il s'agit d'une caractéristique majeure aux yeux d'un investisseur privé étranger puisqu'il voudrait être en mesure d'échanger ses avoirs en devises étrangères à tout moment. La convertibilité d'une devise dépend de l'opération ou des opérateurs concernés. On distingue deux catégories de convertibilité selon l'opération réalisée : la convertibilité générale et la convertibilité limitée ou partielle. La première permet à tout agent économique d'échanger une devise nationale contre une devise

[139] Turnovsky S. (1982) "A Determination of the Optimal Currency Basket, A Macroeconomic analysis", Journal of International Economics, Vol. 12, pp. 333-354.

[140] Bel Hadj Salah N. (1996) "Panier monétaire optimal et Dinar Tunisien : Quelques mesures », Mémoire, Montréal, École des Hautes Études Commerciales, 105 p.

[141] Figuière, C. and L. Guilhot (2011). "Évolution du rôle du Yuan en Asie orientale : la guerre des monnaies aura-t-elle lieu ?" IRASEC, Irasec's Discussion Papers #11

étrangère pour toutes les opérations sans exception. La convertibilité limitée quant à elle est la conversion des devises entre elles pour toutes les opérations excluant les transactions en capital. On distingue également deux catégories de convertibilité selon le type d'opérateur : la convertibilité interne et la convertibilité externe. La convertibilité interne (parfois également appelée convertibilité générale) donne la possibilité à tout résident ou non-résident de convertir librement la monnaie nationale en devises étrangères. La convertibilité externe (ou limitée) ne donne la possibilité qu'aux non-résidents de la convertir.

Selon une logique économique, un investisseur privé rationnel cherche à éviter des coûts de transaction trop élevés, puisque cela est une entrave à la maximisation de son profit. Or, transiger sur des devises non convertibles représente un coût pour un investisseur privé puisque cela induit un risque supplémentaire, le risque de ne pas pouvoir « liquider » ses devises étrangères pour en acheter une autre.

- La facilité d'accès

Pour des raisons règlementaires ou à cause de l'absence de marchés *forward* dans certains pays, les transactions de change sur certaines devises sont limitées, voire impossibles. Cependant, ces transactions sont centrales, notamment pour les opérations de couverture. Face à ce problème, les opérateurs sur les marchés ont créé un nouvel instrument offshore : les *Non-Deliverable Forwards (NDF).*

Les NDF ont donc un important contenu informationnel. Leur existence est un indicateur sérieux que le pays et sa devise présentent un intérêt pour les opérateurs sur les marchés, que ce soit pour des raisons commerciales, de couverture ou de spéculation.

- *Le poids du pays dans le commerce international*

À l'image du DTS ou de l'ECU, deux paniers largement connus, il serait pertinent de prendre en compte l'importance des pays dans le commerce international, pour déterminer à la fois les pondérations et le choix des devises à inclure. L'ECU prenait en compte ce paramètre dans la formule utilisée pour calculer les pondérations. Nous allons, ici, nous inspirer du DTS et considérer le poids dans le commerce international dans le processus de sélection des devises à inclure.

Nous pourrons, retenir les devises des pays, dont leur poids, dans le commerce international, sera jugé trop important. Ce qui implique que les pondérations en devises sont proportionnelles aux parts commerciales respectives des principaux pays partenaires.

$$\alpha_i = \frac{(X_i + M_i)}{\sum_{i=1}^{n} X_i + \sum_{i=1}^{n} M_i}$$

αi désigne la part des échanges pour le pays i ; Xi, les exportations à destination du pays i et Mi ses importations en provenance de i.

3.2.3.4.2 Les devises qui seront retenues pour le panier de devises

À partir des données commerciales (cf. Tableau 24), nous pouvons former un panier de 3 devises. Les devises qui composent le panier sont l'euro, le dollar et le yuan compte tenu de leur poids dans le commerce international du Sénégal, mais également de leur convertibilité à l'international.

3.2.3.4.3 Mode de détermination des pondérations affectées à chaque devise

Une fois quc les devises du panier ont été choisies, il convient de calculer les pondérations optimales qui minimisent la variance ou l'écart-type du panier. Pour cela, nous allons procéder par minimisation sous contraintes.

Rappelons que la variance et la covariance d'un portefeuille de devises se calculent de la manière suivante :

$$VAR(R_p) = \sum_{i=1}^{N} \sum_{j=1}^{N} \omega_i \omega_j \operatorname{cov}_{ij} \quad i, j = 1, 2, ..., N$$

Écart-type[142] $= \sqrt{VAR(R_p)}$

Où $VAR(R_p)$ est la variance du portefeuille de devises

ω_i représente le poids de la devise i

cov_{ij} représente la covariance entre les devises i et j

Par exemple, pour trois devises, la variance du portefeuille peut s'écrire de la manière suivante :

[142] Calculé à partir des variations mensuelles des taux de change nominaux bilatéraux.

$$VAR\left(R_p\right)=\omega_A^2\sigma_A^2+\omega_B^2\sigma_B^2+\omega_C^2\sigma_C^2+2\omega_A\omega_B\sigma_{AB}+2\omega_A\omega_C\sigma_{AC}+2\omega_B\omega_C\sigma_{BC}$$

Rappelons également que :

$$\text{cov}_{ij}=\text{ecart-typeA}*\text{ecart-typeB}*\text{coefficient de corrélation entre A et B}$$

Nous allons donc chercher à minimiser la variance du panier en respectant trois contraintes.

i. La somme des pondérations dans le panier doit être égale à 100 %

ii. Les pondérations ne peuvent être négatives

En effet, avec ces deux seules contraintes, nous pouvons déjà prévoir qu'un problème de minimisation formulé de cette façon résultera en une solution optimale à pondérations très disproportionnées. Il est donc nécessaire de spécifier des contraintes supplémentaires pour obtenir un panier plus équilibré.

iii. La pondération de chaque devise ne doit pas être inférieure à 10 % ni excéder 50 %

Par définition, un panier monétaire doit être composé de plusieurs devises. La présence d'une devise à hauteur de 90 %, par exemple, n'est alors pas conforme au concept de panier. Nous considérons que, pour un portefeuille de 5 devises, une monnaie dont la pondération est en dessous de 10 % est trop peu représentée par rapport aux autres. De même, une pondération supérieure à 50 % conduit à une surreprésentation d'une devise par rapport à toutes les autres (dans le cadre d'un portefeuille de 5 devises). Notons également qu'en formulant la contrainte de borne inférieure de cette manière, la contrainte (ii) est nécessairement vérifiée puisque les pondérations ne pourront être négatives.

En utilisant cette approche pour le Sénégal, nous identifions d'abord les devises qui vont composer le panier, ensuite calculer les pondérations optimales qui minimisent la variation ou l'écart-type du panier.

Pour sélectionner les devises à inclure dans le panier monétaire, nous formulons deux critères.

– Le premier a trait aux échanges commerciaux : les monnaies qui composent le panier sont celles des pays qui ont les plus importantes parts dans le commerce international du Sénégal. Ainsi, nous fixons une part minimale de 4 % du commerce international pour chaque devise des principaux partenaires à inclure dans nos paniers de monnaie. Ce seuil se justifie par le besoin de réduire le nombre trop important de partenaires et ne retenir que ceux qui détiennent simultanément plus de 50 % des parts commerciales totales.

Deuxièmement, la monnaie à inclure dans le panier doit être « librement utilisable ». Une monnaie est « librement utilisable » si elle est largement utilisée dans les transactions internationales et couramment échangée sur les principaux marchés de changes. C'est d'ailleurs un critère introduit dans la méthodologie du DTS en 2000, afin de prendre en compte l'importance des transactions financières dans l'économie mondiale.

Tableau 24 : Parts moyennes des principaux partenaires commerciaux du Sénégal

	2019		2020		2021		2022		2023	
	Export	Import	Export	Import	Export	Import	Export	Import	Export	Import
EUROPE	**28,8**	**55,8**	**25,8**	**53,5**	**28,8**	**49,0**	**25,0**	**47,3**	**24,6**	**44,6**
FRANCE	2,1	16,8	2,0	15,7	1,7	11,8	1,3	9,2	1,6	10,2
BELGIQUE	1,2	6,9	1,2	6,0	0,4	4,7	0,9	6,3	0,6	5,8
ESPAGNE	3,6	4,1	3,2	5,1	3,8	4,7	3,6	6,1	3,1	6,1
RUSSIE	0,1	4,5	0,0	4,5	0,0	5,7	0,0	5,8	0,0	7,0
PAYS-BAS	1,3	6,8	1,7	6,2	2,3	4,8	1,1	5,2	1,4	5,2
TURQUIE	0,2	3,7	0,2	3,6	0,1	4,3	0,3	3,3	0,3	3,3
ALLEMAGNE	0,1	2,0	0,2	1,9	0,1	1,8	0,1	2,2	0,1	2,2
ITALIE	2,4	1,7	1,4	1,9	2,1	2,1	1,8	1,6	1,4	1,6
ROYAUME-UNI	1,5	0,8	1,6	0,8	1,4	1,3	1,3	1,3	1,8	1,3
POLOGNE	0,2	1,0	0,0	1,2	0,0	1,0	0,4	1,0	0,2	1,0
SUISSE	14,7	1,1	12,4	1,5	14,4	0,7	11,6	0,9	12,1	0,9
AUTRES PAYS	1,3	6,6	1,9	5,3	2,5	6,1	2,6	4,5	2,0	4,5
AFRIQUE	**43,1**	**12,7**	**42,9**	**14,4**	**39,9**	**13,4**	**39,4**	**11,9**	**43,7**	**16,8**
NIGÉRIA	0,6	5,1	0,6	5,7	0,4	5,3	0,5	4,4	0,7	8,6
CÔTE D'IVOIRE	3,8	1,2	4,9	1,3	4,2	1,1	3,2	1,0	3,3	1,0
GUINÉE RÉPUBLIQUE	3,2	0,0	3,8	0,0	2,8	0,0	3,2	0,1	2,9	0,1
MAURITANIE	1,6	0,1	1,8	0,2	1,8	0,0	1,7	0,1	1,6	0,1

GAMBIE	1,9	0,0	2,9	0,2	3,1	0,1	3,1	0,0	3,5	0,0
MALI	23,0	0,0	21,0	0,0	20,2	0,0	19,9	0,0	22,9	0,0
BURKINA FASO	1,6	0,0	1,3	0,0	1,3	0,0	1,0	0,0	1,1	0,0
GUINÉE-BISSAU	1,6	0,0	1,5	0,0	1,4	0,0	1,5	0,0	3,0	0,0
AUTRES PAYS	5,9	6,3	5,2	6,9	4,8	6,8	5,3	6,3	4,8	6,3
AMÉRIQUE	**3,7**	**5,9**	**3,9**	**7,3**	**4,0**	**7,4**	**3,5**	**7,4**	**3,8**	**6,3**
USA	3,2	2,0	3,0	2,6	2,4	2,8	2,9	2,7	2,9	2,7
ARGENTINE	–	1,3	0,0	1,3	-	1,9	0,0	2,5	0,0	2,5
BRÉSIL	0,0	1,5	0,0	2,2	0,2	1,7	0,0	1,5	0,0	1,5
ASIE	**19,7**	**25,0**	**18,0**	**24,1**	**20,0**	**29,4**	**24,3**	**32,3**	**19,4**	**30,5**
CHINE	6,6	10,7	6,7	9,2	6,6	9,7	4,0	10,0	4,2	10,9
INDE	8,7	3,4	7,6	4,3	9,8	7,1	15,2	7,5	10,2	6,5
ÉMIRATS ARABES UNIS	1,4	1,9	1,1	2,8	1,2	4,0	1,2	4,8	1,7	4,8
OCÉANIE	**0,1**	**0,2**	**5,5**	**0,4**	**4,2**	**0,3**	**4,0**	**0,2**	**3,4**	**0,4**
DIVERS	**4,2**	**0,3**	**3,5**	**0,2**	**2,7**	**0,4**	**3,2**	**0,8**	**4,2**	**0,8**
TOTAL	100,0	100,0	100,0	100,0	100,0	100,0	100,0	100,0	100,0	100,0

Source : ANSD

Les expéditions du Sénégal en 2023 ont été orientées principalement vers les continents africain (43,7 %), européen (24,6 %) et asiatique (19,4 %). Malgré l'accord commercial relatif à l'AGOA et la diversification des expéditions, la part de l'Amérique demeure faible (3,8 %) comparée aux trois principales destinations. Sur le continent africain, le Mali occupe la première place avec une part de 52,4 % des exportations, suivi de la Gambie (8,0 %), de la Côte d'Ivoire (7,5 %), de la Guinée-Bissau (6,8 %) et de la République de Guinée (6,6 %). Parmi les pays clients du Sénégal dans le continent européen, sept d'entre eux reçoivent presque les 91 % des expéditions sénégalaises. Il s'agit de la Suisse (49,3 %), de l'Espagne (12,5 %), du Royaume-Uni (7,4 %), de la France (6,5 %), des Pays-Bas (5,7 %), de l'Italie (5,6 %) et de la Norvège (4,0 %). La Chine et l'Inde représentent, au total, 74,3 % des parts de marché asiatique du Sénégal en 2023.

Les principaux continents fournisseurs du Sénégal demeurent les continents européen (44,6 %) et asiatique (30,5 %). Ils sont suivis de ceux de l'Afrique (16,8 %), de l'Amérique (6,3 %) et de l'Océanie (0,4 %). Les principaux pays fournisseurs du Sénégal en 2023 ont été la France (10,2 %), la République Populaire de Chine (10,9 %), le Nigéria (8,6 %), la Russie (7,0 %), l'Inde (6,5 %) et la Belgique Luxembourg (5,8 %).

Selon les critères établis, les devises qui devront constituer le panier sont : l'euro, le yuan et le dollar américain. Le choix de l'euro et du yuan est lié au fait que la zone euro et la Chine sont les deux principaux partenaires commerciaux du Sénégal. Toutefois, soulignons que la prise en compte du Yuan peut poser des problèmes dans la pratique, car il n'est pas une monnaie totale internationale au sens de Hicks (c'est-à-dire susceptible de constituer une capacité de réserve de valeur au niveau international).

L'internationalisation du Yuan est en cours, car il figure depuis 2015 parmi les monnaies de référence du DTS (Droits de Tirage Spéciaux) au côté du Dollar et de l'Euro. Mais des difficultés subsistent par rapport à son admission dans le panier de devises, car jusqu'à nos jours, il ne peut pas être détenu pour lui-même à l'étranger. À cela s'ajoute le problème du *crawling peg* de la monnaie chinoise (une cotation au jour le jour). L'inclusion de la monnaie chinoise dans le panier de monnaies permet d'avoir comme référentiel le pourcentage de cette monnaie dans le panier et non pas son cours de change effectif. En effet, si nous avons une fixité par rapport à la monnaie chinoise, elle ne peut pas être rigoureusement fixe, car c'est la parité qui est fixe, mais le cours de change est évolutif. Pour des économies importatrices nettes comme celles du Sénégal, le coût de l'ajustement au jour le jour peut être important. Cela est susceptible d'entraîner une instabilité du régime de change, une imprédictibilité du cours de change et engendrer des externalités négatives et des effets pervers. Le choix du Dollar dans le panier est lié à son statut de monnaie internationale, car la plupart des prix des produits primaires faisant l'objet de commerce international sont libellés en Dollar.

La part de ces trois monnaies dans le panier détermine la valeur du taux de change de la monnaie nationale par rapport aux autres devises. La figure 12 suivante présente les relations entre les taux de change en supposant un monde à quatre pays : Sénégal, zone euro, Chine et les États-Unis.

Figure 12 : Relations de taux de change

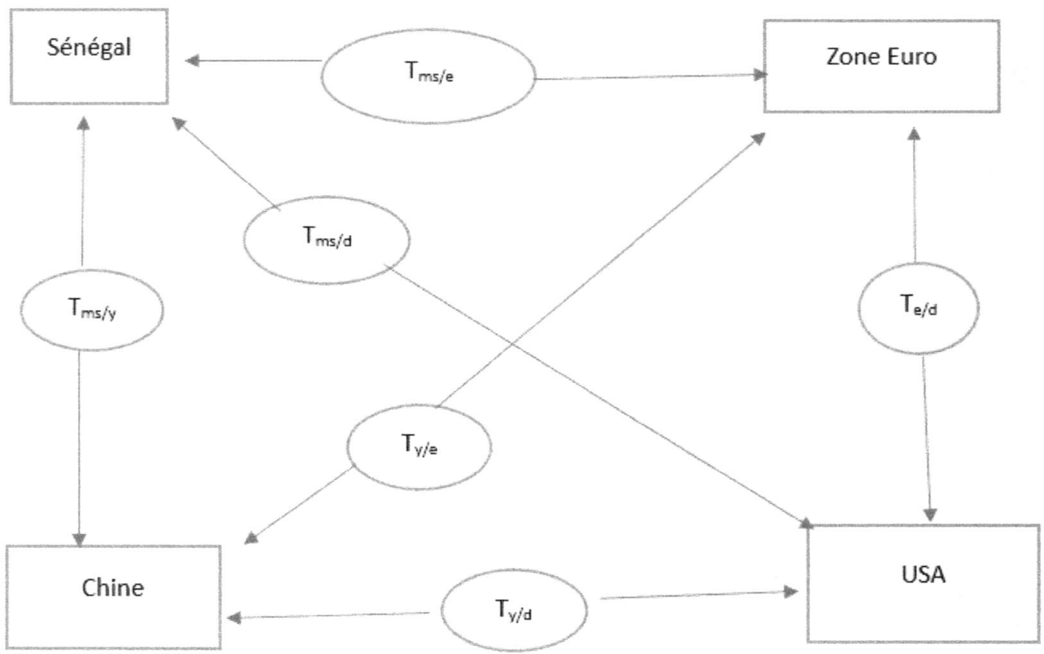

Source : Auteur à partir de Yoshino (2017)

Ty/d, Te/d, Tms/d, Tms/e, Tms/y, et Ty/e désignent respectivement les taux de change Yuan/Dollar, Euro/Dollar, monnaie sénégalaise/Dollar, monnaie sénégalaise/Euro, monnaie sénégalaise/Yuan et Yuan/Euro.

Le principe d'ancrage sur un panier de devises consiste à garder fixe la valeur de la monnaie en question. Dans ce cas, il s'agit de fixer la valeur de la monnaie sénégalaise (ms) par rapport au panier de devises quand celles-ci changent de valeur. La valeur de la monnaie sénégalaise est représentée par l'indice du taux de change nominal effectif (SE), qui est une moyenne géométrique des taux de change nominaux bilatéraux (S) pondérés par leurs poids dans le panier d'ancrage de ms.

$$T_{t/0} = T\left(_{ms/d}\right)^{\alpha} * T\left(_{ms/y}\right)^{\beta} * T\left(_{ms/e}\right)^{\gamma} \qquad (1)$$

En transformant cette équation sous forme logarithmique, elle devient :

$$\log\left[T_{t/0}\right] = \alpha \log\left[T\left(_{ms/d}\right)\right] + \beta \log\left[T\left(_{ms/y}\right)\right] + \gamma \log\left[T\left(_{ms/e}\right)\right] \qquad (2)$$

Avec α est le poids du Dollar américain, β le poids du Yuan et γ le poids de l'Euro dans le panier.

Supposons que les Autorités monétaires sénégalaises ajustent la masse monétaire en intervenant sur le marché des changes afin de maintenir la valeur du panier à un niveau constant θ, alors la valeur du panier peut être décrite ainsi :

$$\alpha \log\left[T\left(_{ms/d}\right)\right] + \beta \log\left[T\left(_{ms/y}\right)\right] + \gamma \log\left[T\left(_{ms/e}\right)\right] = 0 \qquad (3)$$

La plupart des gouvernements qui déclarent une politique officielle de panier de monnaies gardent secrets les poids de ces monnaies et même les devises prises en compte dans le panier (Chine, Thaïlande…) Cependant, certains pays annoncent officiellement leur politique de panier de monnaies (le Chili par exemple a suivi une parité transparente avec un panier de monnaies dans les années 1990, dont les composantes et les coefficients ont été annoncés publiquement). Les composantes et les poids des devises dans le panier doivent être annoncés publiquement, mis en œuvre et expliqués d'une manière facilement compréhensible et accessible sur le site Web de la Banque centrale afin d'atteindre les objectifs en matière de crédibilité et de transparence. Cela n'exclut pas la révision périodique des coefficients ou d'autres paramètres de la formule, à condition que chaque modification soit clairement annoncée et mise en œuvre, condition à la prédictibilité de l'évolution du régime de change et, conséquemment du « *bail in* » recherché. Ainsi on pourrait avoir la possibilité d'endogénéiser le comportement des agents privés et non plus l'intervention systématique et obligée en dernier ressort d'un agent public.

En suivant Frankel (2017), les coefficients ou poids pourraient et devraient être révisés occasionnellement, mais de manière transparente. Idéalement, cela devrait se faire une fois par an et deux raisons justifient cela. La première est purement technique, car, même si les Autorités monétaires n'ont aucune volonté de modifier les pondérations qui rendent compte de l'importance relative des composantes du panier de monnaies, les taux de change Dollar/Euro ou Dollar/Yuan peuvent notablement évoluer au cours de l'année. Les coefficients doivent donc être ajustés en conséquence pour ramener les poids aux niveaux désirés. La deuxième raison est que les Autorités monétaires peuvent souhaiter ajuster elles-mêmes les poids. Si par exemple un des partenaires commerciaux, a pris ou perdu de l'importance dans l'économie nationale, ou si les Autorités décident d'encourager le mouvement vers une direction, elles peuvent ajuster les pondérations dans le panier.

3.3 Quel est le niveau optimal des réserves de change à prévoir ?

Il n'existe pas dans la littérature sur le niveau optimal de réserves, une méthode universellement acceptée et adaptée à toutes les économies. Les méthodes et les indicateurs de jauge du niveau optimal de réserves pour le motif de prévention de crises varient selon la situation économique de chaque pays. On distingue à cet effet, trois groupes de pays (économies avancées, émergentes et moins avancées ou faibles revenus) auxquels les méthodes et les indicateurs peuvent s'appliquer avec des ajustements selon le degré de vulnérabilité aux chocs de chaque groupe de pays. La démarche adoptée ici pour la détermination du niveau optimal de réserves s'inscrit dans le cadre des travaux du Fonds Monétaire International (*IMF Assessing Reserve Adequacy [ARA], 2011, 2013, 2015, 2016*) pour faire face aux chocs exogènes et d'une méthode d'optimisation découlant des travaux de Jeanne & Rancière (2006) fondée sur l'analyse coût-bénéfice résultant de l'accumulation des réserves de change.

3.3.1 Évaluation de l'adéquation des réserves de change : Approche du FMI.

Bien que les indicateurs traditionnels constituent les mesures habituelles de l'adéquation des réserves, le FMI a développé en 2011 une approche, appelée la méthode ARA, de détermination du degré d'adéquation des réserves de change, inspirée de l'expérience des crises passées de la balance des paiements qui ont été caractérisés par de multiples pressions sur les marchés financiers (voir, par exemple, l'expérience des crises passées au Brésil et en Russie). Cette approche a été actualisée en 2013 et 2015 avant d'être intégrée, à partir de 2016, dans le processus d'évaluation de ses pays membres au titre de l'article IV.

Cette nouvelle approche comprend quatre composantes reflétant les ponctions potentielles sur la balance des paiements : (i) les revenus d'exportations pour refléter la perte potentielle d'une baisse de la demande extérieure ou d'un choc des termes de l'échange ; (ii) la monnaie au sens large (M2) pour capter la fuite de capitaux des résidents potentiels par la liquidation de leurs actifs intérieurs liquides ; (iii) la dette à court terme (CT) pour refléter les risques de refinancement de la dette ; et (iv) d'autres passifs pour refléter les autres sorties de portefeuille[143]. Les pondérations de risque relatives pour chaque composante sont basées sur le 10e centile des sorties observées lors des épisodes de pression sur les marchés des changes. Cette mesure n'inclut pas le déficit du compte courant (ou les importations). En effet, dans la mesure où le déficit du compte courant est financé par des engagements extérieurs, la dette et d'autres entrées de portefeuille, il devrait augmenter soit la dette CT, soit d'autres éléments d'engagement inclus dans la métrique, soit les deux[144]. Cela dit, la métrique ARA

[143] Dans ARA (2013), il a été envisagé de séparer les « autres passifs » des passifs de dettes et de capitaux propres. Toutefois, dans l'ensemble, le terme composite a été maintenu. Cela reflète le fait que les fonds propres restent un élément intrinsèquement moins risqué de la balance des paiements puisque les baisses de prix associées à la liquidation limitent la valeur des actifs cherchant à sortir et donc la pression sur la balance des paiements, mais les estimations empiriques ne semblent pas suffisamment saisir cette plus faible vulnérabilité grâce à des prix plus bas. Par conséquent, le terme agrégé reflète le juste équilibre des risques. En outre, seul un nombre limité de pays émergents (environ 65 %) disposent de données distinctes sur la dette extérieure et les passifs en actions.

[144] En revanche, si le déficit est financé par les IDE, il n'est pas couvert par la métrique ARA. En cas de choc, les flux d'IDE ont tendance à entraîner une pression plus

impliquerait des besoins de réserves plus élevés pour les pays ayant un déficit de la balance courante, même sans inclure ce déficit, car ses composantes financières seront plus importantes en raison du besoin de financement extérieur du déficit du compte courant.

Les réserves comprises entre 100 et 150 % de la mesure composite sont considérées globalement suffisantes à des fins de précaution. La sélection d'une fourchette plutôt que d'une estimation ponctuelle pour le niveau d'adéquation reflète l'intention d'être prudent en raison de l'incertitude inhérente dans l'estimation des différents risques de balance des paiements. Cela était également préférable à l'examen d'une gamme de pondérations de risque pour les composantes individuelles de la mesure.

En cas de régime de change fixe, le niveau de référence de l'ARA pour un pays est celui devant assurer la couverture d'une perte de 10 % des exportations, de 30 % de la dette extérieure à court terme, d'une sortie des capitaux équivalente à 10 % de l'agrégat M2 et de 20 % des autres engagements envers les non-résidents. La pondération proposée pour les composantes individuelles (modifiées dans ARA [2013]) est la suivante[145] :

$$ratio\ d'adequation\ du\ FMI = 30\% * DCT + 20\% * AEP + 10\% * M2 + 10\% * X$$

Où :

DCT désigne la dette extérieure à court terme ; AEP représente les autres engagements de portefeuille, $M\ 2$: la masse monétaire ; X signifie la valeur des exportations.

Si le Sénégal adopte un régime de change fixe, il aura besoin d'un niveau de réserves à l'instant t de = $30\% * DCT + 20\% * AEP + 10\% * M_2 + 10\% * X$

Par exemple, en 2023, le niveau optimal des réserves de change dont le pays doit garder comme mesure de précaution, s'il sortait de la zone

limitée sur le taux de change parce que l'IDE en tant que tel s'est avéré relativement stable par rapport aux investissements de portefeuille et aux autres entrées d'investissement lors d'évènements passés.

145 Compte tenu de l'expérience postérieure en 2008, les pondérations des « autres passifs » (ou la dette MLT et les passifs en actions envers les non-résidents) ont été relevées de 5 points de pourcentage dans l'ARA (2013).

CFA serait de 3, 032 milliards d'USD soit 50 % des recettes fiscales ou 9,6 % du PIB ou 33,8 % des Importations de biens alimentaires.

Pour les pays adoptant un régime flexible, les exigences sont relativement plus faibles dans la mesure où ce type de régime permet d'absorber les chocs externes. La pondération proposée par le FMI est la suivante :

$$ratio\ d'adequation\ du\ FMI = 30\% * DCT + 15\% * AEP + 5\% * M_2 + 5\% * X$$

Les pondérations utilisées par la métrique du FMI correspondent au poids relatif à une baisse correspondant au seuil du 10e centile de la fuite des capitaux durant les épisodes de pression sur les marchés financiers (IMF, [2016], Guidance Note on the ARA).

Avant de passer à l'examen des composantes et à la détermination du niveau adéquat des réserves, il est utile de prendre en compte les aspects particuliers du pays concerné. Le Sénégal, comme la plupart des pays en développement, est souvent soumis à des chocs de la balance des paiements. Le pays est principalement un importateur net et dont ces réserves de change sont fortement liées aux importations. Il a une balance commerciale qui est toujours déficitaire, ce qui nécessite des réserves extérieures suffisantes pour faire face aux chocs externes. Étant donné l'importance des chocs sur les termes de l'échange, les exportations (X) sont remplacées par la balance commerciale (BC) dans la formule de calcul de la métrique.

La pondération de 30 % appliquée au stock de dettes à court terme ne semble pas appropriée dans le contexte de l'économie sénégalaise qui bénéficie des dettes à maturité plus longue et un niveau très faible du stock de dettes à court terme avec un ratio d'environ 3 % du PIB en moyenne sur la période 2001-2023. En examinant l'évolution de cette composante au cours de la période, il apparaît que la baisse du 10e centile enregistrée correspond à une baisse de 37,8 % à l'image des économies émergentes (30 %).

En adoptant cette approche à chacune des autres composantes dans l'expression de la métrique sous un régime flexible[146], on remarque que la pondération applicable à la masse monétaire (M2) correspondante au seuil du 10e centile inférieur est égale à 6.68 % ; une valeur au-dessus de la pondération proposée pour les économies émergentes, en raison

[146] Dans le chapitre précédent, le régime flexible est préférable pour le pays selon l'analyse est basée sur la théorie des ZMO.

principalement du manque de contrôles efficaces pour empêcher la fuite des capitaux dans les pays en développement comme le Sénégal. Selon le député Mamadou Lamine Diallo du mouvement TEKKI « au moins 1000 milliards de francs CFA (1,5 milliard d'euros) de flux financiers illicites ont quitté le Sénégal pour des paradis fiscaux durant ces 7 dernières années et depuis 2012 ». La pondération appliquée aux autres engagements de portefeuille (AEP) donne 12,8 % contre 15 % obtenus dans la métrique, en lien avec la surliquidité en devises du secteur bancaire. Enfin, pour une baisse correspondante au seuil du 10 -ème centile de la fuite des capitaux, la pondération du solde commercial affiche un taux de 21,58 %. Ceci résulte de la volatilité des cours des matières premières combinée à celle des cours à l'importation qui rend le solde commercial très volatile ; ce qui induit de fortes variations et donc une forte valeur de la pondération.

Ce qui donne la version modifiée de la métrique comme suit :

$$\begin{aligned} &ratio\ d'adéquation\ \ du\ FMI\ modifiée \\ &\qquad = 37{,}8\ \% * DCT + 12{,}8\ \% * AEP + 6{,}68\ \% * M2 \\ &\qquad + 21{,}58\ \% * BC \end{aligned}$$

En appliquant les coefficients aux différentes variables sur une période donnée, nous obtenons le niveau adéquat des réserves dont le pays aura besoin comme précaution. Pour la période 2010-2023 par exemple, le niveau optimal des réserves dont le Sénégal a besoin est de 2, 2 milliards d'Us dollars (soit 37,8 % des recettes fiscales ou 6,9 % du PIB ou 24,5 % des importations de biens alimentaires). Ce montant permet de contenir les chocs exogènes résultant des termes de l'échange, ce qui stabilise les volatilités du taux de change de la future monnaie du pays.

La remarque qu'on peut tirer des deux systèmes est que le système de change fixe nécessite plus de réserves de change que le système flottant. Ceci est compréhensible, car dans le système fixe, la politique monétaire n'existe plus dans le sens où la création monétaire ne dépend que de la capacité de l'économie nationale à accroître ses réserves en devises. En revanche, dans un système flottant, le marché des changes exerce une influence substantielle sur la détermination du taux de change. Les interventions officielles cherchent seulement à réduire les fluctuations de court terme jugées excessives ou indésirables.

3.3.2 Évaluation des réserves de change par la méthode d'optimisation (Jeanne et Rancière, 2006)

3.3.2.1 Cadre théorique

Cette approche basée sur le modèle de simulation est dérivée des travaux de Jeanne et Rancière (2006). Elle consiste à établir une relation entre le niveau de réserves et le PIB c'est-à-dire un niveau de réserve équivalent à un ratio adéquat de PIB pour amortir les chocs sur le compte courant de la balance des paiements ou la fuite des capitaux ou toute autre crise économique susceptible d'aggraver les déséquilibres macroéconomiques à l'instar de la crise de la balance des paiements.

Ce modèle considère une économie à un seul bien échangeable avec l'extérieur et consommé également à l'intérieur. Elle est composée de deux secteurs ou deux agents à savoir le secteur privé (agents privés) et le secteur public (gouvernement), qui interagissent avec le reste du monde. Dans ce modèle, le secteur privé représenté par un consommateur représentatif adopte un comportement rationnel consistant à maximiser sa fonction d'utilité sous sa contrainte budgétaire tandis que le gouvernement a la responsabilité d'assurer la disponibilité des réserves de change pour soutenir la consommation privée en période de crise (chocs exogènes). Dans ce contexte, l'accumulation de réserve est justifiée par le motif de précaution dans la mesure où une crise économique induisant une chute brutale des réserves d'exportation ou d'afflux de capitaux étrangers dans l'économie réduirait drastiquement l'absorption intérieure et le niveau de production et par conséquent le bien-être du consommateur. Il s'agit, du côté du gouvernement, de prendre des mesures de précaution ou de prévention des crises en accumulant des réserves de change pour face à la contraction de l'absorption intérieure. D'autre part, le modèle tient compte du coût d'opportunité des réserves de change accumulées qui auraient dû servir à financer les investissements pour soutenir la croissance.

En résumé, il est fondé sur l'analyse coûts-bénéfices des réserves de change pour déterminer le niveau optimal de réserves nécessaire à l'amortissement des chocs et au maintien de l'absorption à son niveau antérieure à la crise. Il s'agit de trouver des valeurs des paramètres qui déterminent le niveau adéquat de réserves exprimé par la relation[147] suivant :

$$R_t = \rho Y_t$$

avec

$$\rho = \lambda + \gamma - \frac{p^{1/\sigma} - 1}{1 + \left(p^{1/\sigma} - 1\right)\left(1 - \delta - \pi\right)}\left(1 - \frac{r - g}{1 + g}\lambda - \left(\delta + \pi\right)\left(\lambda + \gamma\right)\right)$$

Où les paramètres de l'expression sont définis comme suit :

λ le ratio de la dette extérieure à court terme sur PIB,

γ la contraction du PIB associée au choc ou crise (effet du choc),

σ le paramètre d'aversion pour le risque,

π la probabilité d'occurrence des chocs exogènes,

δ les coûts associés à l'accumulation de réserves,

r le taux d'intérêt sur la dette extérieure privée,

g le taux de croissance du PIB et de la dette avant la crise.

La relation établie indique que le niveau optimal de réserves tient compte du motif de précaution et du rôle d'assurance contre les chocs exogènes (σ). Elle dépend également des fondamentaux de l'économie tels que l'état de l'économie, les conditions initiales (représentées par le paramètre g), le degré de vulnérabilité aux chocs (π), le ratio de la dette extérieure au PIB (λ), l'impact des chocs sur l'économie (γ). Enfin, la relation définit un lien entre les réserves et le coût d'opportunité (δ) au sens où elles pourraient financer des investissements publics ou être placées sur les marchés financiers à des taux d'intérêt plus élevés que le gain résultant de l'absorption ou de la croissance du PIB (Jeanne et Rancière, 2006).

[147] La spécification du modèle est résumée dans l'encadré 3 en annexe.

Sous certaines restrictions ($\delta + \pi = r - g = 0$) la forme simplifiée du ratio est la suivante : $\rho \approx \lambda + \pi - \left(1 - p^{-1/\sigma}\right)$ [148].

Où

$$p = 1 + \frac{\delta}{\pi\left(1 - \delta - \pi\right)}$$

Dans la pratique, la valeur de chaque paramètre est déterminée selon les conditions économiques du pays considéré. La forme généralisée de l'expression indique que la valeur du ratio ρ croît en fonction du paramètre π (pour $\pi < 0.51$), du risque d'aversion σ, de la contraction de la croissance du PIB ou de la consommation (γ) et du ratio de la dette extérieure à court terme au PIB (λ). En effet, les deux principaux motifs d'accumulation de réserves de change étant la précaution et la sécurité, la nature et la vraisemblance des chocs constituent un indicateur important dans la détermination du niveau adéquat de réserves.

Par conséquent, plus une économie est vulnérable aux chocs exogènes tels que la volatilité des cours des matières premières (dans le cas des pays riches en ressources naturelles), plus le niveau des réserves est élevé. En d'autres termes, plus les valeurs des paramètres π (probabilité de choc) et γ (perte de PIB associée aux chocs exogènes) sont élevées, plus il est nécessaire d'accumuler un niveau élevé de réserves pour faire face à la perte en cas de choc.

Le même principe amène à choisir une valeur relativement élevée du paramètre de risque σ pour maintenir le niveau de consommation ou du PIB lorsqu'un choc exogène survient. Il en est de même pour le ratio de la dette extérieure à court terme au PIB qui est un indicateur du compte de capital mesurant la solvabilité du pays vis-à-vis de ses créanciers.

Cependant, le ratio de réserves (ρ) décroit avec la prime des taux d'intérêt qui représente le coût lié à l'accumulation des réserves (δ). En effet, comme toute autre forme d'assurance, moins il est cher pour un pays de détenir des réserves pour se couvrir contre les chocs

[148] Voir Jeanne et Rancière (2006) pour les détails.

exogènes, plus le montant optimal de réserves qu'il doit détenir est élevé, toutes choses égales par ailleurs (Drummond et Dhasmana, 2008).

Ces propriétés permettent d'estimer le niveau optimal de réserves de change pour une économie conditionnellement aux caractéristiques de cette économie. Pour une économie vulnérable aux chocs (exogènes ou endogènes) ; la probabilité d'occurrence des chocs est élevée ; ce qui amène le pays à se prémunir de ces chocs en relevant le ratio convenablement. Il en est de même pour le degré de contraction ou de sensibilité de la croissance du PIB ou de la consommation qui mesure l'impact des chocs sur l'économie.

Figure 13 : Niveau optimal de réserves en fonction des paramètres clés

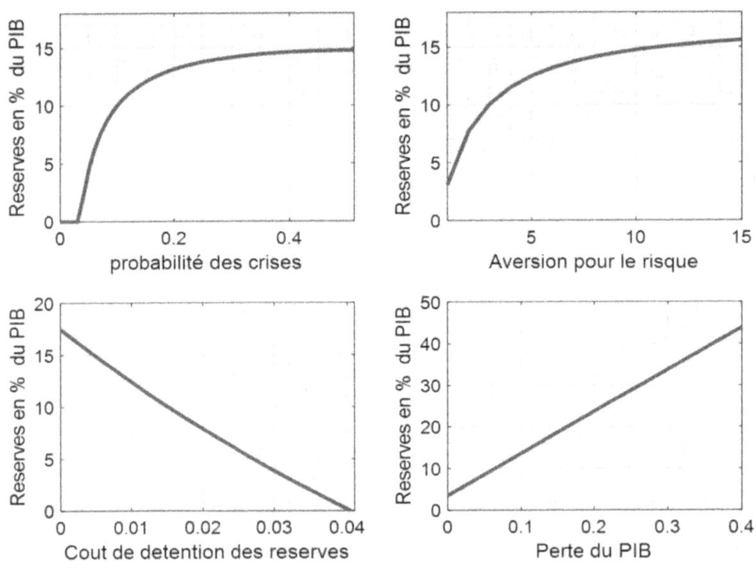

Source : Calcul de l'auteur à partir des données de l'AMAO

Dans la suite, ces paramètres seront déterminés à partir de caractéristiques de chaque pays pour le calcul du ratio du niveau optimal de réserves pour contenir les chocs exogènes résultant des termes de l'échange. Toutefois, certains paramètres tels que le degré d'aversion pour le risque seront calibrés en se référant à la littérature.

Le modèle de Jeanne-Rancière (2006) peut être élargi en distinguant plusieurs biens (biens échangeables et non échangeables par exemple) ainsi que plusieurs chocs (chocs sur les termes de l'échange et sur l'afflux des aides ou dons) (Drummond et Dhasmana, 2008) ou encore des catastrophes naturelles (Barnichon, 2009). Ces deux généralisations équivalent à résoudre le modèle de Jeanne-Rancière avec deux crises (deux probabilités assignées à chacune des crises) et donc deux paramètres pour la probabilité.

Cependant, dans le cas de cette analyse, cette approche ne produit pas des résultats réalistes du fait du niveau très faible des aides (en % du PIB). Par conséquent, seule la méthode d'optimisation de Jeanne et Rancière, 2006 est retenue pour l'estimation du ratio adéquat de réserves nécessaire à la prévention des chocs résultant des termes de l'échange.

3.3.2.2 Estimation empirique du niveau optimal de réserves

Dans la pratique, on procède au calibrage du modèle de Jeanne et Rancière (2006) en choisissant des valeurs qui reflètent les caractéristiques de l'économie considérée pour les paramètres du modèle. L'estimation du niveau optimal de réserves dans le cas des pays à revenus intermédiaires dans le cadre de l'approche bénéfice-coûts se fait en suivant les étapes ci-après (IMF 2015, ARA, Specific proposals) :

- Définir les chocs ou épisodes de crises qui peuvent conduire à des pressions sur la balance des paiements[149] ;
- Identifier de façon empirique les épisodes de crises ou de chocs à partir des données historiques dont un pays peut se prémunir en constituant des réserves de change ; et
- Estimer le niveau adéquat de réserves pour se prémunir contre de tels chocs selon l'analyse coût-bénéfices des réserves.

L'identification des chocs est basée sur une analyse des données historiques en vue de déceler les épisodes de chocs exogènes au cours d'une période donnée (en général deux décennies ou plus) marquée par une volatilité significative de la variable de choc (termes de l'échange ou cours des matières premières) associée à une contraction de la croissance du PIB ou de la consommation en dessous de son niveau antérieur aux chocs. Ainsi, un épisode de choc est identifié lorsque la

[149] Les pays à revenus intermédiaires ont un accès limité aux marchés des capitaux ; par conséquent, ces évènements constituent un motif d'accumulation de réserves.

variation annuelle en pourcentage de la variable de choc (termes de l'échange, demande extérieure, IDE/PIB, aide/PIB) chute en dessous du 10e centile inférieur (ou 15e centile inférieur) de la distribution spécifique à chaque pays (IMF, ARA 2011).

3.3.2.3 Le coût associé à l'accumulation des réserves de change

Le coût d'opportunité lié à l'accumulation des réserves de change (δ) dans les pays à revenus intermédiaires dépend de plusieurs facteurs, dont le niveau de développement du secteur financier, le degré d'accès au marché de capitaux, le degré d'ouverture du compte de capital et la dépendance des coûts des matières premières (IMF, ARA 2013, P44).

Dans la littérature, il existe trois approches d'estimation des coûts associés à l'accumulation des réserves de change :

i. La mesure du coût basée sur le rendement moyen des obligations souveraines des pays à revenus faibles ayant accès aux marchés,

ii. La mesure basée sur le coût encouru par la banque centrale lorsqu'elle achète des devises sur le marché, net du rendement obtenu sur les avoirs de réserve de change. Son proxy est le taux des bons du Trésor ou les taux des pensions/réserves du marché monétaire et/ou des obligations du Trésor à un an ;

iii. La mesure basée sur le coût d'opportunité pour l'économie lorsque des ressources à consacrer aux investissements productifs sont accumulées en avoirs ou réserves de change sous forme d'actifs financiers liquides. Dans la pratique, cette mesure est approximée par la productivité marginale du capital (IMF, ARA, 2013, P47).

3.3.2.4 Historique des données et calibrage des paramètres

Pour calculer le niveau de réserves, Jeanne et Rancière ont calibré les paramètres de la formule en utilisant des données historiques sur une période donnée pour chaque pays concerné. Ainsi, les paramètres énumérés ci-dessus sont calibrés en utilisant la moyenne des variables ou les ratios sur la période relativement longue et couvrant les épisodes de crises ou de chocs dans l'histoire de chaque économie. Par exemple, le paramètre représentant la probabilité des crises est estimé par un modèle dichotomique (*probit* ou *logit*) dans le cas où la crise est endogène c'est-à-dire causée par les fondamentaux de l'économie (par exemple déphasage entre la politique budgétaire et monétaire). En revanche, dans la version de Drummond et Dhasmana, (2008), la probabilité est exogène et estimée à partir des épisodes observés sur les données historiques des termes de l'échange et des aides. En définissant le choc sur les termes de l'échange comme toute variation (négative) supérieure (en valeur absolue) ou égale au 10e centile de la variation des termes de l'échange et de 5e centile pour la variation des aides comme un choc négatif affectant significativement l'absorption intérieure et la croissance du PIB, la valeur du paramètre relatif à la probabilité d'occurrence des chocs est obtenue. Par conséquent, il est important de constituer des réserves pendant les périodes antérieures à ces épisodes de crises pour amortir leurs effets le cas échéant. Dans le présent cas, la même approche a été adoptée pour le calibrage du paramètre π et la détermination du niveau adéquat de réserve en fonction du PIB.

Dans les travaux du FMI, le calibrage des paramètres du modèle de Jeanne et Rancière adopte les mêmes valeurs pour les paramètres à une différence près pour estimer le coefficient de réserves dans le cas des pays émergents (IMF, ARA, 2011). Un calibrage alternatif du modèle dans le cas des pays à faibles revenus permet également de déterminer le niveau des réserves.

3.3.2.5 Analyse des chocs

L'analyse des données historiques sur les variables macroéconomiques du Sénégal a permis de calibrer les valeurs des paramètres définissant le niveau optimal de réserves en pourcentage du PIB nominal.

Le tableau suivant présente les valeurs calibrées pour chaque paramètre.

Description des paramètres	Notation	Valeurs
La perte de PIB associée au choc	γ	0.14
Degré d'aversion pour le risque	σ	2.5
Ratio de la dette extérieure à court terme sur PIB	λ	0,072 4
Probabilité d'occurrence des chocs exogènes	π	0,051 1
Prime des taux d'intérêt ou coût associé aux réserves	δ	0.015
Taux d'intérêt sur la dette extérieure	r	0.027
Taux de croissance du PIB	g	0,041 2

Source : Calcul de l'auteur à partir des données de l'AMAO et des Banques centrales de la CEDEAO

- Le paramètre γ relatif à la perte de Pib associée aux chocs sur les termes de l'échange est la moyenne pondérée des pertes enregistrées par le pays ; la pondération étant le poids en pourcentage du PIB nominal.
- Le degré d'aversion pour le risque σ est emprunté dans la littérature (Jeanne et Rancière 2006).
- Le paramètre λ représentant le ratio du stock de la dette à court terme en pourcentage du PIB de l'économie. Ce ratio est de 7,2 % du PIB en moyenne au cours de la période 2001-2023. Comme indiqué dans l'estimation, le niveau adéquat de réserve est une fonction croissante du ratio de la dette extérieure à court terme. Ce qui implique qu'un niveau de ratio très faible induit un ratio de réserve relativement bas en fonction du PIB. Ce ratio est resté stable autour de 1 % du PIB sur les trois dernières années.
- Le calibrage du paramètre relatif aux coûts des réserves (δ) ou encore prime de terme est en accord avec le principe des pays à revenus faibles ayant accès aux marchés des capitaux[150]. Dans ce cas, le coût d'opportunité des réserves est approximé par le rendement des

[150] La prime de terme est le montant par lequel le rendement d'une obligation à long terme est supérieur au rendement des obligations à court terme.

obligations souveraines (IMF, ARA, 2013, P45)[151]. Cette approche a déjà été utilisée par Jeanne et Rancière (2006) et Drummond et Dhasmana, (2008) qui ont trouvé une valeur égale à 1,5 %. Donc, dans notre étude, nous retenons 1.5 % comme le coût de détention des réserves.

- La valeur du paramètre (π) résultant des épisodes de chocs sur les termes de l'échange selon la définition et est calibrée à 0,051 1 en moyenne.
- Les pertes de PIB associées aux chocs des termes de l'échange (γ) ainsi que la croissance du PIB sur les périodes sans chocs (g) sont calibrées à partir des valeurs moyennes des pertes de PIB (moyenne pondérée par le poids économique du pays) et le taux de croissance moyenne au cours des années sans chocs.

Les paramètres ci-dessus déterminent la valeur de $\rho = 10{,}9151\%$. Pour obtenir le niveau optimal des réserves du pays, on peut multiplier la valeur de ρ par le PIB nominal moyen sur la période considérée en excluant les années marquées par les chocs liés aux termes de l'échange. Nous savons que durant cette période, les années 2020 et 2021 pourraient être considérées comme des années de chocs à cause de la pandémie de la covid 19. Donc, si on exclut ces deux années, le niveau optimal des réserves pour le Sénégal serait de 2,4 milliards de dollars US pour la période 2010-2023.

Étant donné que la monnaie nationale n'est pas encore mise en place, le coefficient ρ pourrait changer compte tenu de l'environnement économique national et international changeant.

[151] Cette approche consiste à approximer le coût par le différentiel des taux d'intérêt à long terme ou rendement des Eurobond et à court terme des obligations de trésor américain.

3.3.3 Analyse de sensibilité

Les résultats de la simulation dépendent de la méthode choisie. En utilisant la métrique du FMI, utilisée par la majeure partie des pays, la taille des réserves de change du Sénégal est comprise entre 3 milliards d'USD (en cas de régime fixe) et 2, 2 milliards d'Us dollars (en cas de change flottant). Quant à la méthode d'optimisation de Jeanne et Rancière (2006), le niveau optimal se situe à 2,4 milliards d'USD.

Figure 14 : Niveau optimal des réserves selon les méthodes utilisées (en milliards d'US dollars)

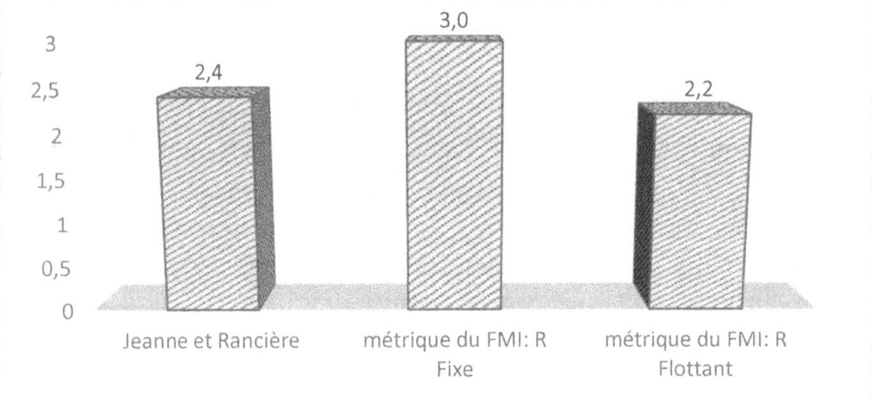

Source : calculs d'après les données des Banques Centrales de la CEDEAO

Pour la méthode à privilégier, nous choisissons celle de Jeanne et Rancière (2006) qui nous semble plus complète, car elle tient compte de l'hétérogénéité du pays quant à leur plus grande vulnérabilité aux chocs. Ce modèle montre que les réserves optimales sont sensiblement plus élevées si les réserves influent sur la probabilité d'une crise (prévention des crises).

3.4 Le Sénégal remplit-il les conditions pour gérer sa propre monnaie ?

La gestion d'une monnaie nationale repose sur un certain nombre de conditions. Le pays doit avoir une stabilité macroéconomique, incluant une maîtrise de l'inflation, une limitation de la dette publique et un bon solde courant de la balance des paiements et un niveau suffisant de réserves de change. Les institutions doivent être solides pour réguler le système monétaire et rendre confiants les opérateurs économiques. Les principaux indicateurs macroéconomiques du Sénégal révèlent une situation marquée par une croissance moyenne de 4,8 % durant la période 2000-2023, tandis que l'inflation a connu une évolution modérée sauf en 2022 et 2023. Au niveau des finances publiques, le solde budgétaire montre un déficit chronique. Ces déficits ont été, pour la plupart, financés par émissions de titres, ce qui provoque un accroissement du niveau de la dette. On peut affirmer, en outre, que le déficit budgétaire du pays se creuse au même rythme que leur déficit global des transactions courantes.

Tableau 25 : Principaux Indicateurs macroéconomiques du Sénégal

	2000	**2001**	**2002**	**2003**	**2004**	**2005**	**2006**	**2007**	**2008**	**2009**	**2010**	**2011**
Croissance du PIB (%)	-1.2	4.6	0.7	6.7	5.9	5.6	2.5	4.9	3.7	2.4	4.1	1.7
Inflation (moyenne annuelle, %)	0.7	3	2.3	0	0.5	1.7	2.1	5.4	5.8	-2.2	1.2	3.4
Solde budgétaire (% PIB)	-0.3	-2.5	-0.1	-3.3	-5.2	-5.3	-5.8	-6.2	-7.1	-8.1	-5.2	-6.7
Solde du compte courant (% PIB)	-8.4	-10.7	-12.5	-14.8	-18.1	-5.9	-7.5	-9.5	-10.0	-5.4	-3.6	-6.2
Dette publique (% PIB)	70.1	69.2	61.7	50.9	47.7	45.9	20.9	23.7	23.9	32.6	34.9	34.3

Source : Calcul de l'auteur à partir des données du FMI

Tableau 25 : Principaux Indicateurs macroéconomiques du Sénégal (suite)

	2012	2013	2014	2015	2016	2017	2018	2019	2020	2021	2022	2023
Croissance du PIB (%)	3.4	3.9	6.4	6.4	7.1	6.7	6.9	4.6	1.3	6.5	3.8	4.3
Inflation (moyenne annuelle, %)	1.4	0.7	-1.1	0.1	0.8	2.2	0.5	1.1	2.5	2.2	9.7	5.9
Solde budgétaire (% PIB)	-5.8	-5.5	-4	-3.7	-3.3	-3	-3.7	-9.8	-9.2	-11.5	-12.6	-12.3
Solde du compte courant (% PIB)	-8.3	-8.1	-6.8	-5.3	-4.2	-7.2	-7.8	-7.3	-10.9	-12	-19.9	-14.5
Dette publique (% PIB)	42.4	45.7	54.4	42.1	43.8	47.2	54,71	65,59	75,50	83,58	86,62	99,67

Source : Calcul de l'auteur à partir des données du FMI et de la Cour des comptes (rapport sur la situation des finances publiques gestions de 2019 au 31 mars 2024)

3.4.1 Croissance et Prix

La croissance du Sénégal a connu une évolution positive durant toute la période, à l'exception de 2000, 2002, 2006, 2009, 2011, 2021 et 2020. Cette performance est due à la résilience des secteurs primaire, secondaire et tertiaire. En 2023, la croissance du PIB réel est estimée à 4,3 pour cent– soit légèrement au-dessus du taux de croissance de 3,8 pour cent enregistré en 2022 et au-dessus des projections initiales de 4,1 pour cent. Les tensions politiques, accompagnées d'une hausse de l'inflation et le resserrement monétaire, ont perturbé les secteurs tertiaires et retardé certains investissements.

Du côté de l'offre, le secteur tertiaire a ralenti en raison principalement de la réduction des activités commerciales dans les restaurants et hôtellerie, technologies de l'information et de la communication (TIC) et un ralentissement des services financiers et d'assurance avec les impacts des troubles sociaux et des tensions politiques. Malgré les défis des activités extractives, le secteur secondaire du Sénégal a prospéré grâce aux contributions positives du sous-secteur extractif.

Figure 15 : Évolution de la croissance réelle du Sénégal de 2000 à 2023

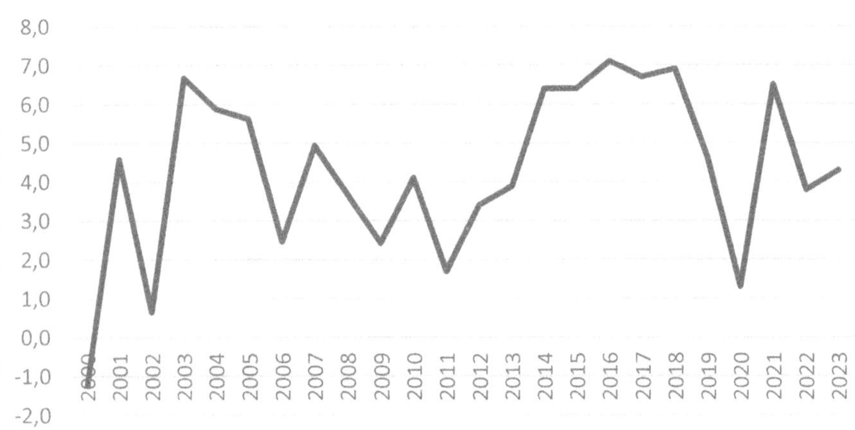

Source : calculs d'après les données de l'AMAO

Du côté de la demande, la croissance des investissements a ralenti, reflétant le retard des investissements des entreprises, associé avec une baisse de la consommation privée.

Le taux d'inflation au Sénégal reste dans l'ensemble inférieur à la limite supérieure de 3 pour cent de la BCEAO, mais demeure très élevé en 2022 avec un taux de 9,7 % (Figure 16). Toutefois, l'inflation est tombée à 5,9 pour cent en 2023, en liaison avec la baisse des prix internationaux des matières premières et la normalisation de l'offre, et la dépréciation du FCFA par rapport au Dollar américain en 2022. La plupart des mesures administratives pour plafonner les prix de certains produits alimentaires, notamment le riz et le sucre, sont restées intactes pour lutter contre l'inflation et alléger le coût de la vie. Les pressions exercées par les prix de l'énergie, notamment de l'électricité, du gaz, et autres carburants (qui ont augmenté en moyenne de 10 pour cent en 2023) ont lourdement pesé sur l'inflation.

Figure 16 : Évolution de l'Inflation au Sénégal de 2000 à 2023

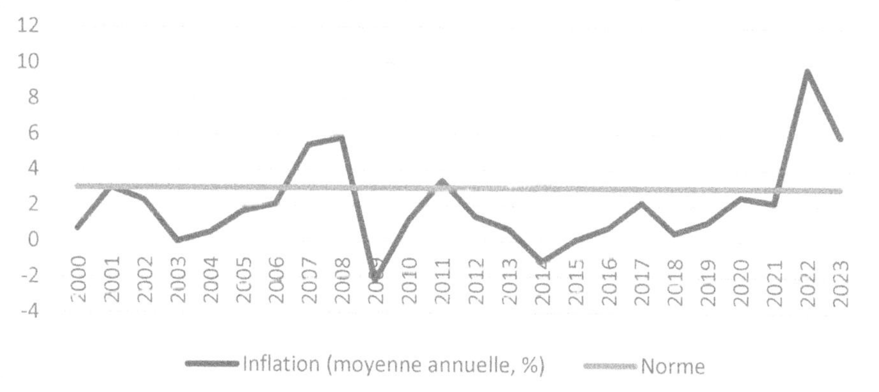

Source : calculs d'après les données de l'AMAO

3.4.2 Niveau du Déficit budgétaire et de la Dette et solde courant

Le déficit budgétaire du Sénégal a cru de manière importante depuis 2002 et atteint son pic en 2009, en lien avec la crise financière de 2008. Cette contre-performance est due à une augmentation plus importante des dépenses publiques sur les recettes fiscales. Le pays a besoin d'effectuer des opérations d'assainissement budgétaire s'il veut adopter à l'avenir une nouvelle monnaie nationale. En effet, sans ajustement budgétaire et sans la culture de la discipline budgétaire, la création d'une nouvelle monnaie, en référence à Darvas et al. (2005), pourrait ne pas profiter au pays. Lorsqu'il y a déficit budgétaire, le pays doit trouver des moyens de combler cet écart. Il peut choisir soit le financement par la dette ou réformer sa fiscalité ou encore la planche à billets. Cette dernière n'est pas possible en raison des dispositifs institutionnels actuels (le Sénégal appartient à une Union monétaire). Toutefois, si le pays quitte l'UEMOA, cette contrainte sera levée et le pays pourra imprimer de la monnaie pour faire face au déficit budgétaire, avec les risques que cela comporte. L'exemple des pays de l'Amérique latine est assez révélateur. Le financement du déficit budgétaire par la planche à billets dégrade souvent la qualité de la monnaie. Cette stratégie conduit généralement à une inflation accrue qui érode le pouvoir d'achat des consommateurs, réduisant ainsi la demande globale. La population voit ses économies perdre de la valeur, ce qui affecte particulièrement les revenus fixes et les ménages à faible revenu.

En Argentine, cette mesure fut la cause d'une terrible perte de confiance dans le système monétaire argentin. Une ruée sur les comptes en dollars s'amplifia à laquelle le système bancaire ne put résister. Tout le monde voulait convertir ses pesos en dollars et rapatrier chez soi les dollars déposés. Au Mexique, le même phénomène s'est produit entraînant une crise qui se répandit dans le monde entier, mais surtout en Amérique latine. Cette crise est à l'origine de ce que l'on a appelé « l'effet tequila »[152].

Pour éviter un tel désastre, les autorités doivent adopter des politiques budgétaires prudentes, visant à équilibrer leurs budgets autant que possible et à utiliser les déficits de manière stratégique pour financer des investissements productifs. La transparence budgétaire, la réduction des gaspillages et l'optimisation des ressources sont essentielles pour maintenir la santé économique à long terme.

[152] L'effet tequila désigne la crise monétaire qui frappe essentiellement l'Amérique latine à partir de 1994. Le nom d'effet tequila illustre une situation dans laquelle un pays promoteur fait preuve d'un excès de confiance, il « s'enivre », prend des engagements intenables et se retrouve finalement dans une situation de crise.

Figure 17 : Évolution du déficit budgétaire du Sénégal

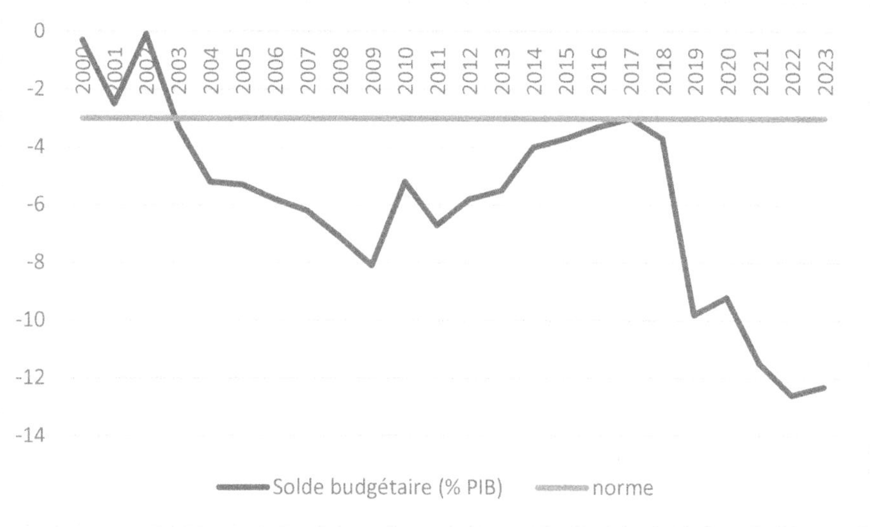

Source : calculs d'après les données de l'AMAO

Le déficit budgétaire n'est pas sans conséquence sur la dette publique qui a connu également une augmentation exponentielle ces dernières années surtout à partir de 2012 sous l'ère du Président Macky Sall (voir graphique 18). Le taux d'endettement qui était de 34,3 % du PIB en 2011 se situe à plus de 99,67 % du PIB en 2023. La question qui se pose est : à quoi ça a servi ? Comme nous pouvons le constater, l'évolution de l'indice de développement humain du Sénégal ne montre pas un impact positif de ce surendettement sur le vécu des populations. Les inondations auxquelles sont confrontées les populations durant les hivernages illustrent que les travaux d'infrastructures pour améliorer les conditions d'hygiène et d'assainissement dans les banlieues ne sont pas à la hauteur des attentes des populations. Par ailleurs, le chômage endémique des jeunes explique le rush de ces derniers vers l'immigration clandestine mortifère. De même, l'accès à des soins de santé de qualité est rare et cher ce qui fait que les populations sont encore dans l'automédication et le recours aux médicaments frauduleux contrefaits.

Figure 18 : Évolution de la dette publique du Sénégal (en % du PIB)

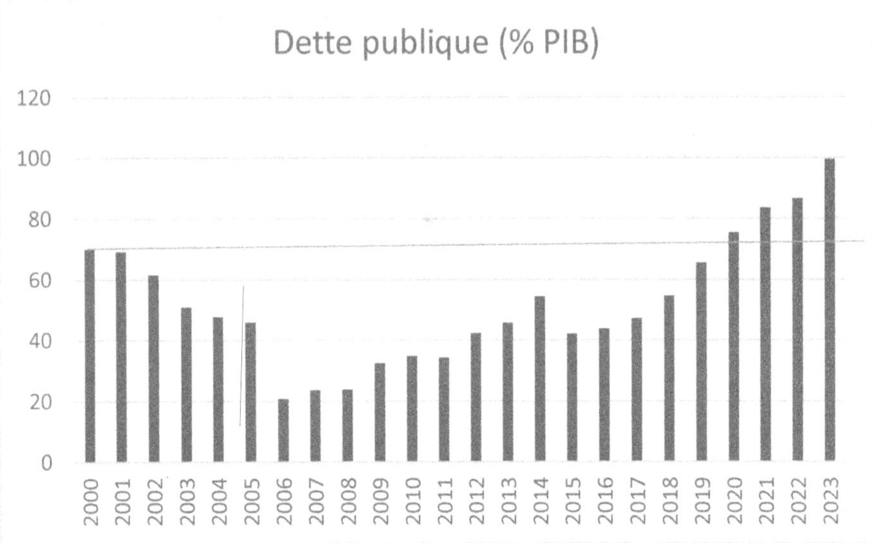

Source : calculs d'après les données de l'AMAO et de la Cour des Comptes, norme 70 % (ligne orange)

Le Sénégal reste exposé à un risque élevé de surendettement public, avec des marges limitées pour absorber d'éventuels chocs futurs.

Le solde du compte courant affiche également au cours des 10 dernières années (2000-2023) des déficits persistants. En effet, il est marqué par des situations de détérioration se traduisant par un déficit qui passe de 8,4 % du PIB en 2000 à 8,3 % en 2012 et de 4,2 % en 2016 à 14,5 % en 2023, essentiellement imputable au solde des biens et services ainsi que celui du revenu primaire.

Figure 19 : Évolution du solde courant du Sénégal (en % du PIB)

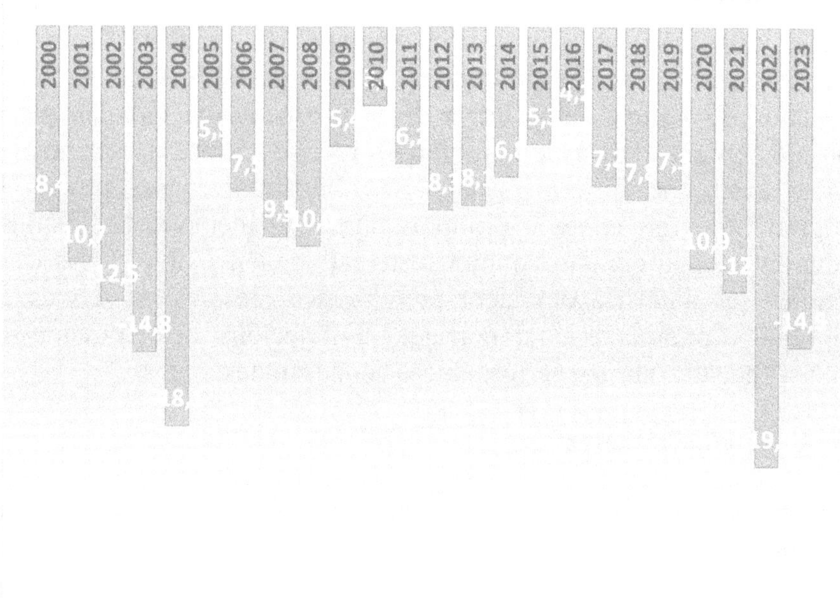

Source : calculs d'après les données de l'AMAO

Les dégradations du solde courant résultent de l'effet conjugué de l'envolée des cours internationaux des produits alimentaires et énergétiques ainsi que de l'accroissement des importations de biens et services consécutif aux investissements dans les domaines miniers, des télécommunications et des infrastructures économiques et sociales. Toutefois, ces dégradations sont atténuées par le solde du compte de revenu secondaire porté par les transferts de fonds des migrants, qui ont presque doublé entre 2010 et 2019. Il a été montré qu'en cas de déficits importants et persistants, le compte courant pourrait poser des problèmes en termes de dépréciation de la monnaie locale, d'accumulation de dette extérieure plus importante et d'augmentation des paiements d'intérêts. Ainsi, il est devenu nécessaire de se poser la question de savoir si le déficit permanent du compte courant est viable. Pour certains, à l'instar de Summers (1996), un déficit courant dépassant 5 % du PIB est jugé non viable. Ce déficit devient plus critique lorsqu'il est financé par dette extérieure ou par l'épuisement des réserves de change. Certaines études spécifiques (BCEAO, 2013 ; 2016) ont montré qu'au regard des indicateurs de viabilité définis par Millési-Ferreti et Razin(1996), le Sénégal ne présente pas un risque de déficit de son compte courant. Toutefois, en utilisant un modèle à changement de régime Markovien (BCEAO, 2017), il est ressorti une phase (2005-2016) où le risque d'insoutenabilité s'est accru. De même, l'examen sur la viabilité du compte courant du Sénégal mené par la Direction du secteur financier et de la compétitivité indique que le compte courant s'est à de nombreuses reprises écarté de son niveau viable avec une forte persistance en liaison avec les projets et programme à fort contenu d'importation. Globalement, les résultats montrent que le compte courant reste faiblement viable. Dans cette optique, les autorités devraient prendre des mesures en termes de politique économique pour corriger sa trajectoire afin d'éviter ses impacts négatifs sur les performances économiques.

3.4.3 Niveau des réserves

L'accumulation de réserves de change est un phénomène aux multiples facettes dont les motivations peuvent être multiples. Le Fonds monétaire international (FMI) définit cinq grands objectifs dans le management des réserves de change [IMF (2013)] :

- « Susciter et maintenir la confiance dans la politique monétaire et la politique de change en assurant la capacité à effectuer des interventions sur le marché des changes » ;
- « Limiter la vulnérabilité externe par le maintien des liquidités en devises étrangères afin d'absorber les chocs en temps de crise ou lorsque l'accès au financement extérieur est restreint » ;
- « Donner aux marchés l'assurance que le pays est en mesure de remplir ses obligations extérieures » ;
- « Démontrer le soutien à la monnaie nationale par des avoirs extérieurs de réserve ; et aider le gouvernement à satisfaire à son besoin de financement en devises étrangères et à s'acquitter de ses dettes extérieures » ;
- « Maintenir des réserves en cas de catastrophes ou d'urgences nationales ».

En fonction de ces objectifs, la motivation première pour avoir suffisamment d'actifs liquides en devises étrangères dans un pays est d'assurer la liquidité en cas de crise de balance des paiements ou de revirement des capitaux étrangers. Il s'agit de la motivation de précaution. Un stock de réserves suffisant pourrait garantir le paiement des importations ou le financement du secteur privé dans le cas où aucun financement extérieur n'est possible. Un niveau de réserves suffisant réduit la probabilité d'un revirement des flux de capitaux étrangers [Jeanne et Rancière (2011)] ou d'une attaque spéculative contre la monnaie locale [Krugman (1999)].

En cas de sortie de la zone CFA, le Sénégal sera obligé de constituer ses propres réserves de change pour conduire des opérations de change ou de balance des paiements (dette extérieure libellée en devise étrangère, importations, etc.). Il doit accumuler suffisamment de réserves pour garantir la parité de la monnaie et éviter la crise de confiance qui pourrait survenir dans cette future monnaie. Dans une perspective d'équilibre de la balance des paiements, le niveau des réserves de change doit couvrir trois mois d'importation, ce qui est respecté par le Sénégal si on se réfère aux données disponibles. Cependant, il convient de souligner que le niveau des réserves de change a baissé durant la période 2011-2023 comparé à 2000-2011. Cette baisse pourrait s'expliquer par les chocs externes que le pays a connus. Les sources financières des réserves de changes sont principalement les recettes d'exportations de matières premières telles que les minerais, le pétrole, les produits agricoles de rente (l'arachide, le cacao, le café, le coton, etc.) et les investissements directs étrangers contraints par la confiance. Les baisses des cours des matières premières ont impacté le niveau des réserves de change du pays. En 2021 et 2022, les réserves de change ont baissé de plus de 14 %, en moyenne, en raison de la flambée des prix, imputable à la crise russo-ukrainienne. En 2022, les prix mondiaux des denrées alimentaires atteignaient des sommets historiques, provoquant une inflation à deux chiffres des prix alimentaires : +60 % pour les huiles et +30 % pour les céréales en moyenne en 2021 par rapport à 2020 (FAO).

Figure 20 : Réserves en mois d'importation du Sénégal

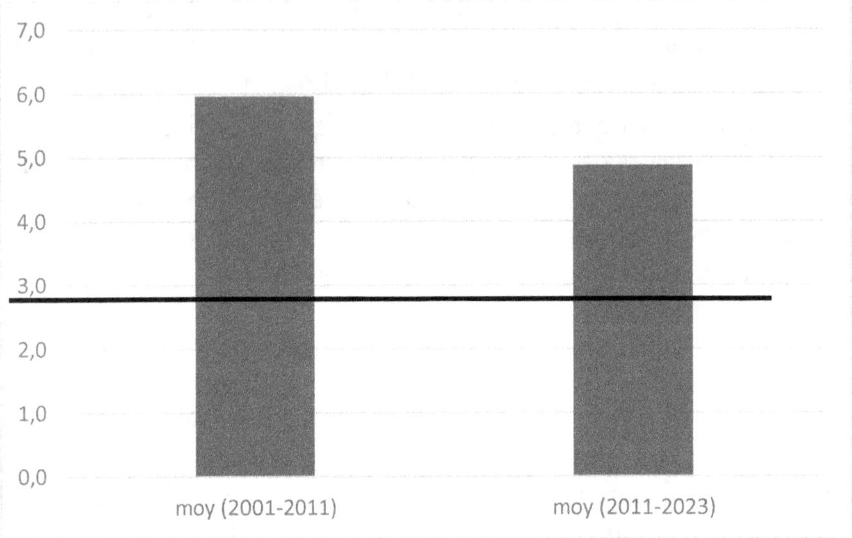

Source : calculs d'après les données de l'AMAO

3.4.4 La qualité des Institutions

La mise en place d'institutions solides de gestion monétaire est une des conditions pour assurer le succès du lancement et du fonctionnement d'une monnaie. De ce point de vue, la création d'institutions puissantes responsables de la gestion de la monnaie, telle qu'une banque centrale commune, est indispensable. Celle-ci doit disposer de prérogatives suffisantes pour mener une politique monétaire indépendante et stable, capable de préserver la valeur de la monnaie et de faire face aux aléas conjoncturels. La Banque centrale qui sera créée doit avoir la capacité d'agir en dehors de toutes pressions politiques directes lors de la prise des décisions et leur mise en application au moment de la conduite de la politique monétaire. Le pays où la banque centrale est plus indépendante des pressions budgétaires est le pays qui a mieux réussi à réduire le niveau d'inflation. La première chose qu'évoque l'indépendance d'une Banque centrale est l'indépendance de jure. Dans ce contexte, les facteurs tels que l'indépendance d'objectifs, l'indépendance d'instrument, les règles de conduite de la politique monétaire, le contrôle des propres budgets des banques centrales et les dispositions sur leur personnel sont parmi les questions importantes qui doivent figurer dans les lois des banques centrales. En fait, l'indépendance n'est pas un concept qui peut être simplement réalisé par l'indépendance légale. La réalisation de l'indépendance de la banque centrale est un processus quotidiennement vécu et est étroitement liée au stand des banquiers centraux sur des politiques économiques et la stabilité. La deuxième chose est la disposition d'institutions publiques fortes pour accompagner l'institution monétaire. À ce niveau, on peut dire que le Sénégal en bénéficie, comme on l'a vu aux dernières élections notamment avec le Conseil constitutionnel qui a invalidé le report de la présidentielle du 25 février 2023 au 15 décembre 2023, proposé par le Président Macky Sall, etc. Le Conseil constitutionnel a, par ailleurs, annulé le décret du Président Sall qui, trois semaines seulement avant l'échéance, modifiait de facto le calendrier électoral.

En tenant compte de tous ces paramètres, le Sénégal peut bel et bien introduire une nouvelle monnaie à moyen terme s'il parvient à réduire considérablement les déficits jumeaux (déficit budgétaire et déficit courant), assurer la soutenabilité continue de la dette publique (intérieure et extérieure) et maintenir le niveau des réserves de change suffisant pour garantir le paiement des importations ou effectuer des interventions sur le marché des changes.

3.5 Les conséquences d'une sortie de l'UEMOA

Si l'on se réfère à l'expérience européenne sur le Brexit, la procédure de sortie pourrait coûter cher à l'économie sénégalaise. Selon une étude de Bloomberg Economics, la facture du Brexit a atteint les 200 milliards de livres (245,8 milliards d'euros) à la fin de l'année 2020. La procédure de sortie de l'Union européenne aura coûté presque 130 milliards de livres (126,6 milliards d'euros) autant que le montant total que le Royaume-Uni a versé au budget européen au cours des 47 dernières années. Selon Business Insider[153], qui cite les chiffres de la Bibliothèque de la Chambre des communes, la contribution du Royaume-Uni s'est élevée à 215 milliards de livres (252,4 milliards d'euros), en tenant compte de l'inflation.

Pour atteindre cette somme, Dan Hanson (2019)[154], UK economist for Bloomberg Economics, a estimé que l'économie du pays était désormais 3 % plus basse que si le résultat du référendum avait été le rejet du Brexit, détaille Bloomberg. L'investissement des entreprises a

[153] Worse than Covid? Risks to UK economy as Brexit deadline nears, By Bloomberg | Posted by Arpan Rai in Nov 29, 2020.

[154] Job losses. Source: Office for Budget Responsibility. Page 21. A… 27 pages.

notamment été freiné et la croissance moyenne annuelle a été divisée par deux, passant de 2 % à 1 %.

Donc on peut dire que la sortie d'une Union monétaire engendre des conséquences économiques, monétaires et financières.

3.5.1 Sur le plan monétaire

Depuis l'accession du pays à l'indépendance, le Sénégal a été toujours été dans une Union monétaire. Donc, sa politique monétaire est celle mise en œuvre par l'Union. Institutionnellement, la sortie aura donc des implications directes sur la capacité des autorités du pays à gérer leur politique monétaire. Même si, les conditions précises de sortie de l'Union ne sont pas fixées dans les textes de l'UEMOA, il s'agit bien d'une altération significative du cadre dans lequel s'inscrivent les décisions économiques et financières, privées et publiques. Que ce changement de contexte soit réel ou perçu, il peut induire des modifications des anticipations et des comportements des agents économiques et, partant, des réactions des autorités monétaires. Ces effets induits peuvent avoir un impact particulièrement sur le cours de la future monnaie sénégalaise comme ce fut le cas avec la livre sterling dont le cours s'était effondré dès l'annonce des résultats du référendum de juin 2016. Dès les derniers mois de l'année 2015, les incertitudes quant à l'issue du référendum avaient déjà contribué à une érosion de la valeur de la livre, mais la tendance baissière marquait le pas depuis le début avril 2016. L'effet de surprise créé par la victoire du *Leave* n'en fut que plus brutal sur le marché des changes. En moins d'une semaine, entre le 22 et le 27 juin, la monnaie britannique a perdu quelque 10 % de sa valeur face au dollar et 8 % face à l'euro. Depuis lors, son cours fluctue à un niveau inférieur de 15 à 20 % à ce qu'il était en 2015 (figure 21).

Figure 21 : Taux de change effectif[155] de la livre de 2016 à 2018

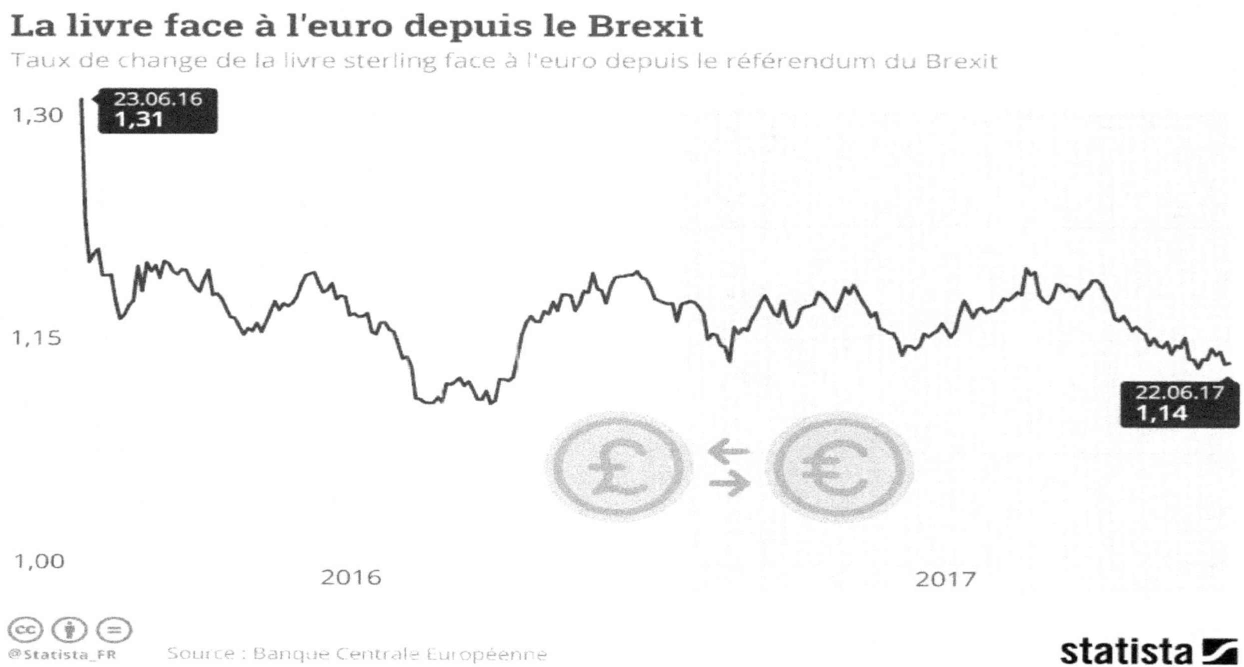

Comme le montre le graphique ci-dessus, la livre sterling a baissé d'environ 12 % face à l'euro.

[155] Le taux de change effectif mesure la valeur moyenne pondérée de la livre par rapport aux monnaies d (…)

La monnaie sénégalaise pourrait également connaître une telle dépréciation. Par ailleurs, il ne faut pas négliger le fait que, depuis plus de vingt ans, la balance extérieure courante annuelle du Sénégal n'a plus été en excédent. Son déficit a même atteint plus de 10 % du PIB de 2020 à 2023. Dès lors qu'il n'existe plus une confiance suffisante pour obtenir une compensation par des flux financiers, un tel déséquilibre ne peut qu'induire une correction sur le change. La sortie de l'UMOA aura un effet catalyseur de cette perte de confiance.

De manière évidente, les autorités sénégalaises actuelles misent sur le pétrole et le gaz pour ajuster positivement la balance commerciale du pays, tout en escomptant réviser les contrats adossés à ces ressources. Force est de reconnaître qu'il y aura des résistances et des recours auprès des tribunaux internationaux par rapport à la révision de tels contrats, plus particulièrement des plaintes adressées l'Organisme de Règlement des différends (ORD) de l'OMC, pour que le potentiel de ressources soit effectif et profitable à la balance des paiements de l'économie sénégalaise. Avant de conclure des accords et de profiter des gains associés (amélioration de la balance des paiements, retombées en termes de revenus…) Il y aura une phase critique de tensions avec une perte de confiance se traduisant par exemple par des gels des investissements directs, des gels des capacités de production…

3.5.2 Sur le plan institutionnel et commercial

En matière institutionnelle, l'UEMOA repose sur des organismes qui utilisent les ressources de ses États membres. Le Sénégal a des citoyens qui travaillent dans l'Union, au niveau de la Commission, dans les agences spécialisées, au sein des projets et programmes portés par l'Institution. Dakar abrite le siège de la BCEAO et le personnel à la Banque centrale comporte des citoyens sénégalais. Tous ces concitoyens seront appelés à libérer leurs postes, car ils les occupent du fait de l'appartenance du pays à l'Union.

Ce sont ainsi plusieurs dizaines de nos compatriotes qu'il faut penser aider à trouver des destinations professionnelles après la sortie. Dans la même veine, nos compatriotes, qui seront en position de solliciter des emplois, mandats et autres responsabilités au niveau international, ne pourront plus compter sur la solidarité ouest-africaine. Avec la sortie, la BCEAO n'aurait plus Dakar pour siège. En soi, ce problème pèse plus sur le Sénégal qui peut perdre une partie de l'avantage relatif dont le pays bénéficiait en abritant le siège et certaines institutions financières comme la BRVM, etc. Le même phénomène s'est produit lors du Brexit avec Peter S. Goodman (2019)[156] qui constate qu'en avril 2019, les banques installées au Royaume-Uni avaient déjà transféré l'équivalent d'un trillion de dollars hors du Royaume-Uni ; les entreprises d'assurances et de management d'actifs ont transféré plus de 130 milliards de dollars. *The Economist*[157] remarque qu'à la suite du Brexit, la place financière d'Amsterdam[158] a dépassé celle de Londres comme première place boursière européenne en volume d'échanges d'actions. En janvier 2019, la plateforme d'échanges de produits financiers dérivés de Londres a perdu les trois quarts de son volume en euros au profit d'Amsterdam et de New York.

En vue de l'institution du marché commun prévu à l'article 4 paragraphe c) du présent Traité, l'Union a pour objectifs : (a) l'élimination, sur les échanges entre les pays membres, des droits de douane, des restrictions quantitatives à l'entrée et à la sortie, des taxes d'effet équivalent et de toutes autres mesures d'effet équivalent susceptibles d'affecter lesdites transactions, sous réserve du respect des règles d'origine de l'Union qui seront précisées par voie de protocole additionnel ; (b) l'établissement d'un tarif extérieur commun (TEC) ; (c) l'institution de règles communes de concurrence applicables aux entreprises publiques et privées ainsi qu'aux aides publiques ; (d) la mise en œuvre des principes de liberté de circulation des personnes, d'établissement et de prestations de services ainsi que de celui de liberté de mouvements des capitaux requis pour le développement du marché financier régional ; (e) l'harmonisation et la reconnaissance mutuelle des normes techniques ainsi que des procédures d'homologation et de certification du contrôle de leur observation. Également, dans le domaine de la formation, la Directive N° 01/2005/CM/UEMOA prise par le Conseil des ministres de l'Union le 16 septembre 2005 stipule que tout ressortissant d'un État membre de l'UEMOA qui désire s'inscrire et poursuivre des études ou parfaire sa formation dans un établissement public d'enseignement supérieur d'un autre État de

[156] Peter S. Goodman, "For Many British Businesses, Brexit Has Already Happened", *The New York Times*, 1er avril 2019 (ISSN 0362-4331, lire en ligne [archive], consulté le 5 juin 2020).

[157] The Economist est un magazine d'actualité hebdomadaire britannique fondé en 1843 par James Wilson. Il couvre l'actualité internationale et traite de questions économiques, politiques et culturelles.

[158] **Amsterdam** est la capitale des Pays-Bas, bien que le gouvernement ainsi que la plupart des institutions nationales siègent à La Haye.

l'Union, autre que celui dont il est originaire, peut le faire dans les mêmes conditions que le ressortissant de ce pays. Il s'agit ici d'assurer une mobilité totale des étudiants dans l'espace et d'offrir à la jeunesse les mêmes chances de formation dans les universités de l'Union.

La sortie du Sénégal du marché commun impliquera donc le rétablissement de barrières aux échanges avec les 7 pays membres restants. L'ampleur de ces nouvelles barrières et le coût qui leur sera associé dépendront du nouveau cadre institutionnel qui régira les futures relations commerciales du Sénégal avec ses partenaires de l'UEMOA ; ce sera un recul par rapport aux effets nets de l'union douanière avec son effet de création nette de trafic et même serait contraire à la volonté de Zone de libre-échange à l'échange continental dont le préalable est le renforcement des 8 communautés d'échanges commerciaux dont un des piliers est la zone ouest-africaine. La sortie de l'union douanière entraînera le rétablissement de contrôles douaniers à la frontière, facteurs de coûts additionnels pour les exportateurs à moins que le pays signe un accord commercial global comme cela est le cas des accords récemment signés par l'UE (accord avec la Corée du Sud signé en 2011, accord économique et commercial global [AECG] signé en 2016 avec le Canada). De tels accords, plus approfondis que de simples zones de libre-échange de marchandises, répondent à la nécessité de sécuriser davantage les chaînes de valeur internationales, qui ont complexifié les relations commerciales entre pays [Baldwin, 2014], mais restent en retrait du degré d'intégration du marché unique. N'étant pas une union douanière, un accord commercial global implique par ailleurs l'instauration de règles d'origine (coûteuses pour les exportateurs), afin que seuls les produits en provenance du Sénégal et d'origine sénégalaise bénéficient d'un accès libre de droits de douane aux marchés des pays membres de l'UEMOA et réciproquement pour les produits en provenance de l'Union sur le marché sénégalais. Concernant la libre circulation des personnes, l'accord sur la libre circulation des personnes conclu avec l'Union ne s'applique plus en cas de retrait de l'union et les ressortissants sénégalais ne sont plus considérés comme des ressortissants de l'UEMOA, mais comme venant d'un État tiers. Également, les relations commerciales entre le Sénégal et l'UEMOA seraient soumises aux règles de l'Organisation mondiale du commerce (OMC). Étant signataire des accords du GATT de 1948, le Sénégal est membre de l'OMC, de sorte qu'il n'existe pas de risque d'une augmentation forte des droits de douane appliqués aux exportations ou aux importations britanniques. En vertu du principe de la clause de la nation la plus favorisée, les droits de douane sur les importations de l'UEMOA depuis le Sénégal et, réciproquement, sur les exportations de l'UEMOA vers le Sénégal seront similaires à ceux que l'UEMOA et le Sénégal appliquent aux autres membres de l'OMC, aux États-Unis ou à la Chine par exemple.

3.5.3 Sur le plan économique

L'impact économique d'une sortie d'une union économique et monétaire se mesure en général par le canal du commerce, traduisant en termes d'efficacité d'allocation des ressources la diminution des flux commerciaux. Quand on est dans une union, l'accès au marché commun est libre et gratuit. Ceci permet aux États membres d'avoir une croissance tirée par les exportations. La sortie du marché commun les empêchera d'écouler leurs exportations sans entraves au sein de l'espace et de bénéficier des investissements du fait de la politique de délocalisation. De fait, les entreprises britanniques ont beaucoup délocalisé au sein de l'UE après le référendum, tandis que les entreprises européennes ont réduit leurs investissements au Royaume-Uni[159]. En mars 2019, un rapport du New Financial Institue identifie 269 entreprises du secteur banquier ou financier qui ont délocalisé des portions de leur entreprise après le Brexit, dont 239 ont été confirmées comme étant directement liées au Brexit. Les pays bénéficiaires sont principalement l'Irlande (30 %), le Luxembourg (18 %), la France et l'Allemagne (12 % chacun)[160].

JPMorgan Chase a fait passer ses salariés à Paris de 250 à 800, en étendant sa salle des marchés, et a doublé sa main-d'œuvre dans l'Union européenne en transférant des travailleurs qui étaient auparavant à Londres[161]. En tout, EY[162] estime que 7 000 emplois

---

[159] Holger Breinlich, Elsa Leromain, Dennis Novy et Thomas Sampson, "Voting with their money: Brexit and outward investment by UK firms", *European Economic Review*, vol. 124, mai 2020, p. 103400 (ISSN 0014-2921, DOI 10.1016/j.euroecorev.2020.103400, lire en ligne [*archive*], consulté le 5 juin 2020).

[160] William Wright, Christian Benson, Eivind Friis Hamre, *Analysis of how the banking system and finance industry has responded to Brexit: and who is moving what to where*, mars 2019, 19 p. (lire en ligne [archive]).

[161] « Finance : après le Brexit, la City de Londres touchée, mais pas coulée », *Le Monde.fr*, 5 février 2023 (lire en ligne [archive], consulté le 16 février 2023).

[162] EY, aussi connu sous son ancien nom Ernst & Young et associés, est un cabinet d'audit financier et de conseil. Membre du Big Four, il est le troisième réseau

financiers britanniques ont été ou s'apprêtaient à être délocalisés dans l'UE entre le Brexit et 2023, dont 2 800 en France, 1 800 à Francfort, et 1 200 à Dublin, quoique le chiffre réel puisse être deux à trois fois supérieur[163]. En 2017, 24 % des entreprises de services financiers britanniques annoncent leur intention de transférer certaines opérations ou du personnel vers l'UE, et 44 % en 2022[164].

Une étude de 2015 analysant les conséquences de l'entrée dans la Communauté européenne puis dans l'Union européenne du Royaume-Uni montre que les gains les plus importants du Royaume-Uni furent réalisés après l'entrée dans le marché commun, permettant une croissance forte de son investissement et soutenant ainsi sa croissance. Les auteurs estiment les conséquences d'une sortie du marché commun d'autant plus fortes que le Royaume-Uni a beaucoup profité de l'entrée d'IDE due à sa présence dans ce marché[165].

Les conséquences que nous venons de lister et qui sont au détriment du Royaume-Uni après sa sortie de l'UE peuvent servir d'exemple pour le Sénégal qui pourrait connaître une baisse du volume des exportations en direction de la zone à cause de l'instauration de nouvelles barrières tarifaires. Le retrait du Sénégal de l'UEMOA devrait entraîner la taxation de leurs exportations vers les pays de l'UEMOA, en premier chef, le Mali et la Côte d'Ivoire. En 2023, les exportations du Sénégal vers ces deux pays représentaient 26 % du total de ses exportations[166]. Les premiers postes sont les produits pétroliers, suivis des animaux vivants. Les pays avec lesquels le Sénégal échange le plus seraient les plus exposés. Le Mali, notamment, devrait connaître toutes choses égales par ailleurs une perte de son PIB, ce qui peut le pousser à compenser la sortie du Sénégal du marché communautaire en recentrant ses exportations vers les autres pays du marché commun. Cette orientation des exportations du Mali entraînerait forcément une perte

mondial quant au chiffre d'affaires (après Deloitte et PwC) en 2020, et fournit des prestations d'audit financier, de conseil (systèmes d'information, ressources humaines, organisation, finance, stratégie…), de cabinets d'avocats (notamment sur les questions fiscales).

163 « Finance : après le Brexit, la City de Londres touchée, mais pas coulée », *Le Monde.fr*, 5 février 2023 (lire en ligne [archive], consulté le 16 février 2023).

164 « Finance : après le Brexit, la City de Londres touchée, mais pas coulée », *Le Monde.fr*, 5 février 2023 (lire en ligne [archive], consulté le 16 février 2023).

165 Nauro Campos et Fabrizio Coricelli, « Some unpleasant Brexit econometrics [archive] », sur VoxEU.org, 11 décembre 2015 (consulté le 6 juin 2020).

166 Source : ANSD

sèche pour le Sénégal, cela devrait résulter en une chute du revenu réel sénégalais.

3.5.4 Des réserves de change limitées

L'appartenance à l'UMOA présente des avantages et des contraintes. Le principal avantage résulte de la mise en commun des réserves de change et de la garantie de la monnaie par le Trésor français (garantie qui perdure malgré les récentes réformes, notamment la suppression en 2019 de l'obligation de dépôt au Trésor français d'une quotité de devises de l'UMOA). C'est cette garantie qui permet d'avoir un taux de change totalement fixe (absence de marché des changes). Le taux de change rigide permet de maintenir l'inflation importée à un niveau généralement faible, sauf évidemment quand les prix internationaux du pétrole ou des produits alimentaires augmentent brutalement.

La situation de la zone UMOA en matière de réserves de devises s'est fortement dégradée sur un an. Les Avoirs extérieurs nets totaux (BCEAO et banques) sont passés de 4 458 Mrd Fcfa en décembre 2022 à 1 149 Mrd FCFA en décembre 2023, soit une baisse de 74,2 %. Une amélioration sensible de la situation en 2024 est toutefois prévue par la BCEAO, qui a fait l'hypothèse d'un arrêt des sanctions envers le Niger fin 2023, ce qui a bien eu lieu début 2024. Cette amélioration est essentiellement attendue de l'augmentation des productions pétrolières et gazières, au Sénégal et au Niger en premier lieu. Le solde des transactions courantes passerait de -7 % du PIB en 2023 à -3,9 % en 2024 et les réserves de change passeraient de 3,5 mois d'importations à 4 mois.[167]

167

Tableau 26 : Masse monétaire (M2) et Avoirs extérieurs nets (AEN) des pays de l'AES et de l'UMOA (Milliards de FCFA, 30/11/2023)

	Bénin	Burkina Faso	Côte d'Ivoire	Guinée-Bissau	Mali	Niger	Sénégal	Togo	Union
M2	3 614	5 552	17 440	494	4 729	1 845	9 828	2 782	47 778
AEN	1 730	1 626	2 634	243	-46	410	2 041	1 130	1 149
BCEAO	-564	-373	1 642	150	-310	85	1 038	-259	3 080
Banques	2 293	1 999	992	93	264	325	1 003	1 389	-1 931

Source : BCEAO, Bulletin mensuel des statistiques, janvier 2024.

NB : Les données par pays ne s'additionnent pas, car un actif constitué par un pays dans un autre pays de la zone ne constitue pas un actif extérieur de la zone.

La répartition des réserves entre les différents pays n'est pas aisée, car à tout moment une partie des devises est en cours de répartition (elles sont alors attribuées « à la BCEAO »). Pour cette raison, cette répartition est peu transparente pour les non-initiés. C'est d'ailleurs un des motifs de la sortie de la Mauritanie de la Zone franc. Lors de la dévaluation de 1994, le problème s'est posé pour la revalorisation des réserves en FCFA, car toutes n'ont pas doublé comme on aurait pu s'y attendre. L'explication donnée à l'époque est que certaines parties de ces réserves étaient libellées en devises, alors que d'autres l'étaient en FCFA.

À fin décembre 2023, les réserves du Sénégal constituées auprès de la BCEAO sont positives. Cependant, en cas de sortie, on peut anticiper une pénurie de devises si les nouvelles exportations de pétrole et du gaz n'atténuent pas la situation.

3.5.5 Une gestion de la dette publique beaucoup plus problématique pour le Sénégal

Le Sénégal est très endetté par rapport aux États membres de l'UEMOA et continue de se lancer dans des emprunts bancaires sur le marché des eurobonds. Le risque de change accru va avoir pour conséquence une instabilité au niveau des services de la dette qui en compliquera la gestion. Ceci sera d'autant plus vrai que la dette déjà contractée sur le marché financier intérieur de l'UEMOA deviendra une dette « extérieure » (en devises) puisqu'elle est libellée en FCFA – au moins pour la partie détenue par les autres pays de l'UEMOA.

Ce problème existe déjà avec le FCFA lié à l'Euro, car l'essentiel de la dette extérieure est libellé en dollars. Il sera accru par la sortie de l'UMOA, sauf dans le cas bien improbable où le Sénégal déciderait de lier sa monnaie au dollar, et serait capable de maintenir une parité fixe. L'accroissement du risque de change (pour la dette comme pour les opérations commerciales) semble dès lors inévitable. Tout un courant d'analyse économique a mis en lumière la difficulté de gérer un taux de change flexible avec une dette extérieure importante (ce que Calvo et Reinhart [2002] ont baptisé *fear of floating*).

Conclusion du chapitre 3

L'objectif principal de ce chapitre était de présenter des scénarios face au rejet du franc CFA qui pourraient constituer des pistes de réflexion aux autorités sénégalaises. Le premier scénario est celui du maintien du FCFA avec des changements majeurs. Cette option a l'avantage de maintenir le dispositif technique et institutionnel intact tout en demandant des changements majeurs sur certains aspects notamment sur le régime de change, le *policy-mix* de la zone et sur les critères de convergence jugés non conformes aux réalités de la zone entre autres.

Le deuxième scénario est celui du projet d'intégration monétaire de la CEDEAO. Il comporte l'avantage d'être celui pour lequel les efforts sont actuellement consacrés et engage des géants de la zone comme le Nigéria qui détient, grâce à son pétrole, un niveau de réserves en devises largement plus élevé que ses voisins, ce qui permettrait de défendre la valeur de l'Eco de la CEDEAO. Ce scénario comporte cependant de sérieuses difficultés de mise en œuvre et de probables lenteurs tant sur le respect de tous les critères de convergence de premier rang durant les trois dernières années (2024-2026) sur une base durable que sur l'entrée en phase de stabilité en 2027.

Enfin, un dernier scénario réside dans la sortie du Sénégal de la Zone franc pour une monnaie nationale. Ce dernier scénario nécessite de choisir un régime de change optimal qui serait avantageux pour le pays et de disposer suffisamment de devises. Toutefois, il peut présenter un risque si le pays ne dispose pas d'une capacité à engranger suffisamment de devises pour défendre sa future monnaie nationale sur les marchés. S'ensuivraient donc très rapidement une inflation galopante et un risque très élevé de défaut de paiement, mettant à genoux l'économie nationale.

CONCLUSION GÉNÉRALE

Le débat sur le FCFA a débuté depuis 1945, mais a pris de l'ampleur avec la nouvelle génération de société civile et d'économistes. Les arguments apportés par les partisans et les pourfendeurs du FCFA n'ont pas permis de trancher véritablement la question. Le livre a essayé de poser le véritable sujet à savoir si cette monnaie tant décriée est-elle viable. La viabilité d'une monnaie ramène à un double impératif. Le premier impératif est d'assurer la relative stabilité de la valeur interne et externe de la monnaie nationale. Le second impératif est relatif à la convertibilité de la monnaie à un taux de change réaliste. L'ouvrage a montré que dans la pratique, le FCFA est viable, car il est toujours utilisé par les opérateurs économiques, qu'il s'agisse de ménages, d'entreprises ou d'investisseurs. En revanche, cette viabilité n'a pas suffi pour rendre la zone optimale et faire taire les critiques.

Les partisans de la souveraineté monétaire voient en cette monnaie, une monnaie surévaluée, qui empêche les États africains d'être compétitifs. Elle entretient les pays dans une forte dépendance pour ses intrants (principalement des biens intermédiaires en provenance de Chine et d'autres continents) et maintient une économie de rente des matières premières. Ces pays pour l'essentiel y compris le Sénégal ne sont pas suffisamment diversifiés et c'est là la raison principale de leur manque de compétitivité et ne peuvent trouver en cette monnaie un facteur de niveleur de prix par rapport à l'étranger en la laissant se déprécier ou la dévaluant (protectionnisme monétaire). Le rationnement endogène du crédit constitue également un frein au développement des pays membres de la zone, car leur politique monétaire est trop contraignante à cause de la fixité de leur monnaie, ce qui laisse peu de marge de manœuvre par rapport aux chocs externes. Cette fixité du taux de change aurait contribué à des attaques spéculatives qui ont provoqué des perturbations importantes sur les marchés financiers, en particulier sur le marché des changes. Par exemple, le même phénomène des attaques spéculatives s'est produit dans la zone CFA en 1992 et qui fut marqué par la décision de la BCEAO de suspendre le rachat des billets émis par celle-ci et exportés en dehors des pays africains de la Zone franc. Cette inconvertibilité comme déjà expliqué était motivée par l'importance des sorties de billets hors des zones d'émission, causées par les attaques spéculatives dont avait été victime le FCFA à l'époque et qui étaient préjudiciables aux économies des pays. Les mesures prises par la BCEAO n'ont pas eu de grosses conséquences sur le taux de change lui-même. Cette crise a continué jusqu'en 1994 avec la dévaluation de 50 % du FCFA.

Depuis la réforme de 2019, le débat est relancé et a gagné même le milieu politique, c'est pourquoi le livre a proposé trois scénarios qui pourraient servir de guide pour la décision à prendre. Le premier scénario, celui de l'ancrage du pays dans l'UMOA avec des réformes approfondies. Il s'agit de décider si l'on souhaite maintenir la parité uniquement avec l'euro ou opter pour un panier de devises. On pourrait envisager un ajustement à la baisse de la parité actuelle ou des réformes pour rendre la zone optimale. Cette option a l'avantage de maintenir certains acquis, notamment l'expérience de gestion d'une monnaie commune par la BCEAO. Le deuxième est celui de l'Eco de la CEDEAO comme monnaie commune entre les pays membres de la CEDEAO. Il comporte l'avantage d'être celui pour lequel les efforts sont actuellement consacrés et engage le Nigéria qui détient, grâce à son pétrole, un niveau de réserves en devises largement plus élevé que ses voisins, ce qui permettrait de défendre la valeur de la future monnaie de la CEDEAO. Le projet d'intégration monétaire de la CEDEAO repose sur l'adoption du régime de change flexible, de la politique monétaire axée sur le ciblage de l'inflation et du modèle fédéral pour la banque centrale commune. Donc, pour être en phase avec ce projet, l'UEMOA doit impérativement mener des réformes pour s'aligner à ce nouveau projet. Enfin, un dernier scénario réside dans la sortie du Sénégal de l'UMOA pour se doter de sa propre monnaie. La sortie du FCFA implique nécessairement la sortie également de l'UEMOA ; ce qui permettrait les autorités du pays à mettre en place une banque centrale souveraine au niveau national avec une politique monétaire et une politique de change autonomes. Ce dernier scénario suppose la garantie d'une stabilité macroéconomique basée sur la maîtrise de l'inflation, la limitation de la dette publique, un bon solde courant de la balance des paiements, un niveau suffisant de réserves de change et des institutions solides. L'histoire montre que dans tous les pays ayant changé de monnaie ou entrepris des réformes monétaires, l'absence d'institutions solides conduit les opérateurs à se tourner vers d'autres monnaies, quel que soit le régime de change adopté.

Bien que ce livre ait fourni les scénarios les plus probables, nous exhortons les autorités à bien réfléchir sur le choix à opérer, car la monnaie comme le disait Jean-Marie Harribey[168] (2020) est indispensable au développement économique.

[168] Jean-Marie Harribey, ancien coprésident d'Attac et du Conseil scientifique d'Attac, est aussi membre de la Fondation Copernic et des Économistes atterrés.

ANNEXES

Annexe 1 : Modèle unitaire de Banque centrale

La figure A ci-dessous illustre le dispositif d'un modèle unitaire de banque centrale plurinationale[169]. Dans le modèle unitaire, tous les pouvoirs sont centralisés au sein de la banque centrale commune. La banque centrale commune a des succursales dans les États membres, mais ces succursales sont entièrement sous la supervision et le contrôle de la banque centrale commune. La banque centrale commune délègue des pouvoirs aux succursales et leur apporte un soutien financier pour leur permettre de gérer leurs affaires sur la base d'orientations approuvées par la banque centrale commune. Toutes les responsabilités déléguées aux succursales sont exercées sous la stricte supervision de la banque centrale commune.

[169] L'exemple de modèle unitaire de banque centrale est la BCEAO et les succursales représentent les Directions (Agences) nationales.

Modèle type d'une banque centrale unitaire

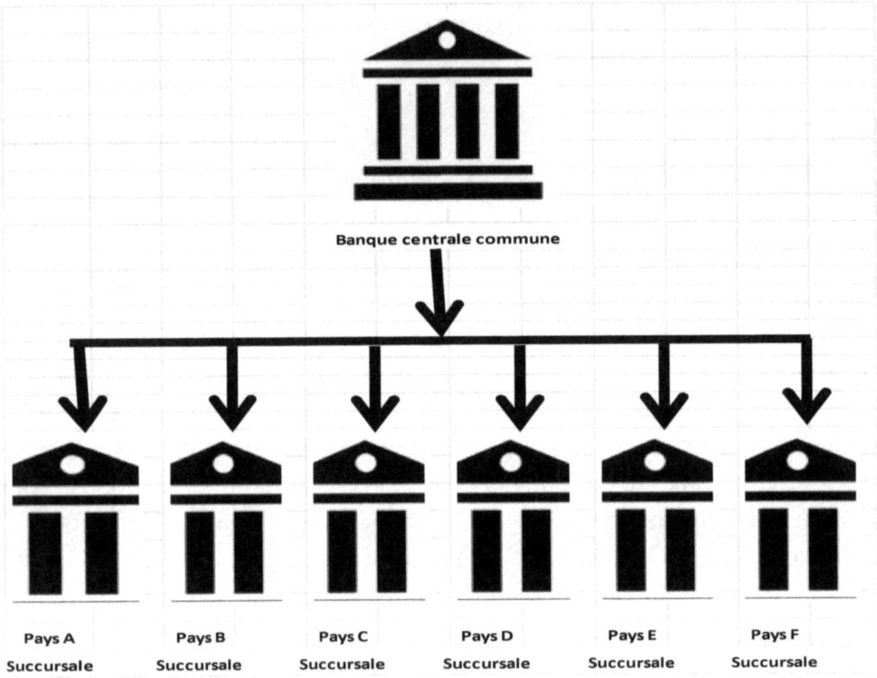

Source : Auteur

La centralisation de l'autorité dans un système unitaire prévoit un système relativement simple et facile à comprendre. Avec un seul niveau d'autorité, il y a peu d'ambiguïté quant à l'institution responsable et devant rendre compte de l'exécution du mandat de la banque centrale. Les succursales n'existent pas en tant qu'entités juridiques distinctes. Le cadre législatif et les politiques et pratiques communes du système émanent/proviennent habituellement de la banque centrale commune, ce qui rend plus probable l'uniformité des lois, des politiques et des règlementations entre les succursales.

Annexe 2 : le modèle de Jeanne et Rancière (2006)

Ce modèle considère une économie à un seul bien échangeable avec l'extérieur et consommé également à l'intérieur. Cette économie est composée de deux secteurs ou deux agents à savoir **le secteur privé (agents privés) et le secteur public (gouvernement)**, qui interagissent avec le reste du monde.

Le secteur privé représenté par un consommateur représentatif adopte un comportement rationnel consistant à maximiser sa fonction d'utilité sous sa contrainte budgétaire.

Le comportement du secteur privé est caractérisé par les relations ci-après :

Contrainte budgétaire

$$Y_t + L_t - (1-r)L_{t-1} + Z_t \qquad 1$$

Y_t représente le PIB, L_t la dette extérieure du secteur privé, Z_t le transfert du secteur public au privé et r le taux d'intérêt sur la dette extérieure privée est supposé constant.

La fonction d'utilité a la forme suivante

$$U_t = \sum_{s=0}^{\infty} \frac{1}{(1+r)} u(C_{t+s}) \qquad 2$$

Sous sa forme réduite, elle a la forme suivante :

$$u(C_t) = \frac{C_t^{1-\sigma} - 1}{1-\sigma} \qquad 3$$

σ représente le coefficient d'aversion pour le risque.

Du côté du secteur public, le gouvernement a la responsabilité d'assurer la disponibilité des réserves de change pour soutenir la consommation privée en période de crise (chocs exogènes). Dans ce contexte, l'accumulation de réserve est justifiée par le motif de précaution dans la mesure où une crise économique induisant une chute brutale des réserves d'exportation ou d'afflux de capitaux étrangers dans l'économie réduirait drastiquement l'absorption intérieure et le niveau de production et par conséquent le bien-être du consommateur. Il s'agit, du côté du gouvernement, de prendre des mesures de précaution ou de prévention des crises en accumulant des réserves de change pour face à la contraction de l'absorption intérieure. D'autre part, le modèle tient compte du coût d'opportunité des réserves de change accumulées qui auraient dû servir à financer les investissements pour soutenir la croissance.

Les dispositions préventives d'une crise amènent à distinguer trois périodes dans la spécification du modèle : la situation avant la crise (note par b), la période de la crise (note par d) et la période d'après la crise (note par a). Par ailleurs, pour des raisons de simplification, le niveau de la dette extérieure privée est exprimé en pourcentage du PIB par le ratio λ soit $L_t = \lambda Y_t$ pendant la période antérieure à la crise. Le PIB Y_t et la dette extérieure privée L_t croissent au même taux constant g au cours des périodes d'avant la crise.

L'occurrence d'un choc ou d'une crise met le secteur privé (consommateur) dans la situation d'insolvabilité de sa dette extérieure de court terme et induit également une contraction du PIB de γ. L'insolvabilité du secteur privé implique que le la dette pendant et après la crise est égal à zéro. Ces hypothèses induisent les équations ci-après :

$$Y_t^b = Y_t^a = (1+g)^t Y_0 \text{ et } Y_t^d = (1-\gamma)(1+g)^t Y_0 \quad 4$$

$$L_t^b = \lambda(1+g)^t Y_0 \text{ et } L_t^d = L_t^a = 0 \quad 5$$

Le secteur public, contrairement au secteur privé, contracte des dettes de long terme sous forme d'obligation non payable pendant les périodes de crise. On admet que pendant la période antérieure à la crise, le prix d'une obligation est égal à la somme de la valeur escomptée du bien acquis plus la valeur espérée sous l'éventualité d'une crise. En désignant par π la probabilité d'occurrence d'une crise ou un choc et δ la prime liée à la dette de long terme, ce prix est défini par :

$$p = \frac{1}{r+\delta+\pi} \quad 6$$

La dette de long terme émise par le gouvernement permet d'accumuler des réserves de change. Par conséquent, le stock de réserves de change peut être exprimé par :

$$R_t = pN_t \qquad 7$$

où N_t représente le nombre de titres émis. La contrainte budgétaire du gouvernement s'exprime comme suit :

$$Z_t + R_t + N_{t-1} = p(N_t - N_{t-1}) + (1+r)R_{t-1} \qquad 8$$

Cette expression permet de déduire celle des transferts au secteur privé au cours de la période antérieure à la crise :

$$Z_t^b = -\left(\frac{1}{p} - r\right)R_{t-1} = -(\delta + \pi)R_{t-1} \qquad 9$$

Lorsque la crise survient, le gouvernement procède au transfert sous forme de réserves de change au secteur privé pour honorer ses engagements de court terme vis-à-vis de l'extérieur :

$$Z_t^d = (1 - \delta - \pi)R_{t-1} \qquad 10$$

On procède à la transformation de la contrainte budgétaire du consommateur (équation 4) en substituant les équations 9 et 10 :

$$C_t^b = Y_t^b + L_t^b - (1+r)L_{t-1}^b - (\delta + \pi)R_{t-1} \qquad 11$$

$$C_t^d = (1-\gamma)Y_t^b - (1+r)L_{t-1}^b + (1-\delta-\pi)R_{t-1} \qquad 12$$

$$C_t^a = Y_t^a \qquad 13$$

La contrainte budgétaire globale (secteur privé et public) se réduit à l'équation suivante :

$$\begin{aligned} C_t = Y_t + (L_t - PN_t) - (1+r)(L_{t-1} - PN_{t-1}) \\ + PN_t - (1+r+\delta+\pi)PN_{t-1} \end{aligned} \qquad 14$$

Le problème se réduit à la maximisation de l'utilité (espérance) du consommateur sous la contrainte budgétaire globale.

$$R_t = \arg\max (1-\pi) u\left(C_{t+1}^{b}\right) + \pi u\left(C_{t+1}^{d}\right) \qquad 15$$

Sous les conditions ci-dessus ; le niveau optimal de réserves issu de ce problème est exprimé approximativement comme suit[170] :

$$R_t^{opt} = \rho Y_{t+1}^{b} \qquad 16$$

Avec

$$\rho = \lambda + \pi - \frac{p^{1/\sigma} - 1}{1 + \left(p^{1/\sigma} - 1\right)(1 - \delta - \pi)} \left(1 - \frac{r-g}{1+g}\lambda - (\delta + \pi)(\lambda + \gamma)\right) \qquad 17$$

ρ exprime le ratio de réserves en % du PIB,

λ le ratio de la dette extérieure à court terme sur PIB,

γ la contraction du PIB en période de choc ou crise,

σ le paramètre d'aversion au risque,

π la probabilité d'occurrence des chocs endogènes,

δ la prime des taux d'intérêt,

r le taux d'intérêt sur la dette extérieure privée,

g le taux de croissance du PIB et de la dette antérieure à la crise.

---

170 Voir Olivier Jeanne et Romain Rancière (2007) pour les détails de la solution.

On note que le niveau optimal de réserves est une fonction des paramètres définis ci-dessus :

$$\rho = f\left(\lambda, \pi, r, g, \gamma, \delta, \sigma\right)$$

Sous l'hypothèse que $\delta + \pi = r - g = 0$,

$$\rho = \lambda + \pi - \left(1 - p^{-1/\sigma}\right) \qquad 18$$

Ainsi présenté ; le modèle permet d'évaluer le niveau adéquat de réserves en fonction des fondamentaux de l'économie et permet également d'envisager plusieurs scénarios ou d'analyser la sensitivité du niveau de réserves à la variation ou l'évolution des fondamentaux de l'économie. À partir des données sur les variables macroéconomiques définies dans la spécification du modèle, il est aisé de calibrer la valeur approximative du ratio ρ à partir des paramètres.

BIBLIOGRAPHIE

Aghevli, Khan et Montiel, 1991, *Exchange Rate Policy in Developing Countries: Some Analytical Issues, No 1991/009, IMF Occasional Papers from International Monetary Fund.*

Aglietta M. & Orléan A., 1982, *La violence de la monnaie*, Paris, PUF, 324 pages

Aglietta M. & Orléan A, 2002, *La Monnaie entre violence et confiance, Paris, Odile Jacob, 378 pages.*

Aglietta M. & Orléan A, 1998, La monnaie souveraine, Paris, Odile Jacob, 386 pages.

Alesina et Barro [2002], « Currency Unions », Quarterly Journal of Economics, vol.117 (2), pp. 409-36.

Atish R Ghosh & Mahvash S Qureshi & Charalambos G Tsangarides, 2019. *"Friedman Redux: External Adjustment and Exchange Rate Flexibility," The Economic Journal, Royal Economic Society, vol. 129 (617), pages 408-438.*

Bakayoko, (2021), « Enquête sur la mobilité des personnes dans l'espace UEMAO », rapport de fin de stage, ESA, pp.15.

Baltensperger (1978). " *Credit Rationing: Issues and Questions ", Journal of Money, Credit and Banking, 1978, vol. 10, issue 2, 170-83.*

Barnichon, (2009), *International Reserves and Self-Insurance against External Shocks, IMF Working Papers, vol., pp.1-21, 2008.*

Baxter M. et Kouparitsas M. [2004], Determinants of Business Cycle Comovement : A Robust Analysis, NBER Working Paper 1072.

Bayoumi et Eichengreen (1998), *Exchange rate volatility and intervention: implications of the theory of optimum currency areas, Journal of International Economics, 1998, vol. 45, issue 2, 191-209.*

Bearce et Hallerberg (2011), Democracy and de facto exchange rate regimes, https://doi.org/10.1111/j.1468-0343.2011.00381.x.

Bénassy-Quéré A., M. Brunnermeier, H. Enderlein, E. Farhi, M. Fratzscher, C. Fuest, P.-O. Gourinchas, P. Martin, J. Pisani-Ferry, H. Rey, I. Schnabel, N. Véron, B. Weder di Mauro, J. Zettelmeyer

[2018], *Reconciling Risk Sharing with Market Discipline: A Constructive Approach to Euro Area Reform, CEPR Policy Insight*, n° 91.

Berger, H, Sturm, J, and De Haan, J (2000) "*An Empirical Investigation into Exchange Rate Regime Choice and Exchange Rate Volatility*," CESifo working paper No. 263.

Bernard Conte, 1997. "Dévaluation du franc CFA et équilibre des paiements courants," Documents de travail 20, Groupe d'Économie du Développement de l'Université Montesquieu Bordeaux IV.

Bernhard, W., & Leblang, D. (1999). *Democratic Institutions and Exchange-Rate Commitments. International Organization*, 53, 71-97.

Berdiev, A-N., &al., (2012). ‚*The political economy of exchange rate regimes in developed and developing countries', European Journal of Political Economy*, 28:38–53.

Bick A. (2010), "*Theresolds effects of inflation on economic growth in developing countries", Economics Letters, 108: pp 126-29.*

Blanchard, O. et D. Quah [1989], *The Dynamic Effects of Aggregate Demand and Supply Disturbances, American Economic Review, September, pp. 654-673.*

Busch, Ulrike & Nautz, Dieter, 2009. "Controllability and persistence of money market rates along the yield curve: evidence from the euro area," Discussion Papers 2009/5, Free University Berlin, School of Business & Economics.

Broz (2002), Political System Transparency and Monetary Commitment Regimes, International Organization Vol. 56, No. 4, The Political Economy of Monetary Institutions (Autumn, 2002), pp. 861-887 (27 pages).

Bruno, M. et W. Easterly, 1998. "Inflation Crisis and Long-Run Growth", Journal of Monetary Economics, 41: pp. 3–26.

Cagan, P. (1956), "The Monetary Dynamics of Hyperinflation", in Studies in the Quantity Theory of Money, Friedman M. (ed), Chicago, Chicago University Press, pp. 25-117.

Canzoneri B. Matthew, Robert E. Cumby, and Behzad T. Diba (2001). "Fiscal Discipline and Exchange Rate Systems", The Economic Journal, Vol. 111, No. 474.

Cartelier, J. (2010), "Au-delà de la théorie actuelle de la monnaie : de la fiatmoney" au „système de paiement" », Document de travail, EconomiX.

Chancel, L., Cogneau, D., Gethin, A., Myczkowski, A., & Robilliard, A. S. (2023). "Income inequality in Africa, 1990–2019: Measurement, patterns, determinants. World Development", 163, 106162.

Clark T. et Wincoop E. V. [2001], Borders and Business Cycles, Journal of International Economics 55(1), 59-85.

Collins M. Susan (1996). "On Becoming More Flexible: Exchange Rate Regimes in Latin America and the Caribbean", Journal of Development Economics, Vol. 51.

Combey, A. et K. Nubukpo (2011), " Effets non linéaires de l'inflation sur la croissance dans l'UEMOA ", Communication présentée au Colloque " Dynamiques de croissance au sein de L'Union économique et monétaire ouest-africaine (UEMOA) " Ouagadougou, juillet.

Combey A., Nubukpo K., 2010, « Les effets non linéaires de l'inflation sur la croissance dans l'UEMOA », Communication au Colloque de l'Institut monétaire d'Afrique de l'Ouest (IMAO) sur « L'intégration monétaire en Afrique de l'Ouest », Accra, 8-9 juin, 23 p.

Cooper, R.N. (1977). « Worldwide versus Regional Integration: Is there an Optimum Size of the Integrated Area? ». Economic Integration Worldwide, Regional, Sectoral, Edited by F. Machlup, MacMillan press.

Corden W.M, (1972). "Monetary Integration" Essays in International Finance, N°93, april 1972 - Princeton University.

Coulibaly et Gnimassoun, 2013, Working Paper: Optimality of a monetary union: New evidence from exchange rate misalignments in West Africa, Economic Modeling, 2013, vol. 32, issue C, 463-482.

Dellas H. & Tavlas G. [2009], « An optimum-currency-area odyssey », Journal of International Money and Finance, vol. 28 (7), pages 1117-1137.

Dembelé D.M. (2016), "Sortir l'Afrique de la servitude monétaire : à qui profite le franc CFA ?" Paris, la Dispute, P246.

Demba Moussa Dembélé & Kako Nubukpo, Martial Ze Belinga, Bruno Tinel (2016). ''Sortir l'Afrique de la servitude monétaire. À qui profite le franc CFA ? éd. La Dispute, 242 p.

Denis Cogneau, Un empire bon marché. Histoire et économie politique de la colonisation française, XIXe – XXIe siècle, Paris, Seuil, coll. « Eco-Histoires », 2023, 500 p.

Devarajan, Shantayanan et Jaime de Melo (1987). ''Adjustment with a Fixed Exchange Rate, Cameroon, Ivory Coast and Senegal''. The World Bank Economic Review, vol. 1, N°. 31, May, pp. 447–487.

De Grauwe, P. & Mongelli F. [2005], « Endogeneities of optimum currency areas – what brings countries sharing a single currency closer together ? », Working Paper Series, no 468, European Central Bank, avril.

De Grauwe P. (1999), Économie de l'intégration monétaire, De Boeck Université, Bruxelles.

Diagne A. et Niang A. [2009], Co-mouvements économiques dans les pays de la zone CFA : une analyse par le modèle factoriel dynamique généralisé, Série de documents de recherche 2009/19, Consortium pour la Recherche Économique et Sociale (CRES), Université Cheikh Anta Diop de Dakar.

Diarra, Mamadou (1972). Les États africains et la garantie monétaire de la France : où va l'argent des Français ? Dakar, Les Nouvelles Éditions Africaines (NEA), 76 pages.

DIOP, P. L. 2002. « Convergence nominale et convergence réelle ». Etudes et recherches de la BCEAO n0 531.

Dominique Strauss Kahn ''Une Zone franc pour une émancipation au bénéfice de tous (avril 2018)''.

Dornbusch Rudiger, and Alberto Giovannini (1990). "Monetary Policy in the Open Economy", in "Handbook of Monetary Economics", Vol. II, Eds: Friedman M. Benjamin and Frank H. Hahn, Edition 1, Vol. 2, Chapter 23, pages1231-1303, Elsiever.

Dreyer, J.S (1978) "Determinants of Exchange Rate Regimes for Currencies of Developing Countries: Some Preliminary Results," World Development, Vol. 6, 437–445.

Drummond et Dhasmana, 2008, Foreign Reserve Adequacy in Sub-Saharan Africa. IMF Working papers, MPRA Paper No. 9729, posted 26 Jul 2008 03:15 UTC.

Drukker D., Gomis-Porqueras P., Hernandez-Verme P., 2005, "Threshold Effects in the Relationship between Inflation and Growth: A New Panel-Data Approach", Paper Presented in the 11th International Conference on Panel Data, février, 18 p.

Edwards Sebastian (1996), "The Determinants of the Choice between Fixed and Flexible Exchange Rate Regimes", NBER WP 5756.

Elbadawi, I. and R. Soto (1997): "Real Exchange Rates and Macroeconomic Adjustment in SubSaharan Africa and Other Developing Countries. Journal of African Economies, 6(3): 74-120.

Fabrizio Carmignani & Abdur Chowdhury, 2007. "Does Financial Openness Promote Economic Integration?," ECE Discussion Papers Series 2007_4, UNECE.

Fisher, S. (1993), "The Role of Macroeconomic Factors in Growth", Journal of Monetary Economics 32(3), pp. 485-511.

Frankel A. Jeffrey (1999). "No Single Currency is Right for all Countries or at all Times", NBER Working Paper No. 7338.

Frankel J. & Rose A. [1997], « Is EMU more justifiable ex post than ex ante ? », European Economic Review, vol. 41 (3-5), pages 753-760.

Frankel J. & Rose A. [1998], « The Endogeneity of the Optimum Currency Area Criteria », The Economic Journal, vol. 108 (449), pages 1009-25.

Frankel J. & Rose A. [2002], « An Estimate Of The Effect Of Common Currencies On Trade And Income », The Quarterly Journal of Economics, vol. 117 (2), pages 437-466.

Gammadigbé, Vigninou (2012) : *Les cycles économiques des pays de l'UEMOA: synchrones ou déconnectés?*, MPRA Paper No. 39424.

Ghabo, A., Touré, P.M., Diéye, Y. and Sambou, V. (2023) Thermophysical Characterization of Concrete Reinforced with Baobab Trunk Fibers (*Adansonia digitata* L.) for Thermal Insulation of
Buildings. *Journal of Sustainable Construction Materials and Tech nologies*, 8, 251-259.

Ghosh, Atish R., Jonathan D. Ostry, and Charalambos Tsangarides, 2012, "Shifting Motives: Explaining the Buildup in Official Reserves in Emerging Markets since the 1980s," IMF Working Paper (Washington: International Monetary Fund).

Ghosh, A., A. Gulde, J. Ostry et H. Wolf (1997). “Does the Nominal Exchange Rate Regime Matter? » document de travail no 5874, National Bureau of Economic Research.

Ghosh, A, Gulde, A-M, Ostry, J and Wolf, H (2003) “Exchange Rate Regimes: Classifications and Consequences” (Paper based on Book Exchange Rate Regimes: choices and Consequences” Cambridge, Massachusetts: MIT Press).

Gilles Dufrénot, 2024 “Does relationship lending matter in an emerging market?,” Applied Economics, Taylor & Francis Journals, vol. 56(50), pages 6171-6187, October.

Glick et Rose, 2016, Working Paper: Currency unions and trade: A post-EMU reassessment, European Economic Review, 2016, vol. 87, issue C, 78-91.

Goncalves et Salles (2008), Inflation targeting in emerging economies: What do the data say? Journal of Development Economics, 2008, vol. 85, issue 1-2, 312-318.

Goncalves, F.M., 2007, “The Optimal Level of Foreign Reserves in Financially Dollarized Economies: The Case of Uruguay,” IMF working paper No. 07/265 (Washington: International Monetary Fund).

Grenier Jean-Yves. Penser la monnaie autrement. In: Annales. Histoire, Sciences Sociales. 55e année, N. 6, 2000. pp. 1335-1342. DOI : https://doi.org/10.3406/ahess.2000.279919.

Guillaumont Patrick, Guillaumont Jeanneney Sylviane. La Zone franc en perspective. Revue d’économie du développement [En ligne]. 2017, Vol. 25, pp. 5-40 [consulté le 01 mai 2020].

Guindo L.A, (2019), « Problématique de la monnaie commune dans l’espace CEDEAO : état des lieux, enjeux et perspective », IPU-Mali, p.276.

Heller, R H (1978) “Determinants of Exchange Rate Practices,” Journal of Money Credit, and Banking, Vol. 10, 308–321.

Henri Bourguinat & Larbi Dohni, 2002. "La dollarisation comme solution en dernier ressort," Revue française d’Économie, Programme National Persée, vol. 17(1), pages 57-96.

Holden, M, Holden, P and Suss, E (1979) “The Determinants of Exchange Rate Flexibility: An Empirical Investigation,” The Review of Economics and Statistics, Vol. 61, 327–333.

Houssa R. [2008], Monetary Union in West Africa and Asymmetric Shocks: A Dynamic Structural Factor Model Approach, Journal of Development Economics, 85 (1-2), PP. 319-347.

Imbs [2004], « Trade, Finance, Specialization, and Synchronization », Review of Economics and Statistics, vol. 86 (3), pages 723-34.

Ingram J. [1973], « The Case for European Monetary Integration », Essays in International Finance, no 98, Princeton University, avril.

International Monetary Fund, 2007, World Economic Outlook October 2007: Managing Large Capital Inflows (Washington: International Monetary Fund).

___, 2011, "Assessing Reserve Adequacy," IMF Policy Paper, February (Washington: International Monetary Fund).

__________, 2012, Regional Economic Outlook: Sub-Saharan Africa, April 2012: Sub-Saharan Africa's Natural Resource Exporters: Recent Performance and Policy Challenges, Regional Economic Outlook (Washington: International Monetary Fund).

__________, 2013a, "Implementation Plan in Response to Board-Endorsed Recommendations for the IEO Evaluation of International Reserves—IMF Concerns And Country Perspectives CrossCutting Themes in Advanced Economies with Emerging Market Banking Links," (Washington: International Monetary Fund).

__________, 2013b, "Stocktaking the Fund's Engagement with Regional Financing Arrangements," (Washington: International Monetary Fund).

2013 c, « Revised guidelines for foreign exchange reserve management », cahier de recherche, International Monetary Fund.

, 2014, "Special Feature: Commodity Prices and Forecasting," World Economic Outlook, April, pp. 25–31 (Washington : International Monetary Fund).

________________, 2015, "Assessing Reserve Adequacy—Specific Proposals," IMF Policy Paper, April (Washington: International Monetary Fund).

________________, 2016, "Adequacy of the Global Financial Safety Net," IMF Policy Paper, March (Washington: International Monetary Fund).

Ishiyama, Y (1975). The Theory of Optimum Currency Areas: A Survey. *IMF Econ Rev* **22**, 344–383 (1975). https://doi.org/10.2307/3866482.

Jeanne, O., & Ranciere, R. (2011). The Optimal Level of International Reserves for Emerging Market Countries: A New Formula and Some Applications. The Economic Journal, 121, 905-930.

Jeanne, O., and R Rancière (2006) "The Optimal Level of International Reserves for Emerging Market Countries: Formulas and Applications," Working Paper WP/06/229, Washington: International Monetary Fund.

Jennifer Lacombe (2012). '' Minimisation du risque de change par l'utilisation de paniers monétaires de devises asiatiques : une perspective microéconomique". Mémoire présenté en vue de l'obtention du grade de maîtrise ès sciences (M.Sc), HEC MONTRÉAL.

J.M. Rizzo (1998), The economic determinants of the choice of an exchange rate regime: a *probit* analysis Economics Letters.

Kalemli-Ozcan S., Sørensen B. & Yosha O. [2001], « Economic Integration, Industrial Specialization, and the Asymmetry of Macroeconomic Fluctuations », Journal of International Economics, vol. 55 (1), pages 107-37.

Kalemli-Ozcan S., Sørensen B. & Yosha O. [2003], « Risk Sharing and Industrial Specialization : Regional and International Evidence », American Economic Review, vol. 93 (3), pp. 903-918.

Kalemli-Ozcan S., Sørensen B. & Yosha O. [2005], « Asymmetric shocks and risk-sharing in a monetary union: updated evidence and policy implications for Europe », chap. 6 in The Internationalisation of Asset Ownership in Europe, L. Jonung & H. Huizinga, Cambridge University Press, Londres, pages 173-204.

Kato, Isamu & Uctum, Merih, 2008. "Choice of exchange rate regime and currency zones," International Review of Economics & Finance, Elsevier, vol. 17(3), pages 436-456.

Kako Nubukpo*. Le Policy mix de la zone UEMOA : leçons d'hier, réflexions pour demain.

Khan, M.S et A.S. Senhadji, 2001. "Threshold effects in the relationship between inflation and growth", IMF Staff Papers, 48 (1): pp. 1-21.

Kenen R. [1969], The theory of Optimum Currency Areas: An Ecletic View, Monetary Problems of the International Economy. Chicago: Chicago University Press.

Keynes John M. The German transfer problem [Article]//Economic journal. - 1929. - 39.— pp. 1-7.

Kindleberger, C.P. (1986). «International public goods without International Government». American economic review, vol.76.

Kivilcim et Vuslat (2009). What Drives Dollarization in Turkey?, Journal of Economic Cooperation and Development 30(4).

Krugman P. [1993], « Lessons of Massachusetts for EMU, » chap. 8 in Adjustment and Growth in the European Monetary Union, F. TORRES & F. GIAVAZZI (eds), Cambridge University Press, Cambridge, pages 241-261.

Krugman, P. 1999, "Balance sheets, the transfer problem, and financial crises", International Tax and Public Finance, vol. 6, No. 4, p. 459–472. URL http://ideas.repec.org/a/kap/itaxpf/v6y1999i4p459-472.html.

Kwan, C. H., 1998. "The Theory of Optimum Currency Areas and the Possibility of Forming a Yen Bloc in Asia." Nomura Research Institute. Mimeo.

Léontief Wassily Stackelberg on Monopolistic Competition [Article]//Journal of Political Economy. —[s.l.]: University of Chicago Press, 1936. —Vol. 44.—p. 554.

Lin, S., Ye H. (2009), "Does Inflation Targeting Make a Difference in Developing countries", Journal of Development Economics, 89 (4): pp 942-963.

Levy Yeyati Eduardo, F. Sturzenegger, and Iliana Regio (2002). "On the Endogeneity of Exchange Rate Regimes", Centro de Investigación en Finanzas WP 11/2002.

Levy-Yeyati, E. L., et F. Sturzenegger (2003). " To Float or to Trail: Evidence on the Impact of Exchange Rate Regimes ". Document accessible à l'adresse < http:// www.utdt.edu/~ely/growth_final.PDF>Fonds monétaire international.

Mamadou KOULIBALY (2009). "La souveraineté monétaire des pays africains", Éditions L'harmattan, 2009, pages : 72.

Marc Raffinot & Babacar Sene & Marin Ferry, 2024. "Le surendettement nouveau et les pays africains « frontiere » face au mur de la dette," Working Papers DT/2024/03, DIAL (Développement, Institutions et Mondialisation).

Mark Rogin Anspach Reviewed Work : À charge de revanche : figures élémentaires de la réciprocité (« La couleur des idées »), No. 174, Moitiés d'hommes (Apr. —Jun., 2005), pp. 281-283 (3 pages).

Mbaye Ah. A., Sène B., Diagne Ch. Ah. B. (2020), L'épineuse question de la dette privée des pays africains, The Conversation, 17 mai

Mc Kinnon, R (1963) "Optimum currency areas", AER, vol. 53, pages pp. 717- 724.

Melvin (1998), "The Dollarisation of Latin America as a Market-enforced Monetary Reform: Evidence and Implications ", Economic Development and Cultural Change, vol.36, n° 3, p.543-558.

M. Bruno *et* al. (1998): Inflation crises and long run growth, Journal of Monetary Economics.

Meissner et Oomes (2009) Why do countries peg the way they peg? The determinants of anchor currency choice, Journal of International Money and Finance, 2009, vol. 28, issue 3, 522-547.

Michel Aglietta and André Orléan, 1982, La Violence de la monnaie (Puf, Paris : 13) (quotation translated by the author).

Millési-Ferreti et Razin (1996). " Sustainability of Persistent Current Account Deficits ", No 5467, NBER Working Papers from National Bureau of Economic Research, Inc.

Mishkin, F and Savastano, M (2000) "Monetary Policy Strategies for Latin America" Journal of Development Economics Vol. 66:415-444.

Mongelli F. [2002], « New views on the optimum currency area theory : what is EMU telling us ? », Working Paper Series, no 138, European Central Bank, avril.

Mongelli F. & Vega J. L. [2006], « What effects is EMU having on the euro area and its member countries ? An overview », Working Paper Series no 599, European Central Bank, mars.

Mr. Guillermo Calvo & Mr. Carlos A. Végh Gramont, 1993. "Inflation Stabilization and Nominal Anchors," IMF Policy Discussion Papers 1992/004, International Monetary Fund.

Mundell R. (1961). “A Theory of Optimum Currency Areas”. American Economic Review, (September) pp 657-663.

Myriam Quispe-Agnoli & Elena Whisler, 2006. “Official dollarization and the banking system in Ecuador and El Salvador,” Economic Review, Federal Reserve Bank of Atlanta, vol. 91 (Q 3), pages 55-71. Vahavi, 2007, p.76.

Nasser Ary Tanimoune & Gervasio Semedo, 2013. "Inflation Et Objectif De Monnaie Unique Dans Les Pays De La Cedeao : Convergence Nominale Versus Variabilite Relative Des Prix : Inflation And Common Currency Goal In Ecowas : Nominal Convergence Versus," Brussels Economic Review, ULB – Universite Libre de Bruxelles, vol. 56(3-4), pages 261-289.

N’Kodia C. et F. Sarr [2007] : “Place et rôle des Pactes de convergence face aux nouveaux dispositifs budgétaires et de financement du développement ». Revue Afrique Contemporaine n° 223-224 2007/3.

Nubukpo K. [2003], L’efficacité de la politique monétaire de la Banque Centrale des États de l’Afrique de l’Ouest depuis la libéralisation de 1989, Note d’Information Statistique N°526.

Nubukpo. K (2016). Le franc CFA et le financement de l’émergence en Zone franc, dans Nubukpo Kako et al., (sous la direction de). Sortir l’Afrique de la servitude monétaire. À qui profite le franc CFA ? Paris, Éditions La Dispute.

Palley, Thomas I. (2011): “Monetary Policy and Central Banking after the Crisis: The Implications of Rethinking Macroeconomic Theory”, IMK Working Paper, No. 8/2011.

Pigeaud F. & Sylla N. S., 2018, *L’arme invisible de la Françafrique*, Paris, La Découverte.

Plane, da Piedade, 2022, Exchange Rate Undervaluation and African Surges: What Do We Learn from Exported Products? Banque de France WP #879.

Poirson, H. (2001). « How Do Countries Choose Their Exchange Rate Regime? », document de travail no 01/46, Fonds monétaire international.

RAPPORT sur le projet de loi, adopté par l’Assemblée nationale, autorisant l’approbation de l’accord de coopération entre le Gouvernement de la République française et les Gouvernements des

États membres de l'Union monétaire ouest-africaine, enregistré à la Présidence du Sénat le 20 janvier 2021.

Raffinot, Giovalucchi, 2024, Le franc CFA, le zébu et la kalachnikov. Questions sur la création d'une monnaie commune au Mali, Burkina Faso et Niger : https://dial.ird.fr/wp-content/uploads/2024/04/2024-05-WPAbandonner-FCFA-MR-FG-10-04-2024.pdf.

Rizzo, J-M, (1998) "The economic determinants of the choice of an exchange rate regime: a probit analysis," Economics Letters, 59, No. 3, 283–287.

Rogoff, Husain, Mody, Brooks et Oomes (2003)]. Evolution and Performance of Exchange Rate Regimes, IMF Working Paper.

Rose A. & Engle Ch. [2002], « Currency Unions and International Integration », Journal of Money, Credit and Banking, vol. 34 (3), pages 804-826.

Rose A (2000) "One Money, One Market: the Effects of Common Currencies on International Trade", NBER Working Paper No. 10373

Rudiger Dornbusch & Stanley Fischer, 1986. "Stopping Hyperinflations Past and Present," NBER Working Papers 1810, National Bureau of Economic Research, Inc.

Ruddick, 2011, Eco-pesa: An evaluation of a complementary currency programme in Kenya's informal settlements, International Journal of Community Currency Research 2011 Volume 15(A) 1-12.

Sala-i-Martin, Xavier, and Jeffrey Sachs (1991), "Fiscal Federalism and Optimum currency Areas: Evidence for europe from the United States." in: Matthew Canzoneri, Vittorio Grilli, and Paul Masson (eds.), Estabilishing a Central Bank: Issues in Europe and Lessons from the US, Cambridge: Cambridge University Press.

Sall, A. K. (2020). Quel objectif d'inflation pour l'Union Monétaire ouest-africaine. Revue économique et monétaire, BCEAO, n°27 juin, 9-42.

Sapir J. 2012, Faut-il sortir de l'euro ? Paris, Seuil.

Sarr. F et Ndiaye. C.T, (2011). '' Asymétrie et convergence des politiques et chocs budgétaires en zone UEMOA, revue économique et monétaire.

Samba Diop, Crise de confiance et réforme monétaire : le difficile passage du franc CFA à l'Eco, Numéro 28 – Été 2021 > Dossier : Rapports internationaux et géopolitique.

Samir Amin, « Pour un aménagement du système monétaires des pays africains de la Zone franc », Revue d'études politiques africaines, mai 1969.

Scharff, Juliane & Nautz, Dieter, 2006. "Inflation and relative price variability in the euro area: evidence from a panel threshold model," Discussion Paper Series 1: Economic Studies 2006,14, Deutsche Bundesbank.

Schiavo St. [2008], « Financial Integration, GDP Correlation and the Endogeneity of Optimum Currency Areas », Economica, vol. 75 (297), pages 168-89.

Semedo, Gautier, Bensafta, 2012. ''Pôles de convergence, gains dynamiques de l'intégration économique et monétaire en Afrique de l'Ouest : une approche en termes de clusters", An article of the journal L'Actualité économique Volume 88, Number 1, March 2012, p. 37–85.

Semedo G., Villieu P. (1997), Zone franc : Mécanismes et perspectives macroéconomiques, Ellipes Marketing&Agence de Coopération francophone, Paris.

Sène, Babacar (2024), "SENEXIT ou consolidation des acquis de l'union monétaire : la problématique des réserves de change et la cohérence temporelle des politiques au cœur des choix ?", Le Marché, https://lemarche.finance/senexit-ou-consolidation-des-acquis-delunion-monetaire-la-problematique-des-reserves-de-change-et-la-coherence-temporelle-despolitiques-au-coeur-du-choix-par-pr-babacar-sene.

Summers (1996), Wealthier is Healthier, The Journal of Human Resources, Vol. 31, No. 4 (Autumn, 1996), pp. 841-868 Published by: University of Wisconsin Press.

Tavlas G. [1993], « The 'New' Theory of Optimum Currency Areas », World Economy, vol. 16 (6), pp. 663-85.

Tavlas G. [2009], « The Benefits and Costs of Monetary Union in Southern Africa: A Critical Survey Of The Literature, » Journal of Economic Surveys, vol. 23 (1), pages 1-43.

Tapsoba S.J.A. [2009], Union monétaire en Afrique de l'Ouest : Quelles réponses à l'hétérogénéité des chocs ? Études et Documents E 2009. 12, CERDI, avril 2009, 34P.

Taylor, A. M. and Williamson, J. G. (1994) Capital Flows to the New World as an Intergenerational Transfer. Journal of Political Economy, 102, 348-371.

Tchundjang, Pouemi Joseph (1980). Monnaie, servitude et liberté, la répression monétaire de l'Afrique. Paris, Éditions Jeune Afrique, 263 pages.

Trichet J. C., « Zones monétaires optimales et mise en œuvre des politiques économiques », 40ème anniversaire de la société universitaire européenne de recherches financières (SUERF) 24 octobre 2003, Paris.

Von Hagen, J and Zhou, J (2002) "De facto and Official Exchange Rate Regimes in Transition Economies" CEIS Working Paper WP B-13.

Williamson S. et Wright R. [1994], "Barter and monetary exchange under private information", *American Economic Review*, 84, 104-123.

Yann bedzigui (2012)," Annuaire français de relations internationales" — vol. xiii — 2012.

Zumer F., « Fédéralisme budgétaire et partage du risque en union monétaire », cahier du CUREI 13 avril 1999.

TABLE DES MATIÈRES

CHAPITRE 2

LE FCFA EST-IL VIABLE ?

CHAPITRE 3

QUELS SCÉNARIOS POUR LE SÉNÉGAL FACE AU REJET DU FRANC CFA ?

Structures éditoriales du groupe L'Harmattan

L'Harmattan Italie
Via degli Artisti, 15
10124 Torino
harmattan.italia@gmail.com

L'Harmattan Hongrie
Kossuth l. u. 14-16.
1053 Budapest
harmattan@harmattan.hu

L'Harmattan Sénégal
10 VDN SICAP AMITIE 3
BP 45034 Dakar-Fann
direction@senharmattan.com

L'Harmattan Cameroun
Tsinga/Derrière polyclinique FECAFOOT
BP 11486 Yaoundé
Jacques.koukam@harmattan.fr

L'Harmattan Burkina Faso
Villa 281, secteur 23 623, rue 14.32
Ouagadougou
zagbie@outlook.fr

L'Harmattan Guinée
Almamya, rue KA 028 OKB Agency
BP 3470 Conakry
harmattanguinee@yahoo.fr

L'Harmattan RDC
185, avenue Nyangwe
Commune de Lingwala – Kinshasa
matangilamusadila@yahoo.fr

L'Harmattan Congo
219, avenue Nelson Mandela
BP 2874 Brazzaville
deunovmikhael@gmail.com

L'Harmattan Mali
Immeuble Mgr Jean Marie Cissé
Aci Hamadallaye
BP 145 Bamako
syllaka@yahoo.fr

L'Harmattan Togo
Djidjole – Maison Amela
face EPP BATOME
02 BP 20680 Lomé
didieramela11@gmail.com

L'Harmattan Côte d'Ivoire
Résidence Karl – Cité des Arts
Abidjan-Cocody
03 BP 1588 Abidjan
harmattan.ivoire@gmail.com

L'Harmattan Bénin
Rue 604, (Immeuble à l'entrée
de la rue UCAO- Cite de Saint-Jean)
Cotonou
stepcorpus@gmail.com

Nos librairies en France

Librairie internationale
16, rue des Écoles
75005 Paris
librairie.internationale@harmattan.fr
01 40 46 79 11
www.librairieharmattan.com

Librairie des savoirs
21, rue des Écoles
75005 Paris
librairie.sh@harmattan.fr
01 46 34 13 71
www.librairieharmattansh.com

www.ingramcontent.com/pod-product-compliance
Lightning Source LLC
LaVergne TN
LVHW011438061026
849535LV00004BA/865
* 9 7 8 2 3 3 6 5 3 8 2 9 7 *